1776

革命未竟之地

West of the Revolution

An Uncommon History of 1776

煙硝、貿易與生態瓦解，
不為人知的美洲史

Claudio Saunt

克勞迪奧・桑特 著

羅亞琪 譯

CONTENTS

CONTENTS

7 惡人入侵：奧沙吉人的家園 243

奧沙吉人的家園也充斥著願意跟任何擁有鹿皮的人交易的走私商人。在西班牙官員眼裡，這些走私商人都是「逃兵」和「罪犯」，「無疑是整個西印度群島最可惡的一類人」。

8 圍困：深南部內陸 271

在關係緊密的克里克小社群裡，外人殺害自己人某種程度上來說跟國際事件一樣。

後記 301

謝辭 305

引用書目縮寫 307

注釋 309

導讀一

連結北美洲與福爾摩沙——跨越既有認知的全球史

國立臺灣師範大學臺灣史研究所教授／康培德

從早年歐洲航海家稱呼臺灣島為福爾摩沙島，荷蘭、西班牙等歐洲勢力曾一度入主島上部分沿海地區，到解嚴後臺灣社會將戰後以來的「山胞」一詞，改名為「原住民族」後，這些零碎的資訊拼湊一起，似乎讓我們對早期臺灣歷史的想像，猶如曾遭歐洲勢力殖民下的北美洲與原住民族。特別是當我們察覺美國紐約曼哈頓島南端的前身，其實是稱做新阿姆斯特丹（Nieuw Amsterdam）的聚落，與臺南市安平區的前身熱蘭遮城，都是荷蘭人在海外行商時的同期市鎮後，相似感油然而生。

克勞迪奥・桑特（Claudio Saunt）的《一七七六革命未竟之地：煙硝、貿易與生態瓦解，不為人知的美洲史》（*West of the Revolution: An Uncommon History of 1776*），係從不同地域與人群的角度，書寫早期北美洲歷史。全書從來自歐亞大陸俄羅斯商人的東進，與太平洋東岸的人群互動談起，接著是西班牙人勢力北上，與今日美國加利福尼亞州、科羅拉多州人群，在帝國競爭和貿易網絡下的故事。大西洋西岸的早期北美洲歷史，則從哈德遜灣一路南下到今日佛羅里達州對岸的古巴哈瓦那，交織出不同地域的人群歷史圖像。

不過，我們福爾摩沙島終究不是位於美洲大陸，而是東亞大陸外緣連結南洋（東南亞）各島的門戶。考古資料告訴我們，大航海時代的歐洲人蒞臨前，今日稱為原住民族的臺灣南島語族，與島外其他人群即存在物質文化交流的證據。十六世紀中葉以來，東亞大陸明帝國海禁一開，九龍江流域下游福建唐人，即我們熟悉的閩（蠻）南（Bân-lâm）人，南來北往於東亞海域時，與島上南島語族建立了貿易關係，之後，他們留下了我們今日熟悉的島名——臺灣。十七世紀荷蘭人、西班牙人等蒞臨福爾摩沙島時，島上除了雞籠（基隆）往來噶瑪蘭（蘭陽平原）、哆囉滿（花蓮立霧溪口）的東北地區沿岸貿易，稱做馬賽人的南島語族所壟斷外，從事沿海平原交易的，大多是渡海而來的福建唐人。島上的住民，在恆春半島以及大肚溪下游的大肚台地南緣，也發展出類似早年南洋地區的政治組織，分別建立了有別於先前部落社會，而是跨部落，甚至是跨語言群的社會政治組織。另一方面，如同桑特筆下哈德遜灣的皮草貿易如何改變當地原有的地景，東亞海域的鹿產買賣，也改變了福爾摩沙沿海地區住民舊有的維生方式。換句話說，島嶼歷史的進程，捲入了更多外來因素與媒介營力，也加速了變動的步伐。終究全球人類的歷史，約略都是在此一時代加快了腳步，也擴大了互相影響的規模。

回到克勞迪奧・桑特的《一七七六革命未竟之地》，除了如書名標題所表示，是針對早期北美洲史討論一七七六年獨立革命戰爭外的非常見歷史（*An Uncommon History of 1776*）。全書劃分地域的歷史敘述，提供讀者在歷史地理學巨作唐納德・邁尼格（Donald W. Meinig）的《美國的塑造：地理視角下五〇〇年歷史，第一卷，大西洋美洲，一四九二～一八〇〇年》（*The Shaping of America: A Geographical Perspective on 500 Years of History, Volume 1, Atlantic America, 1492-1800*）外另一選擇；另一方面，讓想要了解北美原住民族歷史的國內讀者，在善於以民族誌挖掘出早期歷史的詹姆斯・艾克斯特爾（James Axtell）著作當中，像是膾炙人口的《入侵內部：北美殖民地的文化競爭》（*The Invasion Within: The Contest of Cultures in Colonial North America*），以及《土著和新移民：北美的文化起源》（*Natives and Newcomers: The Cultural Origins of North America*）外，又多了新的選項。

導讀二

縫補那分裂的美洲史意識

國立臺北大學歷史系助理教授／褚縈瑩

初始，我以為這是一本關於美國獨立革命的書，後來我才發現自己錯得離譜。西元一七七六年的美國獨立革命，不過是這本書的配角，它在書中出現，多半是為了提供讀者一個可參照的時間點。

當湯瑪斯．潘恩（Thomas Paine）出版《常識》一書、湯瑪斯．傑佛遜（Thomas Jefferson）起草美國《獨立宣言》時，拉科塔族原住民領袖——站牛——帶領族人遷移至黑山，自此拉科塔便以黑山為聖山。作者桑特寫下，西元一七七六年，在美洲，事實上有兩個國家誕生。

當班傑明．富蘭克林前往巴黎，試圖在法國上流社交圈，為美國獨立革命尋求盟友與資金時，克里克族的原住民則三番兩次前往哈瓦那，極力爭取西班牙駐古巴元帥的支援，以抗衡封鎖克里克對外貿易的英國人。

然而，今天，不只是臺灣讀者對於拉科塔、克里克等美洲原住民族感到陌生，就連大多數的美國讀者，也不曾在歷史課中聽聞上述事件。這源自於美國主流歷史敘事中，一條依循著「昭昭天命」的軸線，將紛雜的歷史舞臺上的各色人群與動機，都收攏成一束由東向西尋找自由、克服蠻荒、推進文明，且如天命一般勢不可擋的力量。

於是，曾經與英國在美洲大陸上殖民競爭的西班牙、荷蘭、法國、俄羅斯等，都終將沒入歷史的後臺；美洲原住民族則在那條向西推進的邊疆上節節敗退，或者消失、或者同化；而美國建國後透過購地與戰爭獲得的新領土，在地圖上卻顯得那樣整齊，彷彿自始至終美國就應該擁有這樣的疆域。

桑特的《一七七六革命未竟之地》，完全拋棄了這一種方向感明確的歷史敘事，他布置了九個歷史舞臺，與西元一七七六年發生在大西洋岸的革命，構成共時演出的多齣劇碼：本書第一部，就從俄羅斯人跨越白令海峽、至阿留申群島進行毛皮貿易，如何刺激了西班牙人自墨西哥北上、苦心經營聖地牙哥與舊金山，並邁向地圖上未知的科羅拉多高原探勘；本書第二部，則拉回西元一七六三年七年戰爭結束後，英國取得密西西比河以東的土地，這條在巴黎談判桌上任意畫下的界線，如何影響哈德遜灣的毛皮商人、密西西比河沿岸的奧沙吉人，以及深南部內陸的克里克人。

雖然本書的歷史舞臺紛陳，在閱讀的過程中，我卻不時感覺到，自己對於美洲史的那種種分裂的意識，被桑特逐漸縫合了起來。

在美國的博士班研修過程中，美國史與拉丁美洲史一直是兩個二分的領域，主修拉丁美洲史的我，曾經擔任過一次美國斷代史的助教，雖然我讀過早期美國史的經典之一——理察．懷特的《中間地帶》，但也僅止於此。回到臺灣，我遞出了拉丁美洲史的教學大綱申請教職，在面試時，我被問及：「你是否願意教美洲史？」正如所有求職的新人一般，我不確定可以怎麼做，但我承諾願意試試看。

因此在大學任教的第一年，我便掙扎於如何呈現一種關於美洲大陸的整全歷史。我能輕易找到適切的拉丁美洲史教科書，我也翻閱了試圖拆解「昭昭天命」敘事結構的美國史教科書，但是這些從現代國家與地緣政治觀點出發、回溯一個具有清楚疆界的區域如何在長時間中演變而來的敘事，在我努力的拼湊之下，在歷史意識上依然顯得精神分裂。

第一種分裂，是南北的分裂，以今日墨西哥為界，美洲經常被區分為北美洲—拉丁美洲，而這兩個區域在政治經濟與社會文化上的差異，又經常可追溯到以英國—西班牙為主兩種不同風格的殖民歷史。因此，美國史的教科書中，殖民時期雖從哥倫布談起，但敘事軸線很快就轉向英國所建立的殖民地，西班牙的殖民征服就在學術分工中交給拉丁美洲史。

而葡萄牙、法國、荷蘭、俄羅斯，甚至包括瑞典等英、西在美洲殖民事業上的競爭對手，都只是這條主軸上偶然出現的角色。他們的出現，在教科書中通常毫無脈絡可循，我在備課時經常苦惱於：「為什麼這時候突然在美洲西岸出現了俄羅斯人？」這類問題。同時，這也和歷史系學生熟悉的國別史框架不同，地圖上以色塊呈現不同歐洲勢力在不同年代所殖民的範圍，帶來了第二種分裂。

第三種分裂，則是在與歐洲殖民者互動的過程中，不同美洲原住民部族所經歷的多重歷史動態：有些透過貿易與結盟擴張影響範圍；有些遭到鄰近部族以俘虜或者收養的方式納入、轉換身分；有些繼續向西遷徙，希望在歐洲人拓殖的領域之外生活，並且與原居民達成一種新的平衡。原住民族在主流美國史敘事中，也經常以一種被動且偶然的姿態出現，我們無從得知在那些與歐洲殖民者的交會之外，他們從何而來？

後來又去了哪裡？

桑特的《一七七六革命未竟之地》，雖然仍以今日的美國疆域為主要地理舞臺，卻以一種去美國中心的方式，縫合了上述種種歷史意識分裂。南北半球的對立、伊比利與大不列顛的對比、歐洲勢力的殖民競奪，甚至是殖民者與原住民族的盛衰消長，這些對立的框架不再足以呈現美洲。取而代之的，是一幅由多組棋手輪流對奕的繁複圖像。

要朝向一種跨越國別史與地緣政治的美洲認知，《一七七六革命未竟之地》的中譯本問世，將是臺灣讀者的福音。

導論

「認為一座大陸可以永遠被一座島嶼所統治，是十分荒謬的一件事。」湯瑪斯．潘恩在一七七六年於《常識》這本激勵美國革命分子的知名宣傳小冊中這麼說道。他還表示，這場戰爭「不是單單一座城市、一個國家、一個省份或者一個王國的事情，而是涉及一整座大陸的事，且這座大陸至少占據地球上可居住地區的八分之一。」就如愛國者大衛．瑞姆賽（David Ramsay）所言，這八分之一後來可說占據了「地球四個角落的一角」，等著從「暴政和壓迫」之中解放。我們都知道這個解放故事後來是怎麼演變的，雖然我們有時候對某些細節並不是那麼清楚。美國革命支配了我們對這座大陸早期歷史的認知，乃至於一七七六這四個數字組合，本身就足以在我們的腦海喚起假髮、鵝毛筆與《獨立宣言》泛黃的抄本等意象。但，組成大陸會議、形成大陸軍並使用大陸幣支付薪酬的那些殖民地，只占據整座大陸實際上的一小部分而已——

準確來說，是將近北美大陸的百分之四。1

在一七七六年，形塑這個國家的事件在整個北美洲各地都有發生，不僅僅只是在東岸。在阿拉斯加的阿留申群島，俄羅斯人正在蹂躪阿留申村莊；在舊金山，本土原住民族首次接觸到歐洲人；在臨海的聖地牙哥，庫米亞印地安人（the Kumeyaay）抵抗西班牙人，起義失敗後，造反者在後續數個月當中承受了苦果；同一年，蘇族（the Sioux）發現了黑山。許多美國人對這些故事幾乎都是一無所知；這些歷史就跟我們在當下這一刻目睹的事件一樣令人吃驚、難以預測。這些，就是《一七七六革命未竟之地》的主題。

我在舊金山長大，距離美國革命的發源地波士頓四千公里之遙。一七七五年四月，英國士兵和美國的急召民兵在列星頓（Lexington）和康科德（Concord）交戰之際，舊金山還不存在。一七七六年六月底，大陸會議通過《獨立宣言》的前一週，荷西．莫拉加（José Joaquín Moraga）在西班牙人所稱的悲苦溪（Arroyo de los Dolores）的湖畔，用樹枝建了小屋——這就是悲苦傳教站，舊金山的第一個殖民開拓地。在大陸的另一端，一個年輕的共和國正在成形。然而，舊金山卻照著自己的步調發展。一八〇八年，詹姆斯．麥迪遜成為美國第四任總統前夕，俄美公司（Russian-American

Company）的員工伊萬・庫斯科夫（Ivan Kuskov）偷偷在舊金山埋了一塊銅匾，上面寫著：「屬於俄羅斯的土地」。四年後，他將在銅匾埋葬處北邊不到一百六十公里的地方，建造俄羅斯的軍事基地：羅斯堡（Fort Ross）。[2]

小時候，我對音樂的興趣大於對這些歷史的興趣，因此多年來對自己出生地的歷史所知甚少。我的暑期音樂營剛好辦在俄羅斯河，這條河在羅斯堡南方數公里處流入太平洋。很長一段時間，我一直對這條河的名字感到疑惑：它到底是叫「急流河」（Rushing River），還是「俄羅斯河」（Russian River）？急流河好像比較有可能。就當時的我所知，俄羅斯跟加州一點關係也沒有，而且把「急流」的字尾g刪掉，變成跟「俄羅斯」相近的字，對我這個爵士音樂明日之星來說一點也不奇怪。畢竟，爵士樂演奏家邁爾士・戴維斯（Miles Davis）所出的專輯當中，我最喜愛的就是《工作》（*Workin'*）、《蒸騰》（*Steamin'*）、《放鬆》（*Relaxin'*）、《煮飯》（*Cookin'*）等密紋經典，全部都有去掉的字尾g。所以，我覺得這條河的名字一定是「Rushin'」才對。

我對歷史的無知還有其他事情可以佐證。我八歲那一年，適逢美國建國兩百周年，我很開心地要去看世界上最大的生日蛋糕。我記得，這個生日蛋糕上描繪了美國革命的各個場景，被裝在貨車裡跨越大陸送到舊金山。然而，後來閱讀相關的歷史紀錄時，我卻發現這跟我的記憶有一點出入。這個六邊形的三層旋轉蛋糕確實很大，高九公尺（頂端那隻高一點五公尺的鳳凰不算）、重十七點五公噸。然而，這個巨怪從來就沒有跨越大陸，而它上面的那十八幅畫描繪的也不是美國革命。原來，我記憶裡的那個蛋糕，是舊金山當地的一位蛋糕師傅為歡慶這座城市建立兩百周年而做的，紀念的是這座城市的歷史事件，包括法蘭西斯・德瑞克（Francis Drake）發現德瑞克灣的事蹟以及西班牙人的到來。由於舊金山的歷史跟國家兩百周年所慶祝的那些史實大為迥異，四年級的我竟然把這個蛋糕當作是對波士頓、費城和東岸其他地方的歌頌。[3]

我對俄羅斯河和舊金山兩百周年慶的誤解，誠然顯示我小學上課不夠認真，但這其實也是一種很常見的現象。美國人對這座大陸早期歷史的認識，大多不會超出形塑美國的北美十三州。就像索爾・斯坦伯格（Saul Steinberg）的知名作品、曾刊登在《紐約客》封面的〈從第九大道看世界〉（"View of the World from 9th Avenue"，圖一）一樣——圖中所描繪的是深度經過縮小的北美大陸，正如每當我們往西邊看時，早期的美國歷史會迅速地從我們的歷史視角中縮減，在距離大西洋海岸短短幾百公里的地方消失在地平線上。

跟這樣目光狹隘的觀點相比，我們其實可以把早期的美國看作是從一個海岸延伸

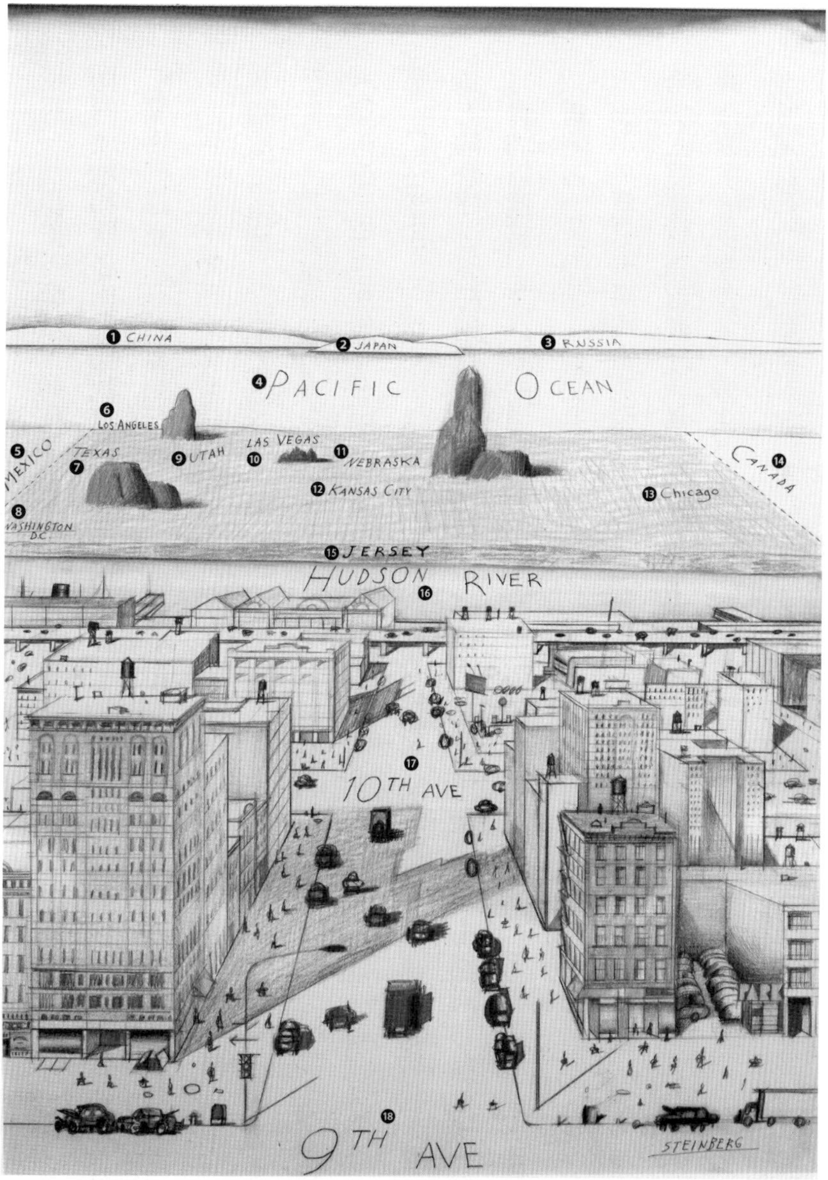

圖一　索爾・斯坦伯格，《從第九大道看世界》（1976 年）。

❶ 中國　❷ 日本　❸ 俄羅斯　❹ 太平洋　❺ 墨西哥
❻ 洛杉磯　❼ 德州　❽ 華盛頓特區　❾ 猶他　❿ 拉斯維加斯
⓫ 內布拉斯加　⓬ 堪薩斯城　⓭ 芝加哥　⓮ 加拿大　⓯ 澤西
⓰ 哈德遜河　⓱ 第十大道　⓲ 第九大道

到另一個海岸，囊括了居住在其中所有民族的國度。這個令人興奮的視野，揭露了廣闊的土地和眾多的北美民族，其蘊含的故事是我們所不熟悉的。我們雖然跟這些土地有緊密的連結，甚至就居住在上頭，卻對它們的早期歷史所知甚少。[4]

《一七七六革命未竟之地》探索了一七七六年美洲的九個地方，場景十分多元，包括阿留申群島、聖地牙哥、佛羅里達海灣海岸及薩斯喀徹溫河（Saskatchewan River），我刻意忽略了當今的國界，納入位於今日加拿大草原上的坎伯蘭豪斯（Cumberland House），並跟著一群十八世紀的印地安人跨越佛羅里達海峽，抵達哈瓦那（La Habana）。然而，這些地方其實具有令人意外的關聯，有時是透過貿易網絡及遠方的倉庫，有時則是透過在虛構大於事實的地圖上規劃遙遠殖民地的那些帝國行政官員加以連結。在許多的連結點之中，有兩個特別突出，因此成為我安排後面各章的依據。

第一個是個名叫恰克圖（Kyakhta）的遙遠地帶，位於今日俄羅斯與蒙古的交界。今天，這座城市混雜了木製房屋、蘇聯時期的公寓建築、布爾什維克紀念碑以及頹圮的俄羅斯東正教教堂，但在兩百五十年前，這裡卻是改造了北美大西洋海岸的國際貿易中心。

第二個連結點是位於巴黎左岸、羅浮宮對岸的格林勃艮飯店（Hôtel de Grinberghen）。一七六三年二月，法國、英國和西班牙的官員在此簽署了《巴黎和約》，正式結束七年戰爭。數千公里外各自占據一地、面對截然不同挑戰的北美各民族，全都感受到帝國主義者在法國首都進行的協議所帶來的影響。雖然在很多方面毫不相干，這些民族卻都像同一個車輪上的輪輻，因在格林勃艮飯店簽署的條約而連結在一起。5

阿留申群島的阿留申人（the Aleutian）、加州北部的米沃克人（the Miwok）與科斯塔諾人（the Costanoan）、深南部的克里克印地安人（the Creek），以及其他本書提及的民族，雖然不會讓人立刻聯想到波士頓那些持著步槍的急召民兵，但是他們的故事跟那些較為人所知的美國革命歷史一樣，適用於二十一世紀的今天。大陸各地的北美民族當時也深陷於環境、政治、經濟方面錯綜複雜的關係之中，既無法完全掌控，也無法充分理解。遠距貿易將阿留申人跟中國貴族連結在一起，但是雙方都對彼此一無所知，也不曉得這些商業活動對貿易鏈的兩端造成多大的影響；西班牙人來到米沃克人與科斯塔諾人的土地上，引發一連串無意造成的生態浩劫，且在當時基本上沒有體認到後果之重大；半個地球以外的帝國主義戰爭攪亂了克里克印地安人的地區經濟，讓所有涉及其中的人只能盡力應付變化莫測的商業流向。在今天這個時代，全球貿易興盛、傳染病興起、生物多樣性流失、氣候快速變遷等現象，也都是我們自己引起卻又超出我們全面控制與認識的範圍。因此，我們或許比以往都更要能夠理解、明白十八世紀北美民族的經歷。

在我們的歷史想像中，一七七六年通常只會局限在北美十三州。我們經常造訪波士頓的酒館和教堂、跟隨大陸軍踏上紐澤西布滿車轍痕跡的泥土路，並居住在威廉斯堡（Williamsburg），鮮少將視野離開距大西洋海岸幾百公里的地方。我們仔細研究當時的消費者行為和文化表達、探索菁英與平民、男性與女性、自由之身與奴隸的日常生活、分析軍事策略和政治言論——然而這些全是限縮在東岸的研究主題。但，與此同時，在阿留申群島、阿肯色河（Arkansas River）、黑山、深南部內陸等北美各地區，也有精彩的故事正在展開。本書敬邀讀者一起延伸自己的眼界，發掘革命未竟之地的大陸。

序言

西部投機

亨德森的外西凡尼亞殖民地

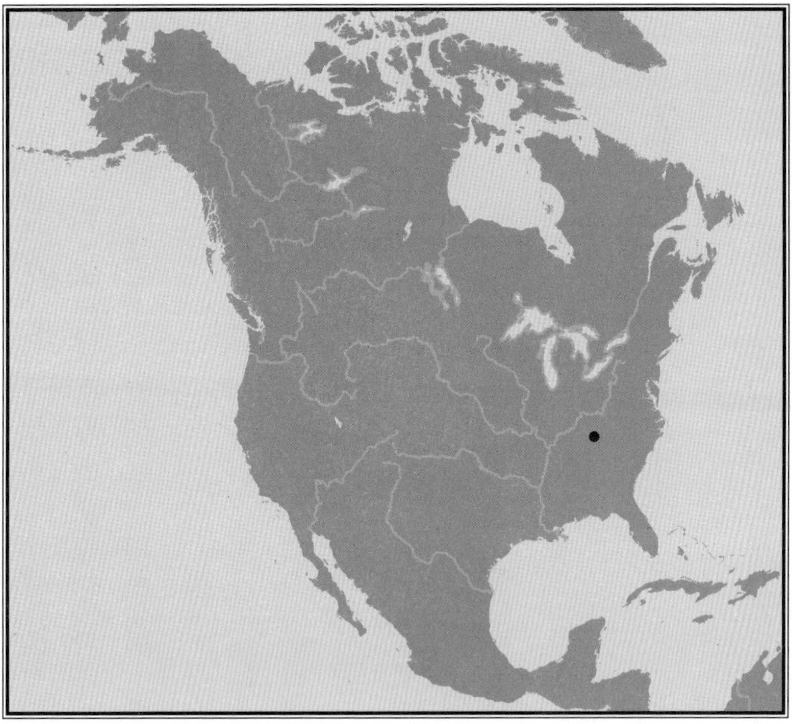

理查・亨德森（Richard Henderson）從契羅基人（the Cherokee）手中買下兩千兩百萬英畝土地的三天後，出發前去領取他的大禮。這位四十歲的北卡羅來納人對這片遼闊的地產懷有宏偉的計畫，它位於「山脈的西邊」，包含大部分的肯塔基州和一部分的田納西州。他夢想建立第十四個殖民地、打造一個「崇高和宏大」、置於「未來的子宮」的「守護神」。有一個對此敬佩不已的人說「它的規模就跟一座王國一樣」，而且只用幾車「廉價的貨物」就買到了。這起買賣很有可能會使亨德森成為全美最富有的人之一。[1]

如圖二所示，從新斯科細亞延伸到阿拉巴馬州的阿帕拉契山脊，有兩條長長的支脈擋在亨德森與他所購買的土地之間。這兩條支脈是派恩山群（Pine Mountains）和坎伯蘭山群（Cumberland Mountains），兩個山群像鐵軌般互相平行綿延了兩百公里，將皮埃蒙特（Piedmont）和海岸平原跟廣大的內陸分開。早在舊世界的殖民者來到這個地區以前，人類和動物即使用陡峭山脊之中相較和緩的坎伯蘭峽來橫跨這些山脈。行者會在山頂上的山月桂刻記號標路，後來的歐洲人也採取了同樣的方法。往西走出坎伯蘭峽後，他們會進入將坎伯蘭山群和派恩山群區分開來的米德爾斯堡盆地（Middlesboro Basin）。在那裡，他們會遇到坎伯蘭河，跟著河流走過切穿派恩山的狹

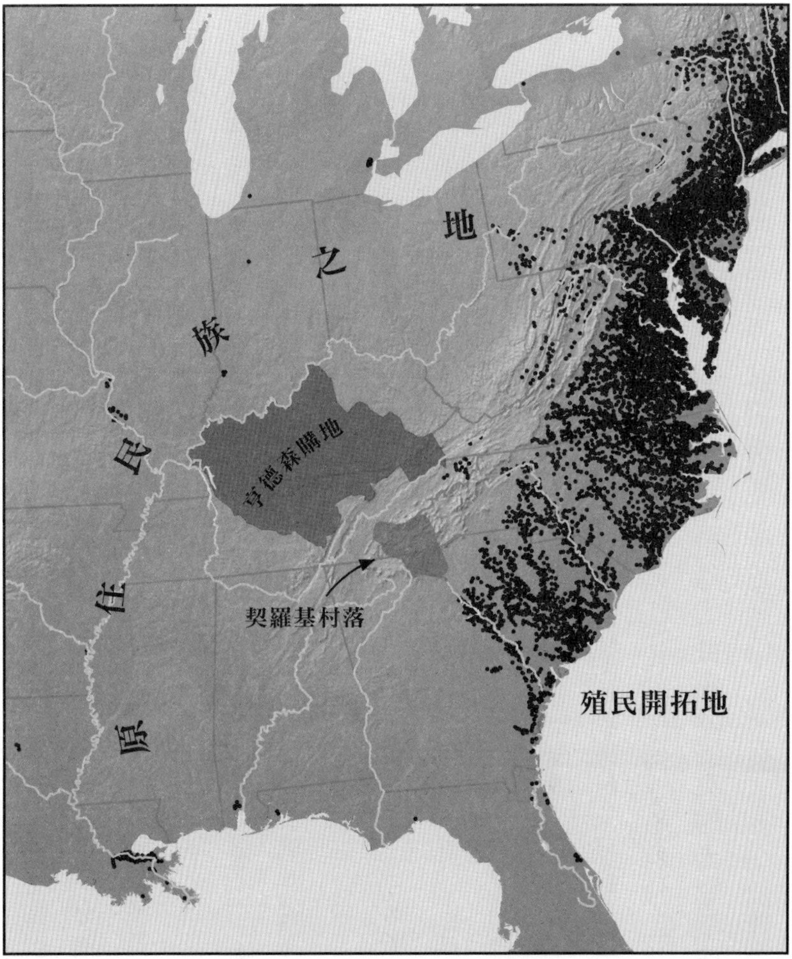

圖二　亨德森購地及現今州界

隘峽谷，通向廣闊的內陸。[2]

在一七七五年三月，亨德森湊了一支自由人和奴隸組成的隊伍，動身前往坎伯蘭峽。他們往西砍出長約一百一十五公里的馬車路徑，要通往位於維吉尼亞西南方的馬丁駐站——這裡是英國最後一個有防禦措施的開拓地，由幾個簡陋的木屋組成。工人披荊斬棘，在陡峭的山區開路，涉過冰冷的河流。在這為期一週的艱苦日子裡，天氣極為嚴峻，早上起來都會看見凍結的冰霜。最後，他們來到包威爾谷（Powell Valley），沿著山谷往南走，翻越更多「糟糕的山峰」，終於在月底抵達馬丁駐站。到了那裡，亨德森決定放棄馬車：「我們不可能再把路開得更遠了。」[3]

他們繼續挺進坎伯蘭峽，而亨德森在那裡收到了令人震驚的消息。印地安人「在通往肯塔基的路上」伏擊殺害了好幾個人，引發不小的恐慌，「如野火般」蔓延開來。亨德森痛哭失聲，躊躇是否應該放棄殖民「西部水域」的龐大計畫。這裡講的西部水域，不是在遙遠的大陸另一端流入太平洋和加利福尼亞灣的哥倫比亞河及科羅拉多河，而是鄰近的坎伯蘭河與肯塔基河。在阿帕拉契山脈之頂，他距離東岸僅五百五十公里。此時，東岸的詹姆斯鎮創立將近一百七十年，英國人終於在歷經千辛萬苦之後，來到三週內可到達的最遠地帶。[4]

無知與貪婪催生了許多把目標放在阿帕拉契山脈以西的殖民投機事業，而亨德森的野心計畫正是源自於此。這個計畫在獨立戰爭前夕誕生，受到那個時代的激進言論所孕育，最終被人脈較廣的革命分子所搗毀。懂得煽動人心的演說家暨維吉尼亞州州長派屈克・亨利（Patrick Henry）便是其中一人，因為他在該地區擁護與亨德森敵對的投資活動。當理查・亨德森站在藍嶺（Blue Ridge）之巔往西望去的時候，他能清楚看見那龐大卻充滿空想的願景：一個由仕紳地主和世襲統治為主宰的世界，橫跨沒有歷史、沒有重要人物的「新大地」，綿延到目光所能觸及的所有地區。這樣的視野十分狹隘、充滿帝國主義，至今仍縈繞我們的歷史思維，透露出一七七六年的大陸殖民者對這座大陸的了解有多淺薄。5

亨德森雖然生於維吉尼亞州的漢諾威郡（Hanover County，位於里奇蒙北邊）、長於北卡羅來納州的格蘭維爾郡（Granville County，離大西洋不到兩百五十公里），英國殖民者卻把他視為西部人。英國人總說，格蘭維爾郡屬於未發展的偏遠地區。亨德森的後裔回憶道，西部人口「非常稀少分散」，因此理查的父親必須聘請私人家教來教育自己的孩子。該地區最重要的城鎮希爾斯堡（Hillsborough）只有一座監獄、一間法院和兩三家酒館，在早期居民的眼裡儼然已是一座「大都市」。然而，在一七六〇年代初期，希爾斯堡只有三、四十個居民。[6]

野心勃勃殖民者多半來自開拓得到更好的地區，他們在卡羅來納西部看見了商機。一名居民回憶道：「那些地方當時處於自然生長狀態，連一棵樹都沒被砍過。」即使土地不能免費取得，良好的人脈和願意追求利潤的心理，仍使土地得以輕鬆收購。亨德森自己很早就開始接觸土地投機買賣了。年輕時，他經常替父親完成一些格蘭維爾郡警長的工作，因此他曾親眼看過將該郡的百萬英畝土地分割的測量圖，任何人只要提出申請、支付所需的費用，就能獲取這些土地。然而，即使是最勤勞的投機者也比不上格蘭維爾伯爵約翰．加特利（John Carteret）。他是最早（至少對英國人來說是如此）擁有整個北卡羅來納州北半部的人，而這片土地計有一百一十公里寬，從外灘群島（Outer Banks）直接綿亙到「南方海域」。這座大陸的盡頭究竟在哪裡，沒有任何英國人真的知道，但是他們可以肯定，太平洋的海浪絕對有打上它的海灘。[7]

在一七六〇年代，開始有傳言說阿帕拉契山脈以西出現新的投機機會，據說那裡的土地相當肥沃，充斥著獵物。更棒的是，投機者可以輕輕鬆鬆欺負當地的契羅基人，因為他們不像北卡羅來納的白人，他們沒有英國臣民的權利。這是個很重大的差異。偏遠地區的農夫不久前才為了抗議侵占、詐欺和敲詐發起了調節者運動，他們抗議的正是亨德森貪得無厭的同僚投機時所依靠的手段。[8]

還有一個阻礙未除。根據一七六三年的「皇家宣告」，英國臣民不得從美洲原住民族手中直接收購土地，亦不得在阿帕拉契山脈以西進行拓居。同樣覬覦西部土地的喬治・華盛頓推測，此宣告是「為了讓印地安人安心的暫時權宜之計」。然而，這道宣言讓美洲的白人完全沒有辦法獲得他們極為垂涎、而且早就視為己地的土地。[9]

這些挫折感激起了亨德森與他的同僚的革命心。在第一屆大陸會議於費城召開的前五個月，亨德森的友人威廉・胡珀（William Hooper）曾寫道：殖民地「正快速邁向獨立，假以時日就會在大不列顛的廢墟之上建立帝國。」亨德森把握這個時機，當北卡羅來納州的代表在選派前往參加大陸會議的人選時，他召集希爾斯堡當地的五名菁英，共同組成露易莎公司（Louisa Company），打算「租賃或購買山脈西側的某土地」。[10]露易莎公司的名字是來自肯塔基河當時的名稱——露易莎河。在一七七五年一月初，亨德森的組織更名為外西凡尼亞公司。

計畫開始著手進行。亨德森與投資露易莎公司的納撒尼爾・哈特（Nathaniel Hart）秋天時前往契羅基人的地區，跟這些印地安人進行初步的協議。他們行動迅速，十一月底便帶著年邁的契羅基領袖阿塔庫拉庫拉（Attakullakulla）以及另外兩個未留名青史的印地安人一起回到家鄉。這群人途中在貝薩巴拉（Bethabara）過了一夜。這個地方鄰近今天的溫斯頓－塞勒姆（Winston-Salem），是摩拉維亞（Moravia）教派的開拓地。那裡的教會日記作家聽聞這筆土地交易時，寫道：「真是難以置信。」我們不曉得他之所以如此驚訝，究竟是因為亨德森大膽違抗一七六三年的「皇家宣告」，或是因為購買的土地之大（比他所以為的大一百倍以上），還是因為購地的金額（據傳為四千英鎊）極小。晚禱期間，這些印地安人賓客「安靜卻專注」，而且對教堂的風琴「十分好奇」。風琴繁複的琴鍵配置與精準的操弄方式，就好比亨德森為實現西部帝國而一路賄賂殺價的複雜計謀。隔天早上，一群人前往亨德森的住所，最後抵達維吉尼亞州的威廉斯堡，領取裝滿六輛馬車的貨物。[11]

阿塔庫拉庫拉一行人經過殖民地各處，一路上將這筆土地交易的消息散播。看著殖民者坐在馬背和馬車上朝肯塔基州前進的摩拉維亞教徒表示：「這在整個地區引起轟動。」在希爾斯堡，人們看見一群遷往外地的移民「極其嚴肅地」離開城鎮。一名目擊者寫道：「他們的目的地彷彿跟南海諸島一樣遙遠！」一名參與者則憶道：殖民者要前往「應許之地」，「大家的心滿是喜悅和興奮之情。」[12]

亨德森和阿塔庫拉庫拉駕著滿載火藥、槍枝、織料和鍋子的馬車，重新穿梭過摩拉維亞的大小城鎮，進入田納西州東部，來到沃托加（Watauga）這個離最近的契羅基村莊僅一百一十公里的粗鄙開拓地。一七七五年三月，約一千兩百名契羅基人聚集於此，完成土地交易。經過四天的協商，阿塔庫拉庫拉、奧科諾斯托塔（Oconostota）和「烏鴉」，三名契羅基領袖簽署了一張契約，將大部分的肯塔基州和一部分的田納西州轉讓給亨德森及外西凡尼亞公司的同僚。

我們應該停下來，好好思考一下這筆規模大到令人費解的交易。亨德森購買的土地涵蓋面積將近兩千兩百萬英畝，使它成為第五大殖民地，比維吉尼亞州小，但比南卡羅來納州大一點（如果不算這些殖民者聲稱，有延伸到太平洋海岸的權力這種無稽之談的話）。亨德森花了兩千七百英鎊買下這片土地，不管當時或現在都是極小的數目。一位不滿的旁觀者針對這樁買賣的公平性說了一句公道話。喪失了兩千兩百萬英畝的繼承地，卻只換得一件上衣時，他說：「他在這片土地上獵殺一天的鹿，可以買到的東西都比這件上衣值錢。」[13]

亨德森幾年前才被北卡羅來納州的州長特賴恩（William Tryon）評價為「廉潔之人，是政府的忠實朋友」，現在卻厚顏無恥地違抗殖民律法和國王本人，從契羅基人的手中購買一大片土地。一名王室官員驚愕不已：「理查・亨德森是瘋了嗎？」契羅基人恐怕也是這麼想奧科諾斯托塔和阿塔庫拉庫拉的。[14]

自一七四〇年代起，殖民者和英國官員都一直在策劃野心龐大卻不怎麼可能實現的計畫：他們想在阿帕拉契山脈以西那些傳言多於事實的地區開拓發展。俄亥俄公司、印地安納公司（Indiana Company）、格林布賴爾公司（Greenbrier Company）、汪達利亞（Vandalia）、密西西比公司等組織創立的目的，都是希望王室能夠認可他們的說法，替他們的投資者賺錢。輕鬆致富的可能，誘惑了殖民地當中最有聲望的人物，包括班傑明・富蘭克林、喬治・華盛頓、派屈克・亨利以及維吉尼亞州的李家族。[15]

有些土地公司擁有的人脈比亨德森好，因此受到王室官員較少的譴責。大俄亥俄公司（不久後便以汪達利亞這個名稱見聞於世，以對祖先據傳為汪達爾人的夏洛特王后表示致意）的營運原則便是，假如有能力確保成功的人士對這些活動有興趣，成功就會到來。因此，它順利得到許多有權有勢的英國官員支持。該公司操弄印地安人的條約、在倫敦大力進行遊說，差一點就取得成功。然而，敵對的土地投機者及加快革命發生的一連串事件，最終使他們的計畫宣告失敗。[16]

另外，還有一些投機活動極為不切實際，使得亨德森偉大的志向都顯得微不足道，像是塞繆爾・哈澤德（Samuel Hazard）的計畫。班傑明・富蘭克林於一七五四年寫下、提倡在俄亥俄谷建立新開拓地的文章，啟發了這位來自費城的商人，他打算成為一個擁有土地面積超越其他所有殖民地的新殖民地地主。倘若這計畫真的有實現，其面積會比德州還大。富蘭克林贊同這充滿野心的冒險事業，但他認為哈澤德「不是這世上最適合進行這種事業的人」。哈澤德計畫在一七五八年的秋天前往倫敦，向國王「謙遜地申請」特許狀，但是他在啟程之前就死了。[17]

無論實不實際，所有的投機者都深深著迷於西部那些可殖民的土地，對住在擁擠的不列顛群島居住的人來說更是如此。這塊西部殖民者習慣以數百、甚至數百萬英畝為單位來進行計算的廣闊大地，對投機者而言充滿吸引力。殖民者對這個地區的真實地理樣貌只有朦朧的認識，更誇大了他們對其面積規模的印象。誠然，他們比前一世紀的人了解得還要多：在上個世紀，有三名冒險家聲稱自己站在阿帕拉契山脈之巔往西望時，看見了南海。但是即便如此，這個地區對這些投機者來說，依然充滿異地的神祕感。[18]

位於亨德森購買的土地北邊一點的俄亥俄河（Ohio River），有一處稱作大骨鹽沼地（Big Bone Lick）的地方，被視為這個地區神祕與刺激感的縮影。探險家在那裡找到「怪物」的牙齒和骨頭，看起來像某隻巨象或類似河馬的肉食性動物所留下的。這些骨頭怎麼會出現在那裡？而這些怪獸又是否仍生活在西部水域？這些問題令大西洋兩岸的專家疑惑不解。富蘭克林跟潛在投資者在倫敦碰面，討論了神祕化石的議題，以及在該地區建立殖民地的可能性。[19]

即使帶著那個時候最棒的地圖，投機者對於阿帕拉契山脈以西的地區長什麼樣子，依然沒有概念。喬治・華盛頓參考了喬書亞・弗萊（Joshua Fry）的《維吉尼亞最杳無人煙的地區地圖》（*Map of the Most Inhabited Part of Virginia*）。圖上雖然沒有繪製西部水域，卻有畫出一座「高山」，旅人可以在那裡發現一個有助他們穿越阿帕拉契山脈的缺口。縱使到了革命戰爭爆發時，殖民者能取得最好的肯塔基州地圖，也就只有一七五五年約翰・米歇爾（John Mitchell）所繪的小比例尺北美洲地圖，而這份地圖提供的細節不但少，還錯誤百出。直到一七七八年，投機者早已多次宣示奪取這片土地之後，才有製圖師發表這個地區比較像樣的地圖。[20]

地理方面的無知與狂妄自大的野心兩相結合，導致土地的界線變得很模糊。塞繆爾・哈澤德提議將宣示的範圍定為：起始點在「賓州西界以西一百英里處，接著從那裡延伸一百英里，到密西西比河以西，然後從維吉尼亞和卡羅來納進行劃分，以東北－西南走向、橫跨大陸的偉大山脈稜線做為分隔線。」有這麼大一片土地可以占有，誰在乎阿帕拉契山脈的界線誤差了數十公里？[21]

官方特許狀的描述就比較準確，但仍有很寬裕的解讀空間。北卡羅來納州的東南界標，很明確地寫出是位於「小河」河口所立的一根杉木樁，接著朝西北通過「界屋」，但是這界屋究竟是在哪個地方則沒有標明。續往西移，殖民者的地理知識愈來愈淺薄，因此他們放棄實際地標，改以抽象的數字表示。抵達北緯三十五度時，北卡羅來納州的界線就這樣沿著這條緯線一直到「南海」。這種大陸劃界方式會帶來兩個問題。第一，殖民者等於是宣稱原住民族的土地是他們的，更別說這還包含西班牙王室的領土；第二，根本沒有人可以確定北緯三十五度的確切位置。[22]

亨德森趕著在他幾乎一無所知的地區盡快累積土地，有什麼地標就用什麼，結果可想而知。他跟契羅基人訂立的契約中，提到了現實中並無交會的山河交界處，還有理論上可以溯及、實際上卻沒辦法達成的分水嶺。其中一段界線循著「東南水路來到包威爾山（Powell's Mountain）的脊梁」，沿著這條脊梁「來到一個點，走上西北水路，最終抵達坎伯蘭河最南支流的源泉。」無論是當時或現在，即使勘測員如何勤奮工作，也無法準確找出這樣的一條路線。[23]

這樣的粗略概述只是更鼓舞了這些人，要趁這個地區尚未被走遍、能用熟悉的石頭、樹木和溪流為地標加以描述之前，做出浮誇的宣示。亨德森便驚愕地發現自己的購地上「充斥著土地商人」，他們「把每一塊覺得適當的土地」都做了標記。來自倫敦的羊毛商人詹姆斯·諾斯（James Nourse）就是這一類人。他在一七六九年移民到美洲殖民地，並在六年後率領一小群鄰居前往肯塔基州。在距離布恩斯波羅（Boonesborough）不遠的地方，他發現一片樹上刻滿記號的森林。他為了定出自己宣示的土地所製作的「備忘錄」，是這股瘋土地浪潮的高峰。他告訴自己，從布恩斯波羅開始，繼續走左邊的路，經過吉斯特的玉米田，一直往北走，通過兩、三座山丘的「頂點」，來到一條小溪，沿著北方支流走「好一段路」，接著「繼續往北」，跨越一個「頗高」的地帶，「沿途樹木都被燒光」。走了二十五公里後，會來到一條流水潺潺的溪流，那裡有好幾棵樹刻有記號，其中一個寫：「地方議會下令勘察的一萬英畝土地。」隨後，走上一條水牛路。沒路可走時，繼續走，直到來到「往那個方向延伸的許多條路」。跟著這些路徑走到一條「非常清晰的水牛路」，然後循著它來到一條寬闊的小溪和一棵上面刻有「J.N.」字樣的樹。定位，接著走到「上方角落的樹。」另外兩個角落分別有一棵「巨大的叉狀榆樹」和一棵「巨大的白色橡樹。」這片土地總計三千七百英畝。24

在亨德森追求土地的核心思維裡，存在他所說的「擁有地產的美妙想法」。他問：這世上還有什麼誘惑比這更吸引人？[25]

• • •

不管亨德森的西部計畫多麼大而無畏，阿帕拉契山脈以西早已有人居住的這個事實，還是與計畫互相衝突。遠在波士頓的約翰．亞當斯對這個計畫抱持著懷疑的態度，並把那個遙遠的殖民地稱作「烏托邦」的構想。而在距離較近的地方，契羅基人、秀尼人（the Shawnee）和明哥人（the Mingo）則把這視為入侵。在一七七六年八月一群北方印地安人代表對一個樂於傾聽的契羅基人說道：「像個男子漢一樣奔赴黃泉，總比一寸寸衰敗好。」[26]

當契羅基人拿起武器捍衛家園時，外西凡尼亞的殖民者想了一個冷酷無情的計謀，以拯救自己的投機活動。他們當中有一個人杜撰一封信，讓契羅基人看起來好像跟英國軍隊成為了盟友。這令人激憤的假造文件引發了激烈反彈。身為大陸會議（會議成員對契羅基人的態度向來惡毒）代表之一的傑佛遜寫道：「希望契羅基人這下會被趕到密西西比之外。」北卡羅來納州的三名會議代表，敦促家鄉的殖民者「帶著槍和劍深入他們土地的最核心，把他們擊垮到再也起不來。」一七七六年秋天，來自南卡羅來納、北卡羅來納和維吉尼亞各州的近六千名士兵，前去討伐契羅基人。領軍的北卡羅來納將軍格里菲斯．拉瑟福（Griffith Rutherford）大言不慚地說：「我敢肯定這會是契羅基人的最終滅亡。」他打算「擊潰那群奸詐又野蠻的原始人」。[27]

多年後，一名基爾福郡（Guilford County）義勇軍的士兵如此總結自己的經歷：「行軍到契羅基國度鎮壓這些印地安人；燒了他們的城鎮、能殺多少印地安人就殺多少；待在那裡直到補給用完，最後不得不返家。」他直白的敘述很好地捕捉了這起事件。[28]

在這一切暴力的背後，是對西部土地的渴望，是一個「擁有地產的美妙想法」。部隊都還沒撤離，威廉．克里斯蒂安（William Christian）上校就已經開始在想，該如何把契羅基國度變成維吉尼亞州的一部分。他寫道：「比起俄亥俄州，我更喜歡這一側的維吉尼亞州。」前一年在維吉尼亞大會發表「不自由，毋寧死」這個著名演說而震撼全場的派屈克．亨利（Patrick Henry），據說也希望從入侵的土地當中「買一小塊」土地。革命後，拉瑟福加入一群投機者，亨德森的兩名同僚也在其中。拉瑟福最後取得一塊介於一萬兩千到兩萬英畝的契羅基土地，並在一七九二年到田納西州享受退休生活。[29]

至於亨德森，他狂熱的事業最後是以失望收場。維吉尼亞州和北卡羅來納州都宣布他的契約無效，但給了他二十萬英畝補償他的「辛勞與花費」。叫人吃驚的是，亨德森契約被兩個州議會判為非法，卻沒有防止契約被美國加以利用，進而奪走契羅基人的土地。美國委員吩咐契羅基人：「由於那些團體已死，離簽署契約之日又已經過了這麼長的時間，這個國家已經安定，基於契約的忠誠，對於此事我們沒有能力做出任何行為。因此，你們必須甘願一點，就當作你們早就把這些土地給賣了。」此時，距離亨德森的非法交易已過了十年。[30]

在一七七五年的春天，亨德森站在藍嶺的山頂上往西眺望時，只有窺見那片大地的一小部分。太平洋的海岸遠在三千多公里之外，必須越過廣闊的草原和高聳的山巒，越過使東岸的地理景觀相形見絀的地貌才能抵達。在這座大陸遙遠的另一端與阿帕拉契山脈之間，存在數以千計的城鎮和村落，其百萬名居民使用著各式各樣的語言、隸屬於許多不同的部族。在獨立戰爭前夕，就連最熱血的美國投機份子也難以想像，西方正在發生什麼令人驚異的事件。

PART

1

俄羅斯人來了

一七七六年三月三十一日下午，在坎伯蘭峽以西三千多公里的舊金山灣東南海岸，有一起令人驚異的事件發生。在今天的矽谷北邊，一名男子帶著一包名叫摩倫（morrén）的食用植物，沿著聖羅倫佐溪（San Lorenzo Creek）林木並列的河岸行走。突然間，他停下腳步。大約在四十步之遙的地方，有二十個陌生人正在接近。他們竟然騎著巨大的鹿——似乎是某種麋鹿？其中一個陌生人後來寫到，這名男子似乎受到「極大的恐懼」，整個人撲倒在草地上，或是因畏懼而昏厥了。另一個陌生人則表示，他極為懼怕，「倒在那裡好像死了似的」。這些陌生人懷疑，在這之前，他恐怕「完全不曉得」這世上除了他的同族，還有其他人種存在。就在這一刻，哥倫布踏上美洲大陸的近三百年後，美洲原住民族首次接觸歐洲人。自從哥倫布來到美洲，北美東岸的原住民族有很多死於疾病、逃到內陸或被殖民者殺害。在兩個星期前英國人才剛撤離的波士頓地區，印地安人已經有將近一世紀不曾大量存在。[1]

男子用眼角餘光看著其中一名騎士靠近自己、俯身向前，接著把一些珠子拿給他。這些珠子看起來很奇怪，跟當地的海螺做成的紫色和白色珠子很不一樣。這是陷阱，還是禮物？男子依舊不敢動彈。騎士下來，把珠子放在他手中，他卻任由珠子掉落。他把自己的摩倫拿給對方，但陌生人不予理會。然後，他們就掉頭騎走了。其中一個陌生人寫到，如果他們沒走，「我覺得他可能會嚇死」。這群陌生人來到這裡，是為了在舊金山灣另一頭的悲苦溪溪畔建立殖民地——舊金山的第一個歐洲殖民地。[2]

同時，沿著太平洋海岸往南走超過六百五十公里，一個名叫迪亞哥（Diego）的庫米亞印地安人，被關在一座俯瞰聖地牙哥河、聖地牙哥灣和遠方大海的監獄裡。迪亞哥在一七五〇年代時還是個小男孩，西班牙人尚未殖民他的家鄉；現在，一七七六年三月，幾十名西班牙士兵在一個有著兩座銅砲的小小木造圍場裡指揮坐鎮。這兩座銅砲一個面向海灣，以驅逐敵對的歐洲國家，另一座則指著迪亞哥的村莊，直到後來印地安人從居住地被驅離。有一段時間，方濟各會在上游十公里處還建了一個傳教站，但在一七七五年十一月五日清晨時分，庫米亞人把它放火燒了，並將其中一名神父毆打至死。迪亞哥被懷疑參與了這場起義，因此遭到囚禁。[3]

迪牙哥在獄中日漸憔悴、西班牙人在舊金山建造臨時居所的同時，西部內陸還有另一個大事件正在發生。有一小群西班牙探險家近日剛踏上旅程，開始一趟跨越四角落（Four Corners）地區、長達兩千五百公里冒險。他們是首批嘗試挺進洛磯山脈與內華達山脈之間廣大地域的歐洲人。一七七六年九月底，英國人剛從大陸軍隊手中搶過紐約市不久，這群探險家抵達了猶他湖（Utah Lake），就在大鹽湖（Great Salt Lake）

南邊。那裡有一群猶他人（the Ute）在迎接他們。一名傳教士解釋了這趟為期五個月的旅程的目的：「救贖他們的靈魂」。猶他人送給這群訪客一張鞣製過的鹿皮，上面繪有沾滿鮮血的人。為了表示善意，他們還在最後一刻匆匆在每個人物的臉上畫了小小的十字架。[4]

舊金山和聖地牙哥跟西伯利亞之間，存在著八千公里的寬廣海洋。從那裡，我們必須再跨越兩千五百公里的陸地，才能來到恰克圖這個塵土飛揚的開拓地。位於恰克圖的北邊，就是全世界最深的淡水湖——貝加爾湖（Lake Baikal）。恰克圖位在一處空禿禿、沒有林木的平原上，跨越邊界就是買賣城（今天蒙古的阿勒坦布拉格）。邊界崗哨可見兩行字，一行以俄文寫成：「俄羅斯領土在此結束。」另一行則以蒙古文寫成：「中國帝國由此開始。」[5]

出人意料的是，恰克圖和買賣城之間的貿易竟然引發連鎖反應，最終造成了一七七六年的聖羅倫佐溪事件、迪亞哥的囚禁，以及帶領傳教士來到猶他湖的冒險旅程。想要了解其中的來龍去脈，我們必須前往位於北太平洋阿拉斯加的阿留申群島。一七七五年的初夏，那裡有七名阿留申人正準備踏上一趟長達八千公里的危險之旅，探索一個為他們的島嶼家園掀起波瀾劇變的遙遠國度。他們的目的地就是恰克圖。

1

軟金

阿拉斯加的阿留申人與俄羅斯人

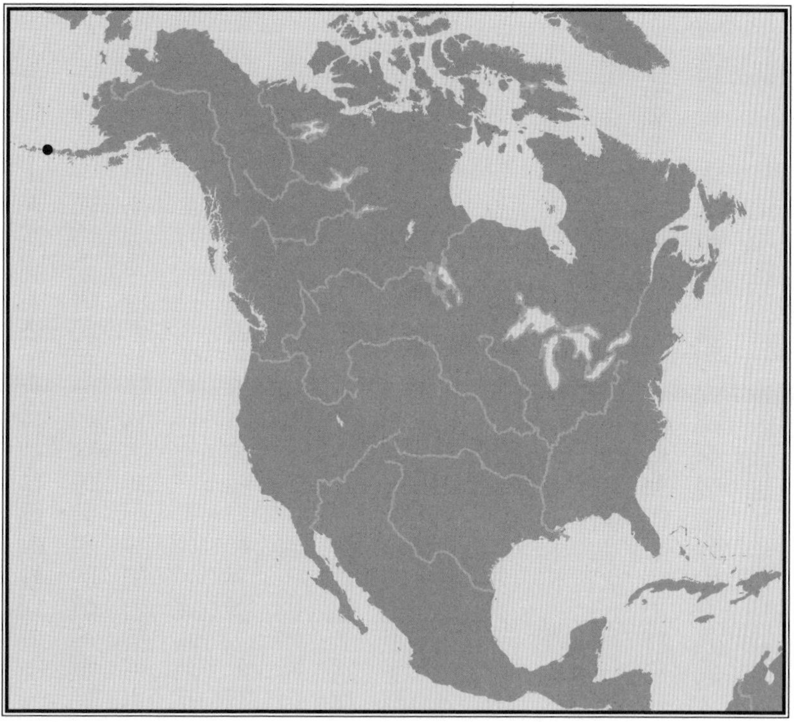

在海洋哺乳動物的育雛季節，七名阿留申人離開家鄉，動身前往地平線以外的國度。這群人包含一對夫妻以及兩、三名孩童，前者來自面積僅四平方公里的薩馬爾加島（Samalga），而後者的孩童們則是受到父親命令，他們都是為了解那些顛覆他們生活的民族，而踏上危險的旅途。在一七七五年六月一日，他們登上十五公尺長的俄籍單桅帆船聖保羅號（St. Paul），朝西邊前進。船上有超過七千張的狐狸和海獺皮，而他們的目的地是西伯利亞。五十七天後，船長伊萬．索洛維夫（Ivan Solov'ev）將這艘「強壯笨拙」的船，停泊在距離阿留申村莊四千公里的鄂霍次克（Okhotsk）。這個由一百三十二棟「悽慘的木屋」所組成的小社區，位於西伯利亞東岸的沼澤地上，其中的俄羅斯港口被視為前往堪察加半島（Kamchatka）和美洲的的起點。當地貨幣名為「海獺幣」（the otter），在此的駐船水手和哥薩克人（the Cossacks）很愛喝酒，他們有多少「海獺幣」就買多少酒，因此身上處處是壞血病的症狀：皮膚蒼白、雙眼凹陷、大片瘀青，全因飲食缺乏新鮮蔬果又攝取大量酒精所致。[1]

在這座破舊又孤立的城鎮，其中兩名阿留申人表示他們希望盡快返家，不要再繼續前往那些「偉大的俄羅斯城市」，另外五人則跟著父親和兄弟採獵的皮毛一起到了雅庫次克（Yakutsk）。這趟長達一千兩百公里的旅程橫跨崎嶇的山脈、多沼的森林和永凍平原，天氣好時需花費六週完成，但在冬季則有可能耗費兩到三個月的時間。在旅途中，這些阿留申人第一次看見森林（阿留申群島的自然環境沒有樹木），及在艱苦路途中喪命的無數腐敗馬屍。每年一月，氣溫平均可降到零下四十度，在有大海幫忙調節氣候的群島，他們從未經歷這樣的寒冷。後來一個新加入的成員寫到，冰冷「刺入體內，直達『骨髓』」，而且這「絕對不是譬喻而已」。2

在雅庫次克，冬季來訪的旅人總認為空氣「總是瀰漫著雪花」，隊伍中的一名女子去世了。其餘四名倖存者持續向西南方前進，沿著勒拿河（Lena River）行走兩千公里，最後來到貝加爾湖附近的一個小小拓居地——卡楚格（Kachug）。他們在那裡遇到當地的布里亞特人（the Buryat），他們會騎乘有角的牛隻，並使用這些牛隻工作。後來，他們還途經羊群以及耕作良好的小麥、黑麥與大麥田。他們繼續前行兩百五十公里，終於抵達伊爾庫次克（Irkutsk）這個有著兩萬居民的大型城鎮。3

這座城市有醫院、劇院、學校、肉店、魚市和市集，使阿留申人的聚落相形見絀。畢竟，他們最大的村落也只住了幾十人。事實上，全世界的阿留申人（約一萬六千人）加起來都不及東西伯利亞這座首府的人口數量。每年，來自阿留申群島的數千張皮草，和西伯利亞的數百萬張皮草都會匯集到伊爾庫次克，其龐大的倉儲營運規模是阿留申人完全無法想像的。在這裡，皮草會根據品質劃分等級，最好的會被送到歐俄地區，其餘的則通過貝加爾湖，抵達色楞格河（Selenga River）的河口，接著再到上游的恰克圖。4

一七二七年簽署的條約規定，中國和俄羅斯之間的貿易一律必須通過恰克圖或特魯海圖（Tsurukhaitu），但兩座城市卻位於更東邊、更偏遠的地區，且商業活動從未特別興盛。恰克圖有幾棟富裕商人的高級住宅、一支龍騎兵的分遣隊，還有一個掌管葉大黃（跟歐洲人常見的大黃不同）乾燥、磨粉和分級程序的倉庫。在當時，據說大黃有寶貴的藥用功效，因此俄羅斯政府壟斷這種昂貴根莖植物的買賣，並設有一個藥材商隨時負責批准每一筆交易。其中，最珍稀的大黃會送到聖彼得堡，供御用藥房使用。此地進口的貨品還包含棉花、絲綢與茶葉。5

俄羅斯商人提供皮草做為交換。每年，兩百萬到四百萬張的西伯利亞松鼠皮會運至恰克圖。西伯利亞也產狐狸、黑貂和豢養的虎科動物的皮草。阿留申群島則出產狐狸皮，以及所有皮草當中最珍貴的海獺皮，多半用在中國貴族的朝廷服飾上。海獺的皮毛是所有哺乳動物當中最茂密的，估計每一平方英寸就長有百萬根毛髮，是海狗的兩到三倍、狗的十八倍。十八世紀有無數人描寫這些毛草的美麗光澤。一七四一年伴隨維圖斯・白令（Vitus Bering）到阿拉斯加探險的博物學家蓋歐格・史特勒（Georg Wilhelm Steller）便表示：「這些皮草的光澤超越了最烏黑的絲綢。」他對海獺肉也十分激賞，認為吃起來「鑾美味的」，母海獺比公的「軟嫩美味許多」。在西伯利亞的海岸，海獺皮會以十到十五盧布的價格賣出，在伊爾庫次克賣三十到四十盧布，而到了恰克圖，則可賣到一百到一百四十盧布的價格，整整翻漲十倍。在一七七〇年代，皮草貿易幾乎占了俄羅斯海關收入的百分之八。[6]

令人吃驚的是，恰克圖每年賣出數百萬張皮草仍無法滿足市場需求，因此俄羅斯商人只得仰賴另一個北美洲的皮草來源。克里獵人會在距離阿留申群島東邊四千公里的加拿大中部，將河狸和水獺皮賣給哈德遜灣公司，哈德遜灣公司再把這些皮草送到倫敦。到了倫敦，公司會將皮草出口到聖彼得堡或是鄰白海的阿干折斯克（Arkhangelsk）。在一七七〇年代，每年都有四萬到五萬張皮草完成這趟曲折的旅程。遠距貿易創造出來的其中一個匯聚點是，這些皮草當中有數千張會被帶到烏拉爾山脈（Ural Mountains）以東的托波爾斯克（Tobolsk），接著再靠雪橇運到恰克圖，跟阿留申的皮草一起收進倉庫。整趟旅程（圖三描繪的路線）約耗費一到三年的時間。源自北美的海獺和河狸皮就這樣往不同的方向——往東一萬四千公里、往西七千公里

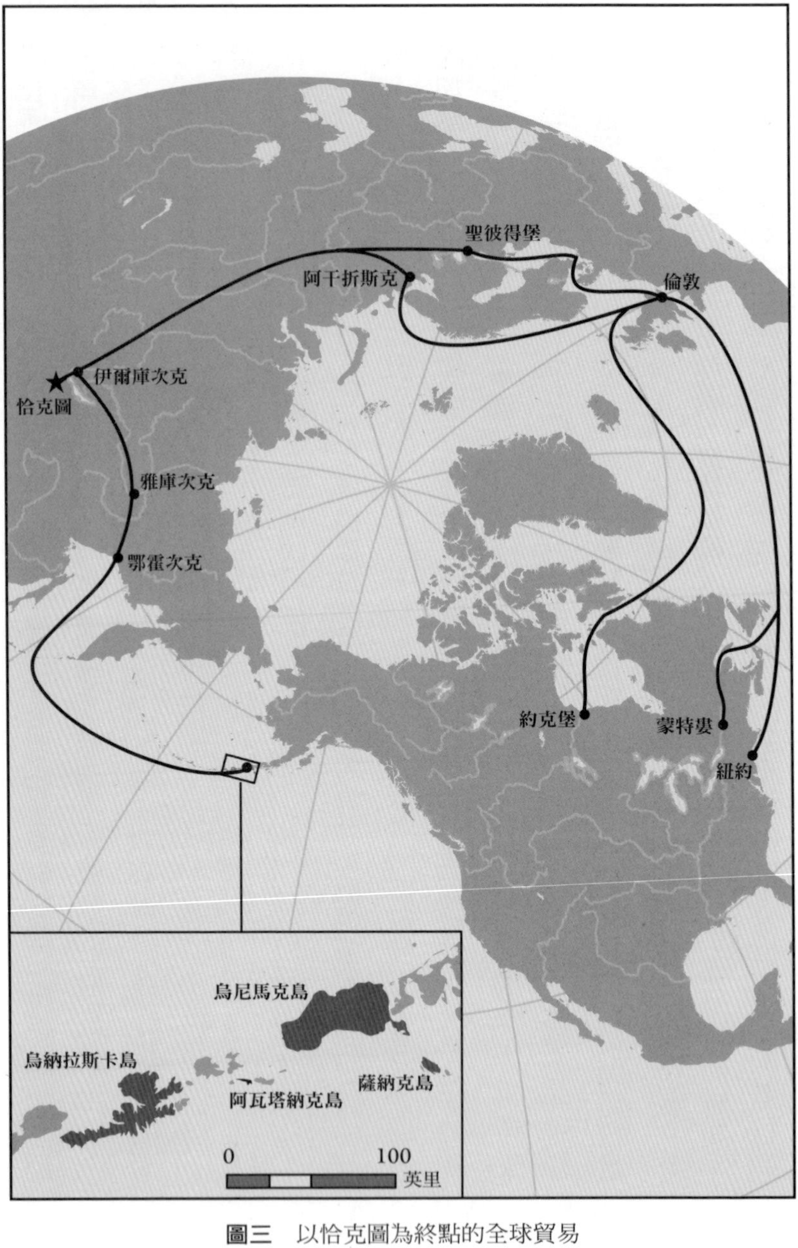

圖三　以恰克圖為終點的全球貿易

——繞了世界一圈。最後匯聚在俄中邊界的一個偏遠地區。這些皮草接著會被放在駱駝背上或牛隻所拉的雙輪推車上，前往北京侍奉中國皇室。[7]

・・・

十年前，阿留申人相信世上所有的俄羅斯人，就只有乘著漏水的小船探索他們島嶼的那幾百人而已。在一七七〇年代，十六艘俄羅斯船隻來到群島蒐集皮草，每一艘都為當地居民帶來災難性的影響。聖保羅號在這方面不是特例。就在英國士兵在北美另一頭接受波士頓大屠殺審判的不久之前，這艘單桅帆船在一七七〇年九月離開鄂霍次克展開為期五年遠征。船長伊萬・索洛維夫雖不識字，卻是個經驗豐富的航海家，來自托波爾斯克這個在歷史上協助俄羅斯征服西伯利亞的城鎮。索洛維夫和他七十二名的船員先是在千島群島（Kurile Islands）過冬，如往常般一邊狩獵、一邊為來年儲備糧食。等到一七七一年七月出發前往阿留申群島之時，已有十六名船員去世。[8]

聖保羅號尋找皮草的路徑雖然很多人走過，卻依然充滿險峻。在十七世紀，皮草捕獵交易人（promyshlenniki）已經走遍西伯利亞。這些外來者在沙皇的武裝部隊協助下往東挺進，一邊追尋珍貴的黑貂皮草、一邊為俄羅斯政府宣示土地。在這擴張活動的核心有兩個重要的概念，一路影響到遙遠的阿留申人：貢品（iasak）與人質（amanaty）。獻給俄羅斯政府的貢品通常是以皮草來計算，而為了確保人們繳納貢品，官員會從當地抓走人質。進貢帶給當地人很大的負擔，而且徵收貢品的手段也很殘酷。無數民族，包括薩摩耶（the Samoyed）、通古斯（the Tungus）、雅庫特（the Yakut）、尤卡吉爾（the Yakagir）等族，都承受了沉重的壓力，其中有很多民族甚至完全瓦解。十八世紀的俄羅斯人把這些人看作西伯利亞的「紅人」，相當於北美洲的印地安人，而西伯利亞對俄羅斯人而言則是「我們的祕魯」、「我們的墨西哥」或「我們的東印度」。[9]

到了一六七〇年代，皮草捕獵交易者已將西伯利亞許多地區的黑貂捕殺殆盡，只剩下價值不高的松鼠和白鼬。他們一邊繼續挺進，一邊征服當地民族，最後在世紀末抵達堪察加。謠傳東方存在著「偉大的國度」，再加上對亞洲和美洲地緣政治關係感到不確定，促使俄羅斯沙皇彼得一世及其後繼者支持維圖斯．白令的「東海」探險之旅，希望找到連接北美洲跟西伯利亞的陸橋。結果，生於丹麥的白令發現了後來以他命名的海峽，而他本人則在一七四一年第二趟旅程將近尾聲時過世。倖存的船員從現今以白令命名的島嶼帶回了海獺皮，開啟了一場淘金熱，只是淘的不是黃金，而是俄羅斯人口中的「軟金」。到了一七五〇年代，皮草捕獵交易人已經多年在阿留申群島進行捕獵與交易活動，獲取數以千計的狐狸和海豹皮草，當然還有最珍貴的海獺皮草。[10]

阿留申群島像一道巨大的新月劃過北太平洋。在一七七一年的八月，聖保羅號抵達群島最東端，那裡的海獺和狐狸仍舊不少。一路上，船隻途經烏姆納克島（Umnak Island），看見海拔高度兩千一百公尺的弗謝維多夫火山（Mount Vsevidof）——這座巨大的火山坑綿延十公里，不斷冒出濃濃的黑煙，占據了島嶼的北部。在抵達阿留申群島之中最東邊、最大的烏尼馬克島（Unimak Island）之前，聖保羅號還在面積僅有一百五十平方公里的阿昆島（Akun Island）停留過。當他們經過西邊另一個較大的島嶼烏納拉斯卡島（Unalaska Island）時，索洛維夫船長只有繞過去。在六年前，烏納拉斯卡島這座地貌起伏大、海岸線崎嶇的島嶼曾發生過屠殺事件，而索洛維夫正是事件的主角之一。

在一七六三年，撒迦利亞和以利沙伯號（Zacharias and Elizabeth）、三一號（Holy Trinity）、約翰號（John）以及阿德里安和娜塔莉號（Adrian and Natalie），這四艘船造訪了烏姆納克島和烏納拉斯卡島。這兩座島嶼是阿留申群島當中較大的島嶼，俄羅斯人在四年前才剛發現。這些船的船長從當地的阿留申人那裡徵收貢品，又帶走人質，以確保貢品即時繳納，且他們自己也不會被攻擊。接著，如烏納拉斯卡島、烏姆納克島和鄰近島嶼的阿留申人所預期的，他們將船員分成狩獵小隊。阿留申人設想了一個計畫。根據索洛維夫的記載，當地居民預計「先表示友好」，當俄羅斯人分頭進行狩獵和貿易時，再突襲他們。「用這樣的招數」，他們希望「殺死所有的俄羅斯人」。[11]

在烏納拉斯卡島上，阿留申人偷襲撒迦利亞和以利沙伯號的狩獵小隊。四名倖存者沿著海岸線逃回自己的船，卻看見一個櫃子被沖上岸，接著是船的殘骸與碎片，最後是夥伴被砍得慘不忍睹、四散在海灘各處的屍首。過了數個月，他們找到三一號，卻得知除了他們自己，撒迦利亞和以利沙伯號的三十七名船員當中，只有三名船員倖存。[12]

原來，三一號也遭到攻擊，且很快就被摧毀。骨瘦如柴的船員因為同伴減少又得到壞血病，沒有辦法控制船隻，最後在大風大浪之中被吹到烏姆納克島，撞毀在岩岸。當晚，阿留申人襲擊了五十四名船難者。一七六四年七月，從襲擊中倖存下來的十二名船員建了一艘皮製小船，繞了這座島嶼划行，尋找在群島之間進行貿易的第三艘船——約翰號。結果，在一個俄羅斯人建造的蒸汽浴地點，他們只找到焦黑的骨架以及被勒斃的二十名同胞。約翰號無人生還，因此究竟發生什麼事並沒有紀錄，考古學家直到一九七〇年才發現了蒸汽浴和船員的遺骸。沒多久，撒迦利亞和以利沙伯號以及三一號的逃難者，被最後一艘倖存的船隻阿德里安和娜塔莉號所搭救。一七六四年九月，索洛維夫停泊在烏納拉斯卡島時，才得知皮草捕獵交易同僚所歷經的一切苦難。13

做為報復，索洛維夫在五次交手中殺了至少七十名阿留申人。他堅持：「我比較希望和他們好好談，讓他們斷了邪惡的念頭，跟俄羅斯人和睦相處。」但，十九世紀初受訪的年邁皮草捕獵交易人記得的卻不是這樣：有一次，索洛維夫被激怒後，「當場」殺了一百名阿留申人。他們回想當時，說那起血腥事件「很可怕」；還有一次，索洛維夫炸掉了一個裡面已容納三百名阿留申人的防禦措施，並用槍和刀擊殺沒被炸死的倖存者。一名交易人說，索洛維夫一共殺了超過三千人，這可能是誇飾法；另一名交易人則堅稱，他殺的人沒有超過兩百個。然而，烏納拉斯卡島只有少少幾千個居民，就算只有兩百人罹難，也會對當地人口造成重大的打擊。14

多年後，阿留申人堅稱索洛維夫是造成他們人口銳減的主要原因。他們說，這名俄羅斯船長殺了數百或數千人，很多人看到他接近就四處逃跑。此外，他還喜歡摧毀他們的拜達卡（baidarkas）——阿留申人製作的小舟。一名俄羅斯人說，這些小舟是他們不可或缺的狩獵工具，「就像農夫的犁和馬一樣重要」。這些用皮覆蓋的小舟要花超過一年才能完成，因此為了趕工造舟，有許多難民死於飢餓或風吹雨淋之中。[15]

一七八九年三名當地人回憶道，索洛維夫在烏納拉斯卡島和周遭的島嶼「射殺所有的人」。據說，他還做了一個冷血的實驗：他會把阿留申人排成一排，然後射殺第一個人，看看子彈有辦法穿過幾個人。有一次，村民逃到烏納拉斯卡島東邊的雞蛋島（Egg Island），這是一座躺在深度很深的海水中、懸崖峭壁高度達一百二十公尺的小小島嶼。其多岩的海岸線讓索洛維夫難以接近，但他在第二次嘗試時成功登陸，殺死了躲在那裡的男女老少。阿留申人說：「那次屠殺非常殘暴，小島周圍的海水都被那些跳水或被丟進海裡的人的鮮血染紅。」[16]

•　•　•

一七七一年，索洛維夫在大屠殺後首次回到阿留申群島，雖然在阿昆島待上兩週的時間，日記裡卻沒有太多著墨。離開時，他「帶了」六名阿留申人替他領航、當中間人，其中包括一位名叫恰古席亞克（Chagusix̂）的「托焉」（toion，村莊領袖）、恰古席亞克的朋友卡魯（Kaluu），還有一名翻譯瓦斯卡（Vaska）。這些阿留申人之後就會明白，上了這艘船有好也有壞。[17]

恰古席亞克和卡魯引導聖保羅號通過了困難的烏尼馬克海峽，前往薩納克島（Sanak Island）這座俄羅斯人只有聽過、沒有去過的島嶼。夏天常見的低矮濃霧、潮浪、無數的暗礁，都讓阿留申人的本地航海經驗顯得不可或缺。來到薩納克島，索洛維夫看到的是一座「低又濕的」島嶼，北面矗立一座五百多公尺高的山脈。周遭海域孕育了豐富的海洋生物。幾年之後，詹姆斯·庫克（James Cook）的船員於此地，在三到四小時內捕撈到近百條鰈魚，有些重達四十五公斤（庫克因此事為薩納克島所取的貼切名稱「鰈魚島」現在並未受到沿用）。[18]

索洛維夫探索了南邊的海岸，但是只有找到空蕩蕩的半地下土屋，也就是俄羅斯人所說的巴拉巴拉（barabara）。原來，居民早已逃到外海的小島，因為那些高聳的岩塊可以保護他們不受入侵者傷害。他們說：「我們搬到那邊，因為我們之前沒看過俄羅斯人，對他們感到很害怕。」索洛維夫爬上一座高聳的懸崖，來到一個有兩百名左右阿留申人的營地，要跟他們說話。他寫到自己對「帶給他們巨大的恐懼感到抱歉」，雖然他還是從中抓了四名人質，並聲稱他們是「自願」跟他走的。這群阿留申人表示，這個地區海獺很稀少，但這個謊言很容易就被看穿，因為在整個阿留申群島中，薩納克島及其周圍的島嶼是海獺棲息最蓬勃的地帶。[19]

數週後，在薩納克島北海岸外海的一座小島上，索洛維夫又發現一群薩納克居民過著「好像我們會對他們造成危險」的恐懼生活。居民聲稱，他們只是在那裡採集食物，其後又交出十一名人質，索洛維夫承諾他們會回到薩納克島。索洛維夫寫到，居民「向我們保證，我們完全不用害怕當地人，我們可以去任何地方獵捕任何動物，不必害怕受到干擾。」[20]

時間已經來到十月，天氣開始轉涼。阿留申群島的氣候雖然受到溫暖的黑潮所調節，四季氣溫起伏不大，但是強風常在秋冬侵襲諸島，風速有時高達每小時一百三十公里。索洛維夫的手下蓋了蒙古包（其實就是阿留申人住所的改良版）、貯藏間和冶煉場，接著便分兩頭到薩納克島的兩端進行狩獵。恰古席亞克和卡魯則帶著索洛維夫送的禮物返家了。差不多在這個時候，索洛維夫發現阿留申人在暗中監視他的營地。不久後，索洛維夫的手下在收集漂流木時，發現了幾棟被毀的巴拉巴拉，並在其中一棟裡面找到瓦斯卡的屍體。阿留申人砍斷了這位翻譯的手臂和肌腱，並捅了他好幾刀。一名阿留申囚犯得意地說：「我殺了你們的翻譯瓦斯卡，因為他跟你們住在一起，變得跟你們一樣。」索洛維夫命令手下好好折磨這名囚犯。[21]

同一時間，其中一支狩獵隊遭到了攻擊。阿留申人射殺站崗的人，堵住蒙古包的出入口，接著使用乾草和油脂點火，燒毀營地。皮草捕獵交易人雖然被困在裡面，卻設法活了下來。隔天早上他們走出蒙古包時，卻發現皮草和糧食的殘骸漂浮在海上。他們還看見外海有看似上百艘的拜達卡，阿留申人在小舟上對他們大喊：「我們現在人多勢眾，要把你們全都殺光！阿拉斯加萬歲！」[22]

阿留申人並未發動攻擊，但索洛維夫的人卻在類似圍城的狀態下度過了剩下的冬天，沒辦法獵捕或採集糧食。壞血病襲擊營地，導致十五名俄羅斯人死亡。由於糧食和健壯男性數量減少，人質成了一種負擔。有一次，一名女性囚犯跟著兩名被雇用來協助俄羅斯人的阿留申女性守衛一起逃跑。她們被抓回來後，說有很多阿留申人正準備集合起來殺害入侵者。她們問：「所以我們為什麼要待在這裡？把你們現在人變少的消息告訴他們，他們還會獎勵我們。」[23]索洛維夫處決了其中一名女子。原來，這些人質並不是阿留申托焉親愛的子女，而是他們在跟鄰近地區的敵人作戰時擄回的奴隸。索洛維夫後來得知，如果這些奴隸不逃跑或傳送情報給薩納克島的島民，他們回去就會被折磨。那年冬天，在食物短缺的營地，有十人死於飢餓。

在一七七二年的七月，索洛維夫決定前往比較友善的島嶼，在薩納克島留下了蒙古包、貯藏間、冶煉場，和插在亡者墳塚上的木製十字架。聖保羅號遠離港口的同時，阿留申人到營地放火燒了蒙古包，裡面還有兩名被遺棄的人質。[24]

在這次俄羅斯人首次造訪薩納克島的經歷中，索洛維夫所留下的紀錄遺漏了很多細節。阿留申人後來回想這段過往時，說索洛維夫「蹂躪」了這座島，但是細節如何至今無法得知。[25]這時，聖保羅號已經出海將近兩年，七十二名船員已經死了二十二名（不包含瓦斯卡），而索洛維夫的皮草捕獵交易人則殺了數量不明的阿留申人。但，在薩納克島上，他們總共收集到六百八十一隻狐狸、一百八十八隻海獺和六十個海獺尾巴。而在遙遠的恰克圖，皮草所能賣出的高價，讓阿留申群島的狩獵活動所付出的成本代價顯得十分值得——至少，對聖保羅號的持有者來說是如此。

• • •

聖保羅號朝烏尼馬克島前進，但沒有恰古席亞克和卡魯的引導，船隻只能受困在大風大浪之中。命運沒有使他們觸礁，而是帶他們來到了阿昆島。索洛維夫從阿昆島前往烏納拉斯卡島，也就是七年前他第一次率領船隻到阿留申群島期間發生血腥屠殺的地點。掠奪者和受害者之間發展出一段巧妙的關係。在烏納拉斯卡島，索洛維夫慷慨地發送禮物，每位男性都得到了一把斧頭和一把鐵刀。對於繳納貢品的那些人，他更是大方。阿留申人對屠殺事件仍記憶猶新，因此托焉們對索洛維夫的態度十分和善。至少，他是這麼說的。根據他的紀錄，托焉曾表示：「不管有多少俄羅斯人要來我們的島嶼和聚落，我們都會盡全力協助他們，滿足他們的任何需求。」他們得知俄羅斯人在薩納克島上食物短缺，因此承諾會提供新鮮和乾燥的魚肉給他們。鄰近的島嶼也有阿留申人前來，他們帶著其他船隻給的解僱紙張，以證實自己的忠誠心，並表明希望擔任索洛維夫的翻譯、航海員和獵人。聖保羅號的船長同意了。[26]

但，雙方的關係並不公開透明。對阿留申人來說，一七六〇年代發生的反叛導致了災難性的後果，因此他們當然希望討好俄羅斯人，直到他們離開。同一時間，當地居民也試圖從中獲利。據說，「他們渴望獲得俄羅斯奢侈品」，想要來自黑海東方的切爾克斯香菸、七彩珠子、銅鍋、上衣和海豹皮。他們之中有一些人開始穿上俄羅斯的服飾，在防水大衣底下穿著布製長褲和夾克，有一些人在自己的傳統服飾上裝飾絲綢和玻璃珠等貿易取得的物品。詹姆斯・庫克在一七七八年說道：「這些人對歐洲人和歐洲習俗很熟悉。」沒錯，阿留申人常是獲得較多好處的一方，「因為當地人十分冷靜鎮定，不會輕易降低他們商品的價值，而歐洲人天生就比較沒耐性。」[27]

然而，有一件事不變：「所有人都痛恨俄羅斯人，把他們當作跟一般入侵者沒兩樣，一有機會就殺死他們。」即使在和平時期，訪客也能感受到隱約的煙硝味，並發現「俄羅斯人必須割斷許多【阿留申人的】喉嚨才能制服他們」。皮草捕獵交易人記述了以下的故事，顯示出他們明白這段巧妙關係的本質：一名阿留申人在跟一名俄羅斯船長「擁抱時，偷偷將他刺死」。[28]

這樣的惡意是互相的。一名俄羅斯貿易商寫道：阿留申人「一點也不乾淨，對骯髒絲毫沒感覺」。另一個人則說到，他們「不認同乾淨這個概念」，還說他們「很臭，又長虱子」。又有另一個人表示：「這些人極度令人作嘔。他們會吃身上覆滿的蟲子，吞下鼻涕，並根據習俗先用尿液洗澡、再用水清洗，然後用嘴把手吸乾。」[29]

一位博物學家根據二手資料，認為拜訪阿留申人的地下居所一定很像「下到地獄」一般。他還列出了原因：「陰暗的光線、濃濃的煙、令人無法忍受的酷熱、臭氣沖天的燈僅能發出微弱光芒、一群除了身形外完全不像人類的野蠻人裸露軀體、一大堆蟲子、無法想像的可鄙噁心食物、居住者發出的噪音和嘈雜聲、比冥河還糟糕的可怕惡臭。」對於那些乘坐以聖人的名字命名的船隻前來、身上帶著個人禱告使用的聖像的東正教俄羅斯人而言，最糟糕的一點或許是他們「完全不在乎自己的靈魂，也不知道死亡的時辰或來世的概念，他們就像動物一樣活著。」[30]

然而，鄙視阿留申人的同一群人也忍不住佩服他們。阿留申人的對話和態度「溫和友善，而且什麼事都懂」。他們「對彼此非常好」。外來者覺得他們的男性「平靜、純樸、毫無心機」，又「可靠專注」，女性則「非常快活」。俄羅斯人在無數份文獻中描寫當地人的衣著和船艇，全都隱含他們對阿留申人懂得利用資源的欽佩感。[31]

最重要的是，索洛維夫和其他皮草捕獵交易人是基於必要，不得不跟阿留申人建立貿易關係。俄羅斯人無法獨自或以小群體行動，因為這樣做一定會招來阿留申人的攻擊。除此之外，他們也沒有必備技能可獵捕海獺，然而海獺皮卻是阿留申群島當中最寶貴的軟金。一旦受到人類侵擾，海獺就會躲進海草裡。俄羅斯人的皮艇較笨重，又缺乏在阿留申海域航行的經驗——有些人出發前往美洲之前，甚至未曾見過大海。這些劣勢，導致獵捕活動就如一名俄羅斯海軍官員所說的，「不但勞累，有時還很危險」。濃霧、突如其來的暴風雨、強大的波浪、漲潮的迅速、險峻的海岸、尖銳的礁石，全都使外來者招架不住。[32]

相形之下，阿留申人歷經了好幾個世代，已經發展出一套在當地海域進行獵捕的卓越技能與工具。每個阿留申獵人身上都會帶著至少十來把的矛，每一支都有其特殊的用途。一名觀察者說，這些矛和其他捕魚工具會以「無與倫比的方式整齊地」綁在拜達卡上面，讓獵人「隨時可以取用」。[33]

想要獵捕海洋哺乳動物，就連十八世紀的槍枝也比不上阿留申人的魚叉，而皮草捕獵交易人身上穿的亞麻、棉花和絲綢材質的上衣，也絕不是阿留申服飾的對手。為了抵禦寒冷的天氣，阿留申獵人會穿兩件衣物：一件毛皮大衣和一件腸衣長袍（Kamleika）。傳教士伊萬·微尼亞米諾夫（Ivan Veniaminov，現今的俄羅斯東正教教會將他奉為純真聖人）表示，使用海雀毛皮製成的大衣是「不可或缺的」，因為微尼亞米諾夫雖然據說是一個「很有男子氣概、十分強健的人」，卻也還是「備受風寒之苦」，直到穿了毛皮大衣才終於不怕冷。微尼亞米諾夫也很欣賞腸衣長袍的設計。這是一種防水上衣，使用動物的腸子製成，並以動物的肌腱縫合。他說：「在天氣糟透了的日子中，沒有什麼比這更好。」庫克的一名手下寫道：「如果要比韌性和俐落，世上沒有任何人可超越他們的製品。」[34]

然而，令人最欽佩、最能反映出阿留申人成功適應阿留申群島艱難環境的，或許是拜達卡（圖四）。這種防水小舟不僅外型優美，也非常先進，直到今天，水手仍對它無可比擬的設計感到驚嘆。俄羅斯科學探險隊的書記馬丁・索爾（Martin Sauer）在一七八〇年代晚期第一次看見這種船的時候，簡直「驚訝到說不出話」。他驚呼：「假如完美的對稱、光滑和比例是美的要素，那麼這就是一艘美麗的船，我從來沒看過這樣的東西。」[35]

長四點三公尺的單艙口拜達卡建造起來「極為辛勞麻煩」，以扁柏為骨架、富有彈性的鯨鬚和骨頭做為連接，再用半透明的海豹或海獅皮包裹住。為了減少阻力、增強抗水性，除了最後的中央接合處之外，其餘接合處皆位於內部。分開的船首（貌似音叉）以及分為三部分的龍骨，使這種細窄的小舟速度極快又靈活。拜達卡僅十三點五公斤重，一個獵人就能扛得動，卻可以乘載一百八十公斤以上的獵物，並在大風大浪之中前行。[36]

阿留申的男孩很小就開始使用拜達卡，因此到了成年時，他們已經可以駕輕就熟地操控這種小舟。一名觀察者說到，阿留申人乘著拜達卡駕馭漲得跟自己胸口一樣高的海浪，動作「看起來就像兩棲生物，而非人類」。許多人都同意，拜達卡是全世界最了不起的海上工具，是「人類目前所能想到最厲害的移動方式」。[37]

拜達卡的天才設計和建造方法，說明了阿留申人為何能在危機四伏的阿留申海域航行、獵捕海鳥和海獺，並在十二到十八個小時內航行足足一百三十公里，從薩納克島抵達尤加馬克島（Ugamak Island）。[38] 這也說明了，為何索洛維夫會需要依靠阿留申人的協助來獵捕海獺。

圖四　約翰・韋博（John Webber）
在一七七八年所畫的這幅水墨圖描繪了一名阿留申人和他的拜達卡。
圖中可見船首分開，是拜達卡速度如此迅捷的原因。
Webber, "Cape Newenham" (1778), UW 9193, Special Collections, University of Washington Libraries.

•
•
•

索洛維夫在烏納拉斯卡島及周遭島嶼那三十五個月的經歷，在他的日記中沒有太多記錄。期間，他和他的船員收集到非常大量的皮草，而這些最後都會送到恰克圖。俄羅斯參政院表示，他的日記「沒什麼值得注意的」，並吩咐未來的冒險家要把紀錄寫好一點。索洛維夫之所以如此吝惜文字，有可能是因為他看到一七六四年來自伊爾庫次克的富有商人伊萬・貝切文（Ivan Bechevin）的遭遇。貝切文因其公司的所做所為而遭審判的事情，導致索洛維夫不願詳實記載經歷。當時官方調查的結論是，貝切文的皮草捕獵交易人，綁架、強暴、殺害了多名阿留申女性，對「當地居民做出無可名狀的施暴、毀滅與謀殺行徑」。[39]

然而，他的日記所寫的內容已經足以看出，索洛維夫和阿留申人之間的關係後來急轉直下。在烏納拉斯卡島紮營沒多久，他便派出兩支狩獵隊。從第一支隊伍分出去的其中一群人，擱淺在一處高聳懸崖環繞的小海灣，發現他們的阿留申人砍斷了他們的手臂、挑斷腳筋，接著四肢和頭顱也被一一砍下。不久後，阿留申人得意地對索洛維夫說：「我們會用之前殺死俄羅斯人的方式把你們全都殺了。」索洛維夫下令刺死兩名阿留申俘虜。[40]

第一支隊伍的其餘成員前往西邊的烏姆納克島等島嶼狩獵。根據索洛維夫的說法，他們很成功，跟島民和平相處，島民還「自願」交出人質、和他們貿易，並繳納貢品。他說：「我跟這些異邦人一直很友好，待在那裡的期間沒有發生任何不好的事。」（俄羅斯人提及西伯利亞的原住民族和阿留申人的時候，會用「異邦人」一詞。）根據一份文獻指出，他們之所以默許索洛維夫的存在，可能是因為皮草捕獵交易人在一七六〇年代「消滅了」烏姆納克島南部及其西方小島上那些「不順從」的居民。[41]

第二支隊伍往東前往阿庫坦島（Akutan Island）、阿昆島，以及現在隸屬於克列尼岑群島（Krenitzin Islands）一部分的阿瓦塔納克島（Avatanak Island）和蒂加爾達島（Tigalda Island）。這些海岸多岩塊的迷你小島，面積加起來連烏納拉斯卡島的三分之一都沒有，但卻有許多海獅、海豹和海獺生活在其中。不同於烏納拉斯卡島以西的島嶼，在索洛維夫的手下於一七七二年九月抵達之前，當地居民曾成功趕走試圖在這些島上狩獵的俄羅斯人。[42]

在這支隊伍中，有一個名叫彼得・納楚賓（Petr Natrubin）的人，被微尼亞米諾夫直白地說成是索洛維夫的「忠實下屬」。據說，他十分虔誠，但也「極為喜愛」酒精，而這些或許就是他用來攻破阿留申人抵抗的強大武器。高聳崎嶇、海岸陡峭的阿庫坦島，春天時非常值得獵人一訪，正如阿留申人取的地名所顯示：Qawa(m)-tanangin（「海獅繁衍地」）、Achan-ingiiga（「下有鮭莓叢」）、Qakiid(am)-kamga（「銀鮭角」——銀鮭產卵的地方）等，更別提當地還有大量的赤狐、海豹和海獅。然而，在一七七二年的十月，納楚賓一行人在島上遭遇了嚴重的暴風雪。納楚賓等人表示，在「異邦人的邀請下」，他們到阿留申人的巴拉巴拉躲避兇猛的風雪，沒多久卻被用刀子攻擊他們的居民趕走。[43]

他們轉向至東邊十三公里之遙的阿瓦塔納克島。這座島嶼又低又細長，上頭有三座村莊。納楚賓等人再次聲稱自己受邀進入一位托焉的巴拉巴拉。有數週的時間，他們跟阿留申人各自待在屋子的兩頭，住得很不自在。儘管最大型的巴拉巴拉可長達四十五公尺、面積達五百六十平方公尺、容納多達一百人，但在人口稀少的阿瓦塔納克島，住家規模可能比這小上許多，或許只有三分之一。十二月初，阿瓦塔納克島的居民偷偷在屋頂開了幾個洞，接著在某天半夜衝進巴拉巴拉，要殺害熟睡中的俄羅斯人。納楚賓和他的同伴用槍枝趕跑了攻擊者，並說：「我們不知道自己哪裡觸怒到他們。」後來，又出現了幾起致命的攻擊，但索洛維夫的手下努力堅持了下去。[44]

納楚賓和其他人沒有再提及自己在阿瓦塔納克島上的經歷，而在一七七三年春天到一七七五年五月聖保羅號啟程前往鄂霍次克前的這段期間，索洛維夫也沒有記錄狩獵隊伍做了哪些事。最後這兩年到底發生了什麼事？

在一八三三年，微尼亞米諾夫造訪了阿瓦塔納克島。這位傳教士精通語言學，熟悉當地方言，因此直接跟年長的阿留申人聊起納楚賓和索洛維夫。一位年邁的婦女帶他去看俄羅斯人借住的那間巴拉巴拉的遺跡，還有人帶他去看一條小河。他們憶道：「昔日這裡有很多魚」，但是自從納楚賓殺了一些阿留申人，把屍體丟進河裡後，「再也沒有任何一隻魚來這裡」。微尼亞米諾夫做出的結論是，納楚賓「當時屠殺了許多阿瓦塔納克島上的阿留申人。他們沒有武器，而且通常都是無辜的。」[45]

阿留申人還跟微尼亞米諾夫講了另一件納楚賓在一七七〇年代所做的事。納楚賓一行人從阿瓦塔納克島前往鄰近的蒂加爾達島時，阿留申人逃難到蒂加爾達島西北外海的一根小岩柱上。這塊岩石有著垂直的岩壁和平坦、覆滿草的頂部，似乎可以抵禦劫掠者。這些獵人身上帶了長一點五公尺的來福槍，但阿留申人「不知道其威力」。他們被困在岩柱頂端，「遭一一射殺，因為無知而成了受害者。」[46]

索洛維夫因其殘暴而出名，但殘暴的不只他一人。十八世紀後半葉，約有八十艘船從西伯利亞來到美洲，每一艘都為阿留申人帶來疾病和毀滅。皮草捕獵交易人為了尋找軟金，不斷往更遠的島嶼推進，最後帶著數十萬張海獺和狐狸皮草回到鄂霍次克。[47]

在東海的彼端，「偉大的國度」正出人意料地湧出龐大的財富，使俄羅斯的帝國主義者十分興奮。一位宮廷科學家熱血沸騰地推斷：「俄羅斯的威力將在西伯利亞和北海上增長，並且擴張到歐美的各大歐洲開拓地。」只要俄羅斯能嚇阻敵對的帝國，未來將是一片光明。為了保護辛苦得到的地理情報，俄羅斯人把自己的發現隱藏得好好的，同時發行錯誤的阿留申群島和阿拉斯加海岸地圖，混淆視聽，就跟今天各國保護自己的核武祕密一樣。[48]西班牙、法國和英國的戰略家就在這樣一個混濁的情勢之中，努力地想要摸清楚發生在太平洋西北地區的重大事件。

阿留申人也一樣。在一七七六年三月，最初跟索洛維夫一起橫跨白令海的七名阿留申人只剩下四人。他們在伊爾庫次克等待接踵天花疫苗（出人意料地，伊爾庫次克是世上最早建立天花疫苗中心的地方之一），之後計畫前往聖彼得堡，覲見凱薩琳大帝。一個月後，東西伯利亞的總督菲德・涅姆佐夫（Fedor Glebovich Nemtsov）在接待兩名賓客時，給他們看了些伊爾庫次克的珍奇事物：總督美麗的花園、一隻鹿角格外雄偉的堪察加麋鹿、一隻可以說好幾個中文單字和俄文單字的鳥，以及「兩個來自美洲的野蠻人」。這些「深褐色的野蠻人」得了天花，虛弱地躺著，但是正「受到悉心治療」。[49]

涅姆佐夫喜歡賄賂，還會毆打伊爾庫次克的居民來進行勒索，因此自然對優良統治不感興趣。他也不怎麼在意對上司撒謊。向賓客展示生病的阿留申人的六個月後，他告知遠方的參政院：「至於那些被帶到這裡來的阿留申人，我的前輩並沒有交給我。沒有人跟我提過他們。」他騙參政院自己在著手調查之後才得知這些阿留申人的命運——他們全都過世了。[50]

• • •

在一七五九年，荷西．圖魯比亞（José Torrubia）正在羅馬奮筆疾書撰寫方濟各會官方編年史的第十卷時，莫德納（Modena）傳來令人意外卻興奮的消息。位於聖彼得堡的帝國學院，總算在白令第二趟美洲之旅的近二十年後，出版了該旅程的詳細報告。報告裡附了一張地圖，顯示有一條狹窄的海峽分隔了亞洲和加州西北部。這個資訊令圖魯比亞很有感觸，因為這位博學的世界旅人最近也一直在思索太平洋的地理。在準備方濟各會編年史一段有關墨西哥人口的章節時，他蒐集到「真實且驚人」的文獻，顯示墨西哥人是從西伯利亞遷移的。他很清楚，阿茲特克傳統以及中國和日本的地理學家都表示，這些大陸之間的間隔很小。他回想起自己在一七三〇年代從菲律賓橫跨太平洋到墨西哥的經歷。他記得，在距離加州海岸五百公里的地方有海岸鳥種出現，顯示東北方有陸地，而這就是美洲海岸線彎向亞洲的線索。[51]這背後代表的意義很驚人：俄羅斯海軍可以跨越海峽，來到西班牙位於美洲的領土。

圖魯比亞拿起筆，在「短短幾天內」寫了一篇八十三頁的文章。根據教宗審查員所說，這篇文章「頁數雖少」，在「知識」和「研究」方面卻「非常廣博」。圖魯比亞把標題定為《加州的莫斯科人》（*I Moscoviti nella California*）。他以令人屏息的語調傳達出當前局勢有多麼緊急：

莫斯科人在加州？誰想過這樣的情況？誰說的？怎麼可能？他們要怎麼去那裡？請放輕鬆，這些否定的問題一下子出現太多了。但，這些問題嚇不倒我，也無法讓我改變自己堅定不移的信念，那就是莫斯科人前往加州的真實可能性。沒錯，這些莫斯科人……可以坐船抵達加州，因為事實是，他們那些在南海有港口的遙遠北方地帶，跟我們的北美洲是相鄰的。[52]

聽見圖魯比亞和其他人所敲響的警鐘，聖彼得堡的西班牙大使收到指令，要「使盡狡詐蒙騙的手段」去調查俄羅斯人航向美洲的計畫。[53]結果，這大大改變了加州海岸。

2

為了獨立而戰

聖地牙哥起義

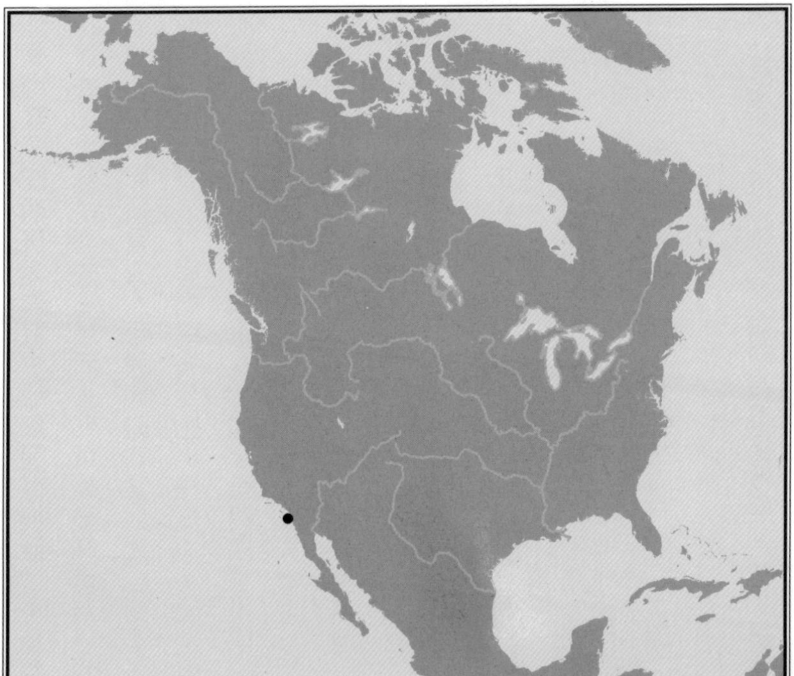

迪亞哥在一七七六年被關在加州南緣一間西班牙監獄，他還記得很清楚，那些外國人是在七年前從南邊坐船兼步行而成功來到這裡的。然而，他可能不知道自己的處境可以追溯到遙遠的北方，那個遠到連在西岸擁有廣大交通網絡的當地人也到不了的土地。阿留申群島雖然在五千公里以外的地方，而恰克圖甚至比那裡更遠，但是俄羅斯人在北太平洋這些地方所進行的活動，卻是西班牙決定在聖地牙哥建立殖民地的關鍵。

早在一五〇〇年代，西班牙人就已經開始籌畫要殖民加州，更準確地說，是「上加州」，跟「下加州」有所區別。但是一直到俄羅斯人在十八世紀後半葉進入阿拉斯加進行皮草貿易之後，西班牙王室才開始行動。當時，謬誤的地理知識和帝國主義的焦慮心理形成強大的因素，讓殖民加州這件事看似極其重要，有可能影響西班牙在太平洋盆地的生存。[1]

跟當時的其他歐洲人一樣，西班牙官員對於美洲北太平洋沿岸的地理沒什麼概念。這段海岸線似乎是往西北方彎過去（事實上確實如此），但也有可能直直朝著北方延伸。或者，也有可能像某些地圖畫的那樣，美洲和亞洲之間存在一座跟大不列顛一樣巨大的島嶼。可惜，西班牙官員的焦慮程度就跟他們的愚昧程度一樣。雖然在一七六一年他們位於聖彼得堡的大使所做出的結論是，俄羅斯不會威脅到西班牙的利益，但某些俄羅斯人已經開始把美洲西北部稱作「新俄羅斯」的這個事實，卻叫人難以放心。這個殖民地有一天會不會成為新西班牙的敵手？[2]

• • •

無論西岸到底長什麼樣子，西班牙官員錯誤地相信有某條水路連接了加州和內陸地區。一位法國官員多年前曾指出，倘若沒有這樣一條河，這「會完全違反我們對世界上已知國家的認識」。他解釋：「像這麼廣大的地區，向來都會有一條大河橫跨之。」[3]

在受到法國影響所繪製的地圖上，這條水路不是被畫成一座占據了北美核心地區、最終流入南海（俄羅斯人口中的東海、現今的太平洋）的西部大湖，就是被畫成傳說中的「西方之河」，從蘇必略湖（Lake Superior）以西直直流入太平洋。然而，西班牙官員所提交的報告裡還提到另一種可能性。他們以根深蒂固的地理迷思為依據，描述了一條將西南地區（加利福尼亞灣）和北太平洋連接在一起的可航行河川。他們認為若非如此，要怎麼解釋那些沖到加利福尼亞灣海岸的木板是怎麼來的？那些木板肯定是某艘西班牙大帆船的殘骸，順流而下進入海灣的吧？4

然而，這條令人嚮往的河，其確切位置究竟在哪裡，卻十分難以捉摸。一七〇二年的一次探索計畫，因為某位傳教士「疼痛下痢」而夭折；一七一五年的另一次探險，又因為某艘為了探查加利福尼亞灣而準備的船隻遭暴風雨半毀而提早終止；一七五一年，某位聲稱「受過實用教育，非常了解」西南地區地理的船長，認為自己找到了那條河。他說，科羅拉多河往加利福尼亞灣奔流而去的過程中，有條支流朝西北方流去，穿越了內華達山脈，最後從加州蒙特雷（Monterey）南邊流入太平洋。5

在一七五七年，安德烈斯．伯瑞葉爾（Andrés Marcos Burriel）出版了三冊有關加州的重量級鉅著，詳細說明了這條連接西班牙邊疆土地和北太平洋的傳說之河，具有何種重要的戰略意義。簡單來說，西班牙不占據美洲的太平洋沿岸地區，就無法控制美洲西部。他輕蔑地說，「加州人那些破爛的獨木舟」沒什麼好怕的，但是要是某個歐洲國家掌控了這個地區，墨西哥就會有危險。伯瑞葉爾大力呼籲西班牙殖民地應該要延伸到上加州，遠至今日俄勒岡州的布蘭科角（Cape Blanco），而在當時，西班牙最北的海岸殖民地是聖塔格楚迪絲（Santa Gertrudis），位於今天的聖地牙哥南邊六百五十公里處。審查書籍出版的政府官員認為這個主題過於敏感，便將伯瑞葉爾認真做過功課後所繪製的太平洋盆地地圖，以極不準確的法國製地圖取而代之。伯瑞葉爾不屑地稱製作這份地圖的法國頂尖製圖師為「那些巴黎男孩」。[6]

到了一七六〇年代中葉，俄羅斯人已侵占了西班牙官員憂心忡忡的腦袋。一名墨西哥市的嘉布遣（Capuchin）修士根據可靠的消息來源，表示有人在下加州最北的傳教站看見穿著俄羅斯服裝、說著聽起來像斯拉夫語言的陌生人。幾年後，曾在菲律賓服務多年的高階法官佩德羅・埃瑞奎茲（Pedro Calderón y Henríquez）更在地圖上畫出俄羅斯人威脅的範圍（圖五）。就算是用當時的標準來看，卡爾德隆呈交給國王之下最有權勢官員的這份地圖，仍然極度不準確。然而，雖然在地理方面缺乏準確性，它卻精準表達出西班牙人的焦慮感。圖中，「莫斯科人的韃靼利亞」（即堪察加）籠罩在太平洋上方，看起來就跟從下加州之端到俄羅斯發現地帶的整個北美海岸一樣大。細節部分有更多怪異之處，卡爾德隆竟在堪察加和加州的門多西諾（Mendocino）之間畫了筆直的阿留申群島，將最東邊的島嶼標為「楚克奇」（跟西伯利亞的楚克奇半島弄混了），並把它畫在離門多西諾角僅一百二十公里的地方。因此，看起來就好像俄羅斯人有許多方便的踏腳石，可以一路從堪察加跳到西班牙統治的加州。卡爾德隆表示，到了門多西諾附近，他們會發現一條「非常豐沛的河流」。他警告：「經由這條河，他們可以進入墨西哥或是聖羅倫斯河流經的湖泊，而這兩者的戰略位置都非常重要。」[7]

西班牙宮廷並不需要他的警告，因為裡面的人已經處於高度戒備狀態，早已決意占領上加州。負責監督西班牙往北岸擴

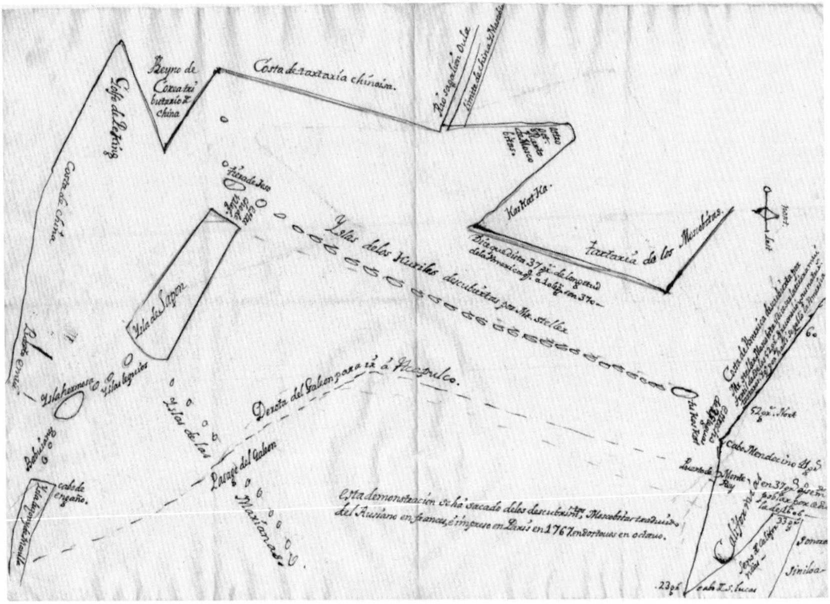

圖五　佩德羅・埃瑞奎茲的菲律賓到北加州路線圖。
From Calderón y Henríquez,
"Memorial to Don Manuel de Roda y Arrieta,"
19 April 1768 (MS Vault 69), Templeton Crocker Collection.
Courtesy California Historical Society,
Templeton Crocker Collection, MS Vault 69.001.

張的天才熱血官員荷西・加爾維斯（José de Gálvez）說，不讓其他國家在這個地區建立殖民地是「極為重要的」。然而，協助推動計畫後，加爾維斯生了病，開始出現幻覺。根據一名立場中立的人士，加爾維斯因為太深信俄羅斯人現身新西班牙的謠言，以致於他說自己親眼在下加州看見了俄羅斯人。然而，加爾維斯在發瘋期間也曾想像不同時期的自己曾經擔任阿茲特克的蒙特蘇馬皇帝、普魯士國王、瑞典的卡爾十二世、聖約瑟，甚至是主持審判日的上帝。雖然他後來痊癒了，並且成為西印度群島的大臣，是西班牙帝國最有權勢、最有才幹的行政官員之一。[8]

基於俄羅斯的威脅和加爾維斯的命令，一七六九年春天，有兩艘船在聖地牙哥灣下錨，等待兩支陸上遠征隊前來。傳染病重創其中一艘船的船員，因此為病患搭建的野地醫院，便成為這些初來乍到的旅人第一個居所。很快地，疾病傳染給第二艘船的乘客。文森特・維拉船長（Vicente Vila）在日記裡記下了當時淒慘的狀況：「病患沒有任何起色，每況愈下。」（五月三日）；「早上六點，一名水手死了。」（五月六日）；「病患沒有任何起色。」（五月七、八、九日）；「下午兩點，一名打雜的男孩死了。」（五月九日）；「早上八點，一名菲律賓水手死了。」（五月十日）。其中一艘船的船醫將周遭地區的草藥採得一乾二淨，卻徒勞無功。不久，每天都會死兩到三人。一開始來到此地的九十幾人，最後只有八名士兵和幾名水手倖存。[9]

就連陸上遠征隊抵達後，庫米亞人發現西班牙人仍「持續埋葬大量屍體」，而且很多人都「俯臥在床」。一七八九年八月，他們對虛弱的入侵者發動攻擊。攻擊之後，方濟各傳教士胡尼佩羅·塞拉（Junípero Serra）寫道：「我認為他們【庫米亞人】無人傷亡，因此依然全都有受洗的可能。」隊伍繼續苦撐，糧食漸漸縮減。一七七〇年三月，在面臨被棄置的命運的前幾天，一艘紓困船即時來到，解救了聖地牙哥。由於紓困船出現在海平面上的時候，正好是慶祝聖約瑟節的期間，因此塞拉等人後來便將自己的好運，歸功於聖約瑟聖人的出手相助。[10]

七年後，迪亞哥入獄了。當大陸會議在思索「某些決議」，要讓殖民地「去除對英國王室的所有忠誠」時，迪亞哥已被囚禁七個月。沿著海岸往北將近八百公里的地方，西班牙人正在上加州的悲苦溪溪畔（位於今天的舊金山）建立第六個傳教站。然而，這些西班牙人的數量依舊稀少，不足兩百人，而加州沿岸的原住民族人口卻有六萬左右。儘管附近的聖地牙哥駐防要塞不久前剛擴大規模，人數卻遠比不上六千個庫米亞人。這些數據使得負責審問迪亞哥的費南多·孟卡達總督（Fernando de Rivera y Moncada）更急著想要確立西班牙的威權。[11]

• • •

迪亞哥跟西班牙人之間的關係可謂一波三折。聖地牙哥剛建立的第一年，兩位傳教士沒有成功為任何一個印地安人受洗。隔年，他們替十六名庫米亞人進行洗禮，年齡落在三到十八歲。其中，年紀最長的薩胡．梅特貴爾（Sajuil Cuylp y Meteguir）是來自鄰近的蘭切利亞（西班牙人把他們在加州看見的小型原住民族拓居地稱作「蘭切利亞」，這個詞到今天仍被使用）。他是聖地牙哥第一位接受洗禮的成年人，因此為了紀念這特殊的事件，傳教士請這個新殖民地的副長官孟卡達擔任他的教父。孟卡達婉拒了，但是當天晚上，薩胡．梅特貴爾和另一位少年前往孟卡達的家，用不靈光的西班牙語告訴他：「明天你施洗。而你，教父。」孟卡達說：「我沒有退路。」隔天，他施洗了薩胡．梅特貴爾，並給他取了一個新名——迪亞哥。[12]

薩胡．梅特貴爾的教名，是以這個西班牙前哨基地的守護聖徒來命名，反映出傳教士在這位年輕人以及整個殖民事業上寄予的厚望。誕生在天、地、海的美妙徵象之間，聖地牙哥將成長茁壯，而迪亞哥也是。至少，胡尼佩羅．塞拉是這麼希望的。迪亞哥和跟他一起皈依的十三歲少年約瑟・馬利亞（Joseph María）是最早開始學西班牙語的庫米亞人。塞拉寫道：「這兩位年輕的教徒，擔任了異教徒的翻譯和長輩的導師。」他還說，他們進步得很快。[13]

是什麼促使迪亞哥和其他庫米亞人皈依，原因並不清楚。在有關上加州傳教站的研究中，最詳盡的是一份關於蒙特雷聖卡洛斯鮑榮茂（San Carlos Borromeo）傳教站的研究。研究者發現，有兩大因素讓印地安人想要受洗：病毒與牲畜。舊世界的疾病摧毀了許多家庭和印地安聚落。此外，人工飼養的動物因為把草、堅果和種子給吃了，並且汙染河川，也毀掉了當地人賴以生存的基礎。由於阻止不了聚落和糧食來源快速地崩解，無計可施的印地安人只得受洗，以便獲得傳教站的作物。然而，聖地牙哥的情況肯定不太一樣，因為西班牙的作物在聖地牙哥乾枯的土壤中長得並不好。事實上，聖地牙哥傳教站生產的糧食，連修士和士兵也難以養活。一名訪客表示，因為聖地牙哥很貧窮，它是上加州所有傳教站之中情況最糟的。[14]

雖然如此，到了一七七五年年初，已有一百名左右的庫米亞人要求受洗，他們大部分是來自一兩個鄰近的蘭切利亞。接著，西班牙人把傳教站遷到上游十公里左右的地方後，很快地又有三百名左右的庫米亞人在四個月內加入教會。這些甫受洗的印地安人被稱作新入教者，來自九個不同的蘭切利亞，全都在一天可步行抵達的距離。他們都是一群一群地來，一七七五年七月的某一天，有二十五人受洗；九月的某一天又有二十一人受洗；十月的前四天更陸續來了超過八十人。加州傳教站的一名修士暨編年史家弗朗西斯科．帕盧（Francisco Palóu）寫到，他在聖地牙哥施洗了一群庫米亞人，內心感到「無比歡欣」。幾個星期後，他拜訪了新入教者的蘭切利亞。他們跪在他跟前，吟誦傳教站教育的必學讚美詩歌：「讚頌祭壇最神聖的聖餐；祝福最喜樂的童貞馬利之無染原罪。」帕盧和他的同伙流下喜悅的眼淚。他寫到，才不過幾天前，這些印地安人「都還只是野蠻的異教徒。」[15]

然而，在快速的皈依背後，印地安人其實對西班牙人有著深沉的不滿。在一七七五年十一月五日凌晨一點左右，約六百到一千名的庫米亞人靠近迪亞哥的蘭切利亞。這個社區就在傳教站隔壁，住了一百名新入教者。在聖地牙哥服務的修士共有兩位，其中一名修士文森特．福斯特（Vicente Fuster）寫到，這些印地安人圍著村莊，但由於他當時正在熟睡，所以不能確定他們是刻意包圍蘭切利亞，還是在那裡集合。不久，印地安人襲擊傳教站，開始洗劫教堂。雖然傳教站的建築結構有一部分是以泥磚造成，但是教堂本身卻是以木竿及曾覆蓋加州大部分濕地的一種蘆葦所建造，因此遭到庫米亞人縱火之後，很快就被火舌吞沒。[16]

福斯特被槍聲和叫聲吵醒，趕緊下床跑到守衛室，在那裡遇見木匠師傅和傳教站所有的駐防人力——四名士兵。這時候，只有一名士兵毫髮無傷，木匠師傅則受到極為嚴重的箭傷，腹部和肩膀都被射穿。隨著大火持續延燒，他們在槍林箭雨之中逃到另一棟建築。福斯特衝進路斯・傑姆神父（Luis Jayme）的屋子，卻發現床上沒有人，屋頂即將倒塌。

在傳教站的鐵匠鋪，兩名鐵匠也被吵醒，發現傳教站遭到攻擊。其中一名拿著劍跑出來，但是馬上就被殺了。士兵後來有找到他焦黑的遺體。另一名鐵匠開了一槍，趕跑攻擊者，之後加入福斯特等人。接著，這群人躲到唯一沒有失火的建築——廚房。廚房是由三面磚牆加上一面鬆散的蘆葦所構成，他們用數捆布料和繩索堵住開放的那一面，在那裡待到天亮，期間不斷閃躲庫米亞人發射的岩石、火把和箭。

同一時間，在下游十公里處的要塞（圖六），據說也聚集了一群庫米亞人。該要塞的戍衛人數此時恰巧有所減少，非常禁不起攻擊。原來，十二名士兵、一名中士以及要塞指揮官荷西・奧爾特加中尉（José Francisco Ortega），不久前才出發前往位於北邊一百公里的聖胡安－卡皮斯特拉諾（San Juan Capistrano），預計要在那裡建造新的傳教站。要塞只剩十名士兵駐守，其中有四名臥病在床，還有兩名因為受罰而被束縛住了腳。[17]

從要塞其實可以看見傳教站已經被大火吞噬。在承平時期，修士經常可以聽見要塞守衛換班時會發出的槍響，但驚人地是，在那晚士兵們竟然沒有意識到上游發生的騷動。庫米亞人完全可以使他們措手不及。[18]然而，他們非常命大。當地人推斷，駐防人力早已看見遠方的火焰，為攻擊做好了準備，在完全不耗費一顆子彈的狀況下，偷偷溜走。

當太陽照耀在傳教站仍冒著煙的殘骸時，每棟建築都成了灰燼，教堂裡的裝飾不是被燒、被砸，就是被偷。好幾隻馬、牛、豬遭弓箭射死，其他還有許多牲畜被嚇跑。人類的死傷也很慘重。其中一名鐵匠陳屍在地上，另外三名士兵和木匠師傅受到重傷，五天後，木匠師傅傷重不治。然而，對這些西班牙人來說，最可怕的是傑姆的命運。這位虔誠的修士過去四年來施洗了近兩百名印地安人，但他最後卻陳屍在離傳教站不遠的溪床裡。攻擊者扯掉他的長袍、捅了他數刀，還把他開腸破肚。顯然，他們是用屍體旁邊那塊沾滿血跡的石頭敲碎他的頭顱，導致他的臉整個瘀青腫脹，幾乎無法辨識。福斯特之所以能認出他的朋友，全是靠他白皙的皮膚和光頭，這些特徵讓

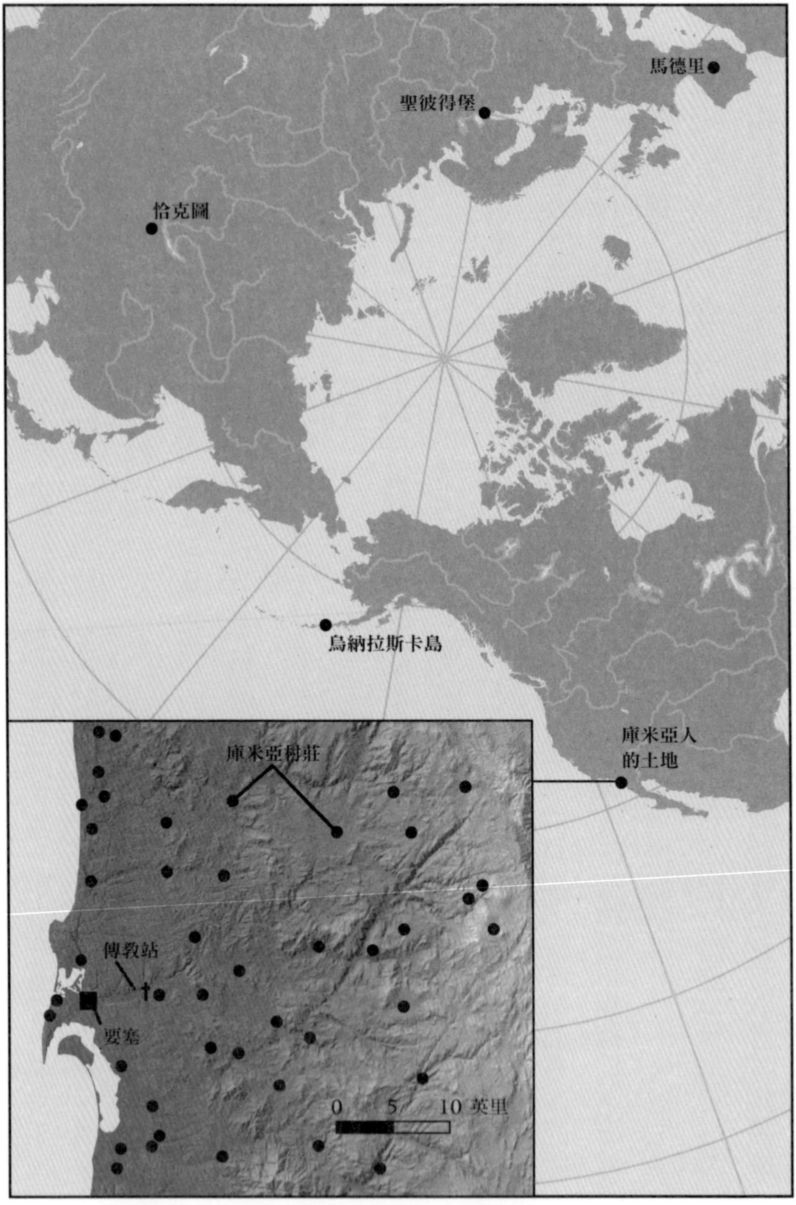

圖六　一七七〇年代，庫米亞人的土地（聖地牙哥）以及改變這個地區的遙遠國度。

他能認得出來。福斯特幽暗地說：「幸好他們沒有削掉並帶走他的頭皮。」

同一天，北美大陸西岸的喬治．華盛頓，在麻州劍橋的總部下達一般命令，禁止侮辱天主教。他寫道：這些辱罵「太可怕了」，因為他們是「抱持同樣理想前進的教友」，而這理想指的就是「捍衛美洲的全體自由」。[19]

•
•
•

迪亞哥在這場起義中扮演什麼角色？傳教站的士兵在報告裡提到，印地安基督徒參與了攻擊，有一名士兵甚至看見一名剛入會的印地安人穿著傳教士的聖衣。此外，印地安人撤退離開時，有三名士兵聽見迪亞哥大喊：「再會了，小岡薩雷斯，硬漢子，不會再被鞭打了，你和其他人跟死了沒兩樣。」這句夾雜庫米亞語和西班牙語的公開侮辱是對亞歷克斯．岡薩雷斯（Alex Antonio González）說的，他被弓箭射中五次，但是之後順利康復。[20]

十一月十二日，奧爾特加逮捕四名印地安人，其中包括他的兩名翻譯——迪亞哥和約瑟．馬利亞。一天後，迪亞哥在被審問時堅稱自己對西班牙人並無貳心。他跟其他幾個人一樣，把起義歸咎於卡洛斯（Carlos）和弗朗西斯科（Francisco）這兩個新入教者的領袖。他們之所以在幾個星期前逃跑，是因為害怕修士會因他們偷竊印地安人的食物而懲罰他們。迪亞哥堅持自己有告訴他的父親印地安人攻擊西班牙人的計畫，但是他的父親警告傳教士之後，卻遭到了責罵，甚至還被威脅若再散播謊言就要受到鞭打。至少，迪亞哥是這麼說的。[21]

這位年輕的翻譯迪亞哥，接著說到自己對西班牙人有多忠心，但，基於當時的情況，我們不可盡信他的話。攻擊那晚，他得知傑姆死了之後十分傷心，大叫：「他們殺了我的父親！」並表示要打倒那些庫米亞人，犧牲性命在所不惜。他的同伴阻止他衝動行事，做出自殺的行為。至於據說他對著岡薩雷斯說的那句惡言，他說那純粹是誤會。他說的其實是：「小岡薩雷斯很勇敢。」而不是：「再會，小岡薩雷斯，硬漢子。」另外，他說跟死了沒兩樣的不是士兵，而是印地安人。他說，天亮時，他追殺攻擊者，還傷了其中兩個人。[22]

迪亞哥被審問後不久，兩名士兵帶了約瑟．馬利亞過來接受審問。他也聲稱，在他警告傑姆神父起義的事之後，其中一位修士威脅要鞭打他。他說，因「害怕異教徒」，他跟其他人決定背叛起義，但「害怕被鞭打也使他們保持緘默」。顯然，並沒有人告知福斯特這件陰謀，而結果，無人活下來駁斥迪亞哥和約瑟・馬利亞。最後，約瑟・馬利亞證實了迪亞哥所說的大部分證詞。[23] 迪亞哥和約瑟・馬利亞說的究竟是不是實話？或者，這兩位朋友合力捏造了故事，好讓自己脫罪？

奧爾特加在審問另外五名印地安人之後，依然保有疑心。他寫道：「我不相信所有的事。」然而，起義過後兩週，他釋放了迪亞哥與約瑟・馬利亞。同時，他收到報告，表示在距離要塞十來公里的山谷冒出了大量濃煙。他懷疑是庫米亞人在打暗號，預備進行另一次攻擊。擔心隨時會遭到攻擊，奧爾特加吩咐每天晚上都要有十六名武裝騎兵和四名步兵站崗。[24]

龐大的心理壓力，促使奧爾特加派遣巡邏隊到附近的山區搜捕起義領袖，並且毆打囚犯。最初的巡邏行動帶回了兩名女子和三名孩童。經過審問之後，他們說印地安人很快就會對要塞發動攻擊。另一次巡邏則抓到寇阿克辛（Coaxín）。寇阿克辛被懷疑是起義領導人之一，而他也說很快就會出現新的攻擊。奧爾特加把他關了起來。一個星期後，奧爾特加命令士兵發動夜襲，開槍射擊所有反擊者。他下令，能夠忍受武器的印地安人要被鞭打，讓他們「感覺」、「記住」每一鞭的痛苦。他堅稱，他們都是「幫兇」。[25]

夜襲之後，士兵帶回六名男子和十七名婦孺。不久後，一個名叫庫穆亞瓜（Culmuagua）的囚犯坦承，離新的一波攻擊只剩三、四天。但在要塞，他的城鎮領袖伊格丁（Yguetin）卻駁斥他的說法。伊格丁說，庫穆亞瓜「害怕士兵，所以說了謊。」奧爾特加則威脅，若是真的發生了攻擊，他做的第一件事就是處決伊格丁。[26]

接下來的幾次山谷巡邏都是無功而返。十一月三十日，奧爾特加報告自己已對其中五名囚犯實施連續九天、每天鞭打二十五下的懲罰。奧爾特加在報告裡表示，這五個人參與了起義，其中一名囚犯甚至是最先發射弓箭的人。他之所以做出這樣的結論，或許是因為他在這些囚犯身上找到數件教堂的聖物。[27]

這樣的懲罰非常嚴苛。囚犯的「傷口和潰瘍」必須治療多日，他們才有辦法回家。其中一人甚至沒有痊癒。他身上化膿的潰瘍散發出惡臭，五天後，他就死了。[28]

奧爾特加鞭打囚犯的方式，可能跟他的上司孟卡達總督一樣，也就是使用貝雲律法（the law of Bayonne）所規定的方法綑綁犯人。[29] 這種懲罰方式只要一根木棍和一條鞭子即可，所以即使是在聖地牙哥這麼偏遠的地方也能輕易執行。囚犯會被強迫坐在地上，膝蓋彎曲貼胸。接著，一根木棍（有時候是一把槍）會插在膝蓋彎折的地方，囚犯的手臂則繞過木棍下方，手腕跟雙腿綁在一起。被以這樣緊迫的姿勢綑綁住後，被懲罰的人便完全無法抵禦鞭子。在一八三〇年代，讓・德布雷（Jean Baptiste Debret）參觀一座巴西的奴隸制莊園時，就曾親眼目睹這種鞭刑，並將它畫了下來（圖七）。

雖然西班牙人大概不曉得，但對庫米亞人來說，就算只是比較輕微的鞭刑也是很丟臉的，因為有一名學者表示，南加州的原住民族僅針對殺人犯和強暴犯採取鞭刑。犯下這些罪行的人會被迫平躺在石頭上進行鞭打，從此成為社會上的邊緣分子，無法結婚或完全參與社群生活。據說，有些人在受到這種懲罰後自殺了。因此，雖然鞭刑對西班牙人來說是種痛苦卻不致命的懲罰，但對庫米亞人來說卻是肉體和名譽上的折磨與羞恥。[30]

奧爾特加釋放五名受傷的囚犯後不久，得知了不好的消息：迪亞哥計畫逃到叛變者那裡，並鼓勵其他印地安人跟他一起去。一位傳教士解釋了奧爾特加這麼緊張的原因：自從迪亞哥在起義不久後說服西班牙人自己很忠誠，他們便非常相信迪亞哥。這位傳教士警告：「這個新入教者跟叛變者聯手後，我們得極為謹慎。」[31]

奧爾特加再次逮捕迪亞哥，並重新審問他。迪亞哥驚呼：「天啊！我嗎？我什麼時候有這樣想？中尉，有人誤導你。」奧爾特加繼續對他施壓，但是迪亞哥否認一

圖七　讓・德布雷在巴西旅行時親眼目睹的貝雲律法懲罰。
Debret, "Foreman Punishing Negroes,"
Voyage pittoresque et historique au Brésil
(Paris: Firmin Didot Frères, 1834–1839), vol. 2, plate 25.
Courtesy of the John Carter Brown Library at Brown University.*

＊我要謝謝奧斯卡・查莫薩（Oscar Chamosa）讓我注意到這幅圖。

切，「欺瞞的手段令人難以想像」。接著，奧爾特加把迪亞哥帶到幾名目擊者面前，而他們駁斥了他的說法。奧爾特加深信迪亞哥在裝傻，又賞了他五十鞭，逼他認罪，接著用刑具束縛他的腳，把他單獨囚禁起來。[32]

即使手腳都上了枷鎖，迪亞哥還是不肯乖乖合作。其他目擊者說他曾去聖路易（位於隔壁的印地安城鎮）籌畫對抗西班牙人的計謀，但迪亞哥堅稱他去那裡只是要採集橡實。當他再次被問到為什麼計畫逃離要塞，他說他就是想逃，沒有別的理由。他說，他氣他的丈人不給他足夠的食物，所以想到其他地方等死。迪亞哥否認了其他目擊者對他做出的一切指控。根據奧爾特加的敘述，迪亞哥說「魔鬼拐騙他，所以他想去讓異教徒把他殺死。」奧爾特加補充道：「就算這是真的，這種行為也只有走上絕路、希望被惡魔附身的人才會做。」[33]

到了十二月中旬，庫米亞人知道自己如果不告訴西班牙人他們想聽的，就有可能被打死。除了那五名連續九天被鞭打二十五下的囚犯，迪亞哥的目擊者幾乎全都吃了三十下鞭子（只有一人是例外）。一月初，又有兩名印地安人被逮捕鞭打。剛抵達要塞的一名傳教士佩德羅．馮特（Pedro Font）報告：「鞭刑極嚴厲，導致其中一名印地安人死了，還有一名傷得很重。」馮特治療這位倖存者的傷勢，但不久後倖存者就逃離要塞，「沒展現任何感激之情和禮貌」。[34]

・・・

在一七七六年的一月十一日，也就是湯瑪斯・潘恩煽動人心的宣傳小冊《常識》初版，開始在十三州地區流通的兩天後，孟卡達總督在胡安・安薩（Juan Bautista de Anza）的陪同下從蒙特雷返回。安薩暫停自己的舊金山殖民遠征計畫，到洛杉磯與孟卡達會面，要拯救南邊這個遇到困境的傳教站。他們帶了二十三名士兵回來。因為印地安人即將發動攻擊的謠言依然未減，因此孟卡達繼續實行奧爾特加的政策，派巡邏隊出去捕捉印地安人，時間通常是在半夜。有一個城鎮領袖斯毫不畏懼，站在高聳的石頭頂端對下方的巡邏隊喊道：「我就是燒了傳教站、殺了那些人的兇手，來抓我呀。」馮特在描寫這起事件時表示：「鎮壓這些印地安人需要多少心力，可想而知。」[35]

孟卡達繼續實施鞭刑。一月十九日，孟卡達轄下的中士抓了四名囚犯回來後，他給每一個人五十下「歡迎」的鞭子。後來，孟卡達放走兩名印地安人，因為他們需要治療，而且他們似乎是無辜的。一個星期後，中士又抓了九名囚犯。剛抵達要塞時，其中四人「被贈予五十下鞭禮」，但是由於束縛刑具全滿，所以就被釋放了，只有兩名被銬上手銬，由守衛看著。同一天，一群士兵前往北邊十五公里左右的印地安聚落「孤寂鎮」（La Soledad），鞭打了城鎮的領袖。[36]

在馮特筆下被形容得很美好的「鞭禮」，在孟卡達的文字中也被描述得不痛不癢。他寫道，囚犯「被好好地揮了揮」。還有一次，他說有一名被綁在束縛刑具上的囚犯「被搓洗了一番」。孟卡達還不滿地說：「他們雖然是異教徒，但為了逃命仍有所隱瞞。」他跟一群囚犯說：「我必須知道一切真相。我有藥可以讓他們說真話，而且我不像印地安的巫醫一樣謊話連篇。我的藥會懲罰他們，而這個藥帶來的痛苦會強迫他們認罪。」[37]

孟卡達不是嚇唬他們而已。馮特寫道：「我親眼看見一名被俘虜的印地安人遭鞭打後，狀態相當悽慘。」他的傷口「變成黑色的，很可怕。」馮特說這裡的「環境讓傷口極為不易痊癒」，責怪此地充滿「受感染的血液」以及「濕氣」。「這種不好的氛圍，再加上囚犯體內生成的黃膽汁＊以及不適應受到鞭打的事實，或許是導致他們的臀部潰爛的原因。」[38]

三月中，被認為是叛亂發起人之一的卡洛斯，在躲避西班牙人三個月後，出現在要塞的教堂尋求庇護。孟卡達不顧方濟各傳教士的警告，違反了教會庇護權，將之囚禁起來，結果被逐出教會。孟卡達因此精神潰堤，但他後來有被赦罪。四月底，士兵又抓到另一個被認為是叛亂發起人的弗朗西斯科。他被帶到要塞時，由數名士兵看守著，還被五花大綁，以展現西班牙人的強硬手段。[39] 孟卡達仍繼續鞭打、審問囚犯。

接著，在六月初，孟卡達審問了教子迪亞哥。此時，迪亞哥已在獄中超過六個月。當他被問到一七七五年十二月的時候為什麼計畫逃跑，他說自己因為聽說孟卡達要回來了，而感到很恐懼。所有人都相信，孟卡達打算「對抗、懲罰、鞭打每一個人」。至於那些對他不利的證詞，迪亞哥說目擊者只是不想被鞭打，所以才捏造那些指控。[40] 這天結束時，孟卡達仍深信他的教子有罪。

人在墨西哥市的新西班牙總督安東尼奧．布卡雷利（Antonio María de Bucareli）不僅有在追蹤調查的進度，也對成果表示贊同：「我很欣慰地得知，做了這件事的印地安人被恫嚇、脅迫了一番，因此現在只想要和平，不再想著造反。」他宣布，他將「實行溫和寬容政策，而非嚴厲手段」，饒過起義領袖，不將他們處死。孟卡達反對仁慈政策，寫道：「他們剛成為基督徒，必須學會教訓才知道這跟他們以往的異教文化不同。」他說，不這麼做的話，他們只要喜歡，就會「活吃神父和士兵」。審問一直持續到十月十四日孟卡達離開聖地牙哥後才終止。一七七七年的春天，剩餘的囚犯總算獲得釋放，其中很可能也包含迪亞哥。[41]

到了一七七八年秋天，迪亞哥病危。不久前，塞拉來到傳教站，打算替數百名新入教者行堅振禮，也就是教徒在掌握了基督教教義的根本後所進行的聖事。塞拉「特別安排」迪亞哥第一個受堅振。塞拉說：「起初，他是十分忠誠的教友，我很喜歡他。但是後來，他在起義中變成叛徒，成為他們口中應該受死的囚犯之一。」迪亞哥當時病得太重，無法行走，因此被人帶到教堂進行堅振禮。三天後，迪亞哥接受臨終祈禱。塞拉寫道：「他的純正西班牙語非常流利，聽著他說自己如何為死亡做好準備，非常令我感動。」迪亞哥在一七七八年九月二十四日過世，葬在教堂墓園，享年二十五歲。[42]

＊譯註：在古代的西方醫學理論中，人體由四種體液（humor）構成，分別是血液、黏液、黃膽汁和黑膽汁。任何一種體液若出現失衡，便會導致疾病。

• • •

西班牙人在迪亞哥的家鄉建立的據點，並沒有消弭俄羅斯人在北太平洋活動帶給他們的恐懼。占領、武裝沿岸已知的天然港口，包括聖地牙哥和北邊將近六百五十公里外的蒙特雷，對他們來說仍然是必要的。一七六九年十一月初，一支前去殖民蒙特雷的遠征隊不小心走超過這座港口，因而迷失了方向，在目的地北方一百六十公里的地方紮營。他們的所在位置就在舊金山南面的海上，但因他們位於低矮海岸山脈的另一側，所以渾然不知東邊就有一個巨大的海灣。其中一小群人出發獵鹿，攀越了山脈，才驚訝地發現「一個龐大的海域彷彿形成一條手臂」，「往內陸伸到舉目可及之處」。[43] 沿著海灣，可以看見無數個營火升起裊裊白煙。當地的居民正在寒冷的十一月天生火取暖，完全不曉得有一群人在朝他們的方向看。

3

首次接觸

殖民舊金山

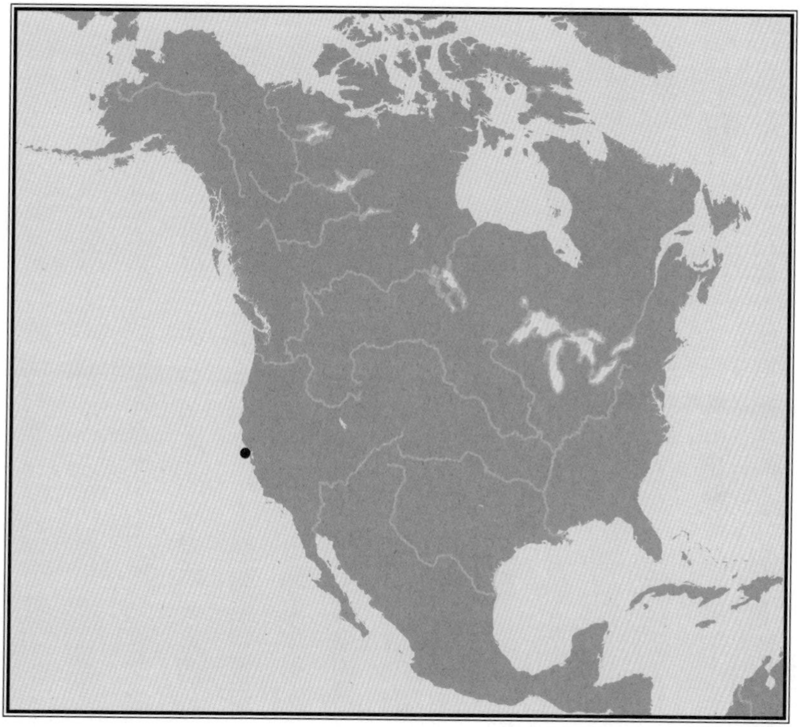

在聖羅倫佐溪遇見一群騎著動物的士兵之後，那名趴在草地上的男子看著陌生人騎遠，心中必定鬆了一大口氣。這位住在舊金山灣區的印地安人，雖然從來沒有見過西班牙派駐俄羅斯的大使弗朗西斯科．雷西（Francisco Antonio de Lacy），但是他的這段驚恐遭遇卻跟這位熱切的西班牙貴族有一些的關聯。一七七二年的下半年，雷西伯爵在抵達聖彼得堡後不久，便開始寄一些令人緊張的報告回馬德里。雷西的祖籍在愛爾蘭，但他在一七三一年出生於巴塞隆納，其後跟隨父親的腳步加入西班牙軍隊，在義大利和葡萄牙打仗，接著先後在斯德哥爾摩和聖彼得堡擔任使節。他似乎很享受擔任間諜，因為他唯一的自畫像並沒有力求與他本人相似，而是一幅藉由手寫稿和印刷紙為主題繪成的錯視畫，切合地捕捉了他的工作和性格。雷西擁有熾熱的想像力，以及能寫出令人難忘的細節的寫作天賦，成功地誇大了俄羅斯人所帶來的威脅。[1]

在一七七二年秋季，雷西的報告指出，俄羅斯人設想了一套縝密的計畫，要防衛外國人入侵堪察加的彼得帕夫洛夫斯克港，然而，這也使雷西這位巴塞隆納人不禁納悶，西班牙人為何會想要得到「這麼嚴苛寒冷、資源稀少」的疆土？這套俄羅斯人的縝密計畫書，已被一位扮演雙面間諜的波蘭流放者，從堪察加的檔案庫中竊走，並偷偷帶出俄羅斯。根據計畫，他們要從伊爾庫次克和鄰近的城鎮招募一萬五千名士兵，再用專門為了這個目的所建造的船隻將士兵送到彼得帕夫洛夫斯克。接著，俄羅斯人會用半島上豐富的林木資源建造一座堡壘，而包含堪察加印地安人在內的當地居民，則要準備狗拉的雪橇，運送資源和軍需品。雷西最後在報告裡寫到一件「令人驚異」的事情：凱薩琳大帝跟一位高階海軍將領一起站在一張疆域圖前面時，告訴這位官員，如果亞洲和美洲有土地相連，她會征服那個地區，若兩地之間隔有海峽，她就從海上擴張自己的勢力。然而最後，這些防禦彼得帕夫洛夫斯克的野心計畫沒有一項成功實現。[2]

之後，又有其他令人擔憂的事情被揭露。雷西證實，有一位俄羅斯官員不久前完成了一趟美洲遠征計畫。他的文件被上了三道封緘，而他和他的書記也被迫發誓「絕對不可洩露」他們發現的內容。俄羅斯宮廷雖然如此保密，雷西仍成功得知這位官員在美洲得到了歐洲的貨幣。這其中沒有明說的是：俄羅斯人已經來到西班牙殖民地的範圍。幾個月後，雷西說俄羅斯人計畫派遣艦隊繞過好望角、跨越印度洋，奪取西班牙人位於太平洋的領土。一個大臣對凱薩琳大帝說，俄羅斯比其他任何國家更有權利得到美洲，「因為那個地方曾經住著西伯利亞人」。雷西驚奇地說：「這個國家的計畫極為龐大，打算靠兩萬五千名士兵入侵中國」，並同時對日本發動海上攻擊。[3]

根據雷西的情報來源，俄羅斯也在考慮跟英國結盟，對抗北太平洋的西班牙人。根據他的報告，英國希望捍衛哈德遜灣公司的地盤，因為這個總部位於倫敦的機構，壟斷了加拿大西部和上加拿大地區的皮草貿易。雷西誇大地說，哈德遜灣公司控制了從巴芬島到白令海的印地安人，「對自己的貿易內幕守口如瓶」。事實上，哈德遜灣公司最西邊的據點跟白令海之間，被北美洲最不適合人居、約四千公里左右的地帶分隔了開來。雷西的說法彰顯了他地理概念十分模糊，而俄羅斯和英國在太平洋結盟的宏偉計畫聽起來也遙不可及，但是這些謠言仍舊使人驚駭。4

雷西奮力誇大俄羅斯所帶來的威脅，而同一時間，西班牙派去偵察舊金山灣的隊伍在一七七二年春天也帶回了關鍵的消息。探險隊說他們撞見一條可能源自新墨西哥鄰近地區的大河，但事實上他們錯得十分離譜，因為他們離這條河的源頭其實很近，就在加州的中央谷地。一位高階的方濟各修士根據探險隊的消息，警告新西班牙總督：「我們擔心若有任何國家在港口建立勢力，會對西班牙王室帶來極大的傷害。」闖入這個地區的國家只要順著這條河，就能阻礙西班牙，甚至「得到本由我們天主教君王管轄的土地」。聖彼得堡和加州北部都響起警鐘，總督便開始進行占領舊金山灣的計畫，並選派胡安・安薩這位「謹慎又熱忱的征服家」負責這項任務。5

圖八　這幅岩畫是在加州南部的
安薩與綿羊沙漠（Anza-Borrego Desert）所發現的，
圖中騎在馬背上的，可能是兩次途經該地區進行遠征的安薩。

一七三六年，安薩生於索諾拉（Sonora），很久以前就開始夢想建立一條路上的道路，連結位於西南部的家鄉和太平洋海岸。一七七四年，這位職業軍官帶著一小群人完成了這項成就，在跨越加州南界的科羅拉多沙漠後，來到位於今日洛杉磯的聖蓋博（San Gabriel）傳教站，接著往北抵達蒙特雷（圖八可能是加州南部的印地安人對這件事所做的紀錄）。一年後，他帶著人數多上許多（三百名殖民者）的一行人踏上相同的路線。這次，他奉命續行到舊金山灣，要在當地建立第一個殖民地。

一月二日，殖民者就快抵達太平洋海岸時，傳教士佩德羅·馮特在今天加州安大略附近一棵巨大的梧桐樹上，刻下「一七七六年，舊金山遠征隊到此」的字樣，而此時，在大陸另一端的海岸，波士頓之圍已經進入第九個月，華盛頓正在迎接剛剛整頓好的兵力。新募集的士兵全來自十三州，因此這支軍隊「從各方面來看都是十足的大陸軍」。[6] 而在聖蓋博，遠征隊一行人因聖地牙哥的庫米亞人起義事件而被迫耽擱。安薩和他的士兵匆匆趕往海岸支援，殖民者的北行之旅暫停了八週。三月初，他們抵達蒙特雷，也就是西班牙最北的傳教站和要塞。

蒙特雷雖然已建立約七年，卻沒有給人永久殖民地的感覺。這裡的皇家要塞僅由兩個圍場和幾棟用木頭和泥巴建造的建築所組成。馮特輕蔑地說：「整個地方實在不怎麼樣。」他住在一個「很髒的小房間，充滿石灰」。數公里外靠近喀美爾河（Carmel River）河口的地方，則矗立著聖卡洛斯傳教站。馮特認為，那裡的教堂雖然大部分是由蘆葦建成，卻「蠻寬敞的，蓋得很好」——從這位愛批評又難討好的傳教士口中說出這樣的話，已經算是讚美。周圍的圍場每天晚上都會用鑰匙鎖上，但是胡尼佩羅·塞拉冷冷地表示：「只要敲掉或推開幾根木竿，就可以輕易進入。」那裡住著三百到四百名左右的印地安基督徒。安薩懷疑，他們大部分人之所以接受洗禮，純粹是因為「他們喜歡我們的作物和禮物」。[7]

在蒙特雷短暫停留之後，安薩出發探查舊金山灣，尋找適合建造一座要塞和兩個傳教站的地點（他後來選好了要塞的位址，但傳教站的部分只有挑一個）。在馮特、十二名士兵、六名趕騾人的陪同下，他朝北北東的方向前進，繞過聖塔克魯茲山脈（Santa Cruz Mountains），進入現今矽谷的核心。所謂舊金山灣區，是由沿岸山脈的一處斷口所定義——一個被稱作金門、寬度僅一點多公里的狹窄海峽。海水沖過海峽，填滿曾是南北向廣大河流平原的地區。安薩會從南邊的半島往北走到金門，接著回頭繞行整個海灣。在這趟旅程中，他會經過六十個左右的自治小部落（人類學家這樣稱呼該地區的原住民族社群），每個小部落都住了幾百人，占據直徑約十五公里的地區。他遇見的人大部分都是說七種科斯塔諾語中的某一種，然而這七種語言相異的程度就如同法語、西班牙語和義大利語一樣。在大灣區地帶，科斯塔諾語又跟其他七種語系並存，彼此之間完全無法溝通。才離開蒙特雷一天，這群西班牙人就已經被這些多元的語言搞得暈頭轉向。馮特講到一群獵人時，說：「他們對我們說了很多話，但是我們一句也聽不懂。」[8]

西班牙人在距離現今聖荷西（San Jose）東南方約三十公里處紮營。在那裡發現的事物使他們感到困惑。在六個月前，有一小群西班牙探險隊曾在同一地點搭了帳篷，傳教士弗朗西斯科．帕盧在臨時搭建的藤架底下做彌撒。然而，此時藤架殘跡卻被以羽毛、箭矢、種子和毬果團裝飾的木棍和木竿圍成一圈。在蒙特雷，科斯塔諾人也曾給十字架獻上類似的獻品。一個當地人表示，這麼做的原因是讓它「不要對他們發怒」。[9]

隔天，安薩一行人往西北方前進，途中看見許多警戒的居民，他們發出、做出的聲音和手勢，似乎是不想要西班牙人繼續前進。然而，他們愈是沿著舊金山半島往北行，遇到的居民愈友善。一位「長鬍子首領」興高采烈地認出先前有參與另一趟遠征的官員。其他居民雖然被馮特描述成「相當醜陋」，但是因為性格溫順，贏得了他賜予的讚許：「我們可以跟這些人共同建立一個很好的傳教站。」[10]

他們愈接近半島盡頭，林木愈稀少，最後到達了綠油油的丘陵以及遠方巨大的沙丘。這些沙丘有的高達三十公尺，曾經覆蓋了現今舊金山的大部分地區。不適合人居的沙丘覆滿濃密低矮的植被，偶爾可見長得很矮小的海岸櫟，此地每二點五平方公里只住了不到兩人，僅南邊人口密度的三分之一。他們的山湖營地距離現今金門大橋南墩二點五公里距離之遙，使得只有兩名「有用處」的印地安人曾到山湖營地拜訪這些陌生人。[11]

俯瞰金門這個「大自然奇景」之後，一行人開始環繞這座半島。安薩決定在較有遮蔽和陽光照耀的海灣側建立傳教站，他在此發現「為數眾多溫馴的異教徒」，而且他們「十分高興能夠」陪同他。西班牙人回頭沿著海岸往南走，持續受到熱情的招待。到了今日的聖馬刁（San Mateo），馮特寫道，那裡的印地安人「十分專注殷勤，甚至有點煩人」，並預測，「他們很容易就會皈依。」繼續往前走，西班牙人遇到一群科斯塔諾人熱情地邀請他們到村裡參觀，但是他們沒有接受，使這些科斯塔諾人「十分難過」。好奇的居民看著馮特使用量角器計算一棵高聳的紅杉的高度，這種樹的西班牙語是「palo alto」，也就是現今這座城鎮被命名為帕羅奧圖的原因。馮特寫道：這些「安靜專注」的印地安人「看見我做這些事時，感到十分驚異」。安薩說，帕羅奧圖以北的人確實都「非常友好、知足、喜樂」，希望能幫上西班牙人任何忙。[12]

但，一行人繞到南灣區的底部時，當地居民卻愈來愈不好客。有一群原住民族展現「極大的恐懼」，女性都躲在小屋裡，雖然當安薩送他們玻璃珠子之後，他們和另一個村子的原住民族就變得比較友善了，但是其他科斯塔諾人對他們始終懷有敵意。一名年長的女性一直站在自家門口誦念聽起來像咒語的東西，直到西班牙人離去。她完全無視安薩給她的珠子。有些印地安人「像野獸般逃竄」。不久後，待在聖羅倫佐溪的男子便遇到安薩一行人。他撲倒在草地上，希望不會被發現。[13]

探險隊沿著這座巨大海灣的東側向北移動，最後來到卡奎內茲海峽（Carquinez Strait），也就是他們認為聖華金河（San Joaquin River）和沙加緬度河（Sacramento River）流入大海的地方，事實上，西班牙人再次被這個地區的地理給唬弄了。仔細觀察後，安薩和馮特判定這兩條大河不存在，海峽只是一個入水口。這裡的胡契恩人（the Huchiun）跟南邊的科斯塔諾人不一樣，他們用「難以形容的歡喜」迎接這群旅人，晚上替探險隊添柴火，隔天早上又帶了食物和歌舞給他們。他們既沒有感到驚異，也沒有感到害怕。當西班牙人接近海峽的岸邊時，當地漁人全然無視了他們以及他們堅定的貿易需求——直到安薩高舉一條染色的手帕。這群印地安人對珠子和魚鉤沒有興趣，但是非常喜歡布料。[14]

安薩一行人沿著海峽往東，朝遠方白雪靄靄的內華達山脈的方向前進，遇見滿載鮭魚的漁船。接著，他們又遇到一群帶著麋鹿頭的獵人，其中一人身上漆了黃褐色，打算把麋鹿頭戴在頭上，偷偷攻擊一隻杜魯麋鹿。在靠近現今安條克（Antioch）的一座村莊，這群陌生人一接近，婦孺便坐上蘆葦製成的小船進入水中，警戒的男性則留在岸上應付來訪者。[15]

安薩雖然想走到內華達山脈，但是他們最後沒有深入內陸。在「無邊無際」的聖華金谷（San Joaquin Valley）西緣，他們根本無法通過廣大的蘆葦沼澤，騾子陷入淤泥，而人類據說會在泥巴中淹死，永遠消失。安薩一行人掉頭穿越利佛摩谷（Livermore Valley），接著往南重新回到了現今聖荷西南邊的路線上。乾燥多丘的內陸人口較為稀少。他們途經一些廢棄的「破爛小屋」，而且只有遠遠地看到一個人。馮特用他慣常的輕蔑語調說，那個人看到他們就「像鹿一樣」逃跑了。重新進入人口密集的矽谷後，他們再度受到當地居民的歡迎，得到了食物。四月八日，他們回到蒙特雷。[16]

現在，殖民任務轉交到荷西．莫拉加的手中。一七七六年六月底，他帶領一群士兵和殖民者回到半島上的悲苦溪畔、葉拉姆人（the Yelamu）的家園，同時也是當初安薩決定建立傳教站的地點。在距離現代舊金山地理中心不遠的地方，他們撐起十五頂鐘形的帳篷，隔天用樹枝建了一個遮蔽處，設置了可攜式的祭壇。將近三百頭牛在湖邊吃草放養，好奇的居民還不知道這些外來生物之後會帶來多麼致命的影響。[17]

這些新來的陌生人帶了許多稀奇古怪的東西，包括：馬、牛、豬、槍、鐵製品、船、羊毛織品、玉米、小麥、酒、染料、巧克力等等。同樣令當地人感到好奇的是，西班牙傳教士會做一些他們沒看過但是好像很強大的儀式。他們的到來，為當地居民帶來機會，他們似乎有可能抄襲、駕馭西班牙人用來掌控和形塑世界的新方法。這便解釋了他們為什麼經常歡迎陌生人——至少一開始是如此。

在一七六九年最開始前往加州北部的陸上探險活動期間，當地人都「非常友善欣喜」。其中一個西班牙人寫到，這就好像「他們跟我們來往很久了」似的。在現今的聖塔克魯茲附近，他們「極為和藹可親又友好地」歡迎陌生人。西班牙人的紀錄裡充斥著相同的描述：印地安人「性情脾氣極好」，帶著「極大的好客與熱情」迎接他們，總是「熱切盼望他們到來」，並且帶給他們「許多非常綿密的黑色大派餅」。飢腸轆轆的士兵還說，這種派搭配嗆辣的南瓜子蔬菜泥一定很棒。[18]

一七七五年七月，當聖卡洛斯號（San Carlos）成為紀錄上有史以來第一艘駛過金門的歐洲船艦時，居民們站在岸邊緩解西班牙人的恐懼感，鼓勵船員上岸。傳教士文森特・聖塔馬利亞（Vicente de Santa María）站在船板上觀看，坦言：「我們必須鼓起勇氣，不讓恐懼使我們怯懦。」然而當地人並沒有這些顧慮，他們參觀這艘十八公尺長的船隻時「非常高興」，對船的構造「大為驚奇」，並好奇地看著被豢養的羊、雞、鴿子。聖塔馬利亞所記下的其中一句卡斯塔諾語，總結了這次經歷為當地居民帶來的歡喜——一個登上聖卡洛斯號的印地安人在收下雪茄後，說：「先給我點火的東西來點燃它。」[19]

然而，不是每個人都對這些外國人的到來感到泰然自若。一七六九年，西班牙人就認為有一群不太好客的獵人「沒有那個心情」。在蒙特雷北邊，有一群「驚愕困惑」的村民「沒注意到我們前來」。但，在經過一番協調後，當地女性開始準備食物給這些訪客，並得到珠子做為回禮。但是，在東灣的海岸地帶，就沒有這些友好的舉動了。那裡的人「性格邪惡」，據說對西班牙人「極為差勁」。[20]

印地安人的反應之所以這麼多樣，原因自然是很複雜的。在一七六九年，當地居民可能是因為士兵的皮膚覆滿大塊紫色瘀青、口腔滿是血（牙齦流血的緣故）且四肢腫得奇大而感到驚恐。當時，西班牙人靠近蒙特雷時，壞血病剛爆發，很快地，有八名士兵因感染而無法行走，其中兩名甚至接受了臨終祈禱。後來，當地人贈予的新鮮食物緩解了最嚴重的症狀，讓衰弱的士兵存活下來。但是，他們接著又因為吃了未處理的橡實而發燒腹瀉。[21]

一七七六年，莫拉加的創建活動沒有經歷這樣的苦難，葉拉姆人起初很頻繁地跟他們進行交易，用淡菜和草的種子交換玻璃珠和西班牙食物（但是葉拉姆人拒絕嘗試牛奶）。八月底，有一艘船為新成立的要塞和傳教站帶來補給，西班牙人便開始建造教堂和方濟各神父的起居建築。他們把要塞蓋在西北方五公里處、金門海峽內側，各邊約長七十五公尺。雖然規模龐大、樣式勻稱，但這座要塞卻幾乎完全只用木樁和泥巴建造而成。後來，一七七九年的大雨把大部分的結構都沖刷掉了。[22]

九月十七日，也就是華盛頓的部隊在曼哈頓的哈林高地堅守陣地的隔一天，西班牙人正式掌控了舊金山灣。兩位傳教士舉行了莊嚴的彌撒，教堂鐘聲響起，槍砲齊發，停泊在近海地區的聖卡洛斯號也用迴旋砲回應。傳教士弗朗西斯科．帕盧寫到，所有人都覺得「喜悅歡欣」。不過，當地居民在慶典期間消失了，直到數天後才再度出現。十月初，另一場儀式標誌傳教站正式創立。帕盧說：「唯一沒有歡慶這令人開心的日子的，是那些異教徒。」[23]

雖然語言障礙讓原住民族和殖民者之間難以溝通，但是葉拉姆人仍很快就明白，西班牙人並不打算離開他們的家園。南邊一百五十公里的蒙特雷，顯示了他們可能面臨怎樣的命運。在蒙特雷的聖卡洛斯傳教站，西班牙人會對受洗的印地安人執行令人不安，甚至是感到恐懼的紀律管教。例如，在一七七五年初，西班牙人看見一個皈依的教徒在喀美爾河跟一名殖民者「私通」，兩個人都被關起來審問，殖民者還被鞭打。一個月後，西班牙士兵抓回一名逃跑的新入教者。一七七五年十二月，士兵又去追捕另一個逃跑的印地安人，但是他用箭射了其中一名士兵後，成功脫逃。同樣令人震驚的是，就連西班牙人自己都想逃離這個殖民據點。當安薩來到聖華金谷邊緣的沼澤地時，他的下屬便認出先前他們曾在此地搜捕的脫逃士兵。[24]

這樣令人驚愕的行為，或許比起西班牙人帶來的科技產品更叫人難以置信，也因此傳得無遠弗屆，肯定也有傳到舊金山半島的居民耳裡。在一七七六年五月，同時身兼傳教士和探險家的弗朗西斯科・加塞斯（Francisco Garcés），碰到一名印地安人用西班牙語跟他索取用來捲菸捲的紙。加塞斯寫道：「我懷疑他可能是剛從蒙特雷傳教站逃出來的基督徒，因為他做了射擊和鞭打的動作。」顯然，這名印地安人肯定有對招待他的東道主，詳細描述這些行為。加塞斯後來證實這位愛抽菸的印地安人確實是從傳教站脫逃。這場相遇發生在內華達山脈的山麓丘陵之中，離最近的傳教站超過一百五十公里。[25]

除卻這些零星的脫逃和追捕事件，灣區的原住民族應該也對傳教站驚人的死亡率有大致的概念。在聖卡洛斯傳教站草創初期，只有一七七五年保留了人口數據。那年，傳教站死了二十名印地安人，死亡率相當於千分之八十五，就算以十八世紀的標準來看仍然極高。之後，在數據較完整的年代，傳教站裡印地安人的年死亡率平均為千分之七十九，高到讓人口難以增長。相較之下，在革命時期的費城，白人的年死亡率為千分之三十五，黑人的年死亡率（包含每五人當中有四名是奴隸的死亡率）則是這個數字的兩倍。傳教站導致普及的致命疾病有：痢疾、百日咳、白喉、肺炎、痲疹、流感、肺結核、梅毒、淋病，以及偶爾爆發的天花。[26]

在舊金山南方約兩百八十公里的聖安東尼奧德帕杜瓦（San Antonio de Padua）傳教站，一七七五年死的人尤其多。駐站的傳教士後來編纂了一部當地薩利納語的文法書，裡面包含了一些實用的短句，像是「你覺得不舒服嗎？」以及「神父給病人餵藥」。聖安東尼奧德帕杜瓦傳教站的一些原住民族，把那年普遍的疾病現象怪在方濟各修士身上。「無禮」的薩利納人（the Salinan）把皈依基督教的人拐離傳教站，將他們安置在山裡，並大肆抱怨方濟各修士。有關頻繁死人和傳教士施展惡毒巫術的傳言，肯定傳遍了各個村落。局勢後來變得十分嚴峻，導致傳教士無法安全前往原住民族的村莊進行傳教。[27]

等到西班牙人舉行儀式掌控舊金山時，許多葉拉姆人早已逃到海灣另一頭或灣內無人居住的小島上。他們造訪傳教站的頻率變少，只有某些人在湖上獵鴨時偶爾會經過。十二月時，雙方的關係惡化。有一個葉拉姆男子試圖親吻一名士兵的妻子；還有一名來自蒙特雷的皈依印地安人，揚言要射殺傳教士的廚師；另外，有一人殺了一隻在葉拉姆人土地上覓食的豬，因為牠吃掉當地婦女採收的根莖和種子。統領的中士把殺豬人綁起來鞭打，並追捕另外兩名試圖拯救同伴的人。隔天的情勢更加嚴重，西班牙人在岸邊射死一個印地安人，並鞭打另外兩個被抓的印地安人。葉拉姆人消失了三個月。接著，在一七七七年的六月底，也就是西班牙人在悲苦溪撐起帳篷滿一周年時，一個二十歲名叫恰米斯（Chamís）的印地安人，成為第一個在傳教站受洗的當地人。他被改名為弗朗西斯科。[28]

傳教士佩德羅·馮特發現，印地安人通常「會因嘴饞被抓」。我們必須考量該地區的貧瘠環境，才能正確理解這句話。在首次接觸歐洲人之前，資源稀少導致這個地方四千年來長期出現資源密集的趨勢。也就是說，為了扶養愈來愈多的人口，當地人不斷增加每平方公里所能夠獲取的熱量，並消耗愈來愈多能量來做這件事，乃至於他們摧毀了某些鳥類的棲息地、過度狩獵大型動物，並減少海洋哺乳動物的數量。在現今的艾麥里維（舊金山—奧克蘭海灣大橋旁邊），有學者對一處貝塚遺跡進行了很巧妙的研究，發現當地族群過度捕獵鱘魚，因此被迫捕捉生產力較差的軟體動物等物種。[29]

資源密集最明確的跡象，或許是當地人對橡實的依賴程度：橡實對加州的族群來說，就像玉米對東南和西南地區的原住民族一樣重要。橡實雖富含脂肪，但橡樹很偶爾才會產果，而且這些果實必須先經過處理，去掉有毒的單寧酸後才能食用，西班牙士兵就曾因為未加工處理而得到過寶貴的教訓。由於處理橡實必須投入勞力，它們並不是最理想的糧食，而是在人口規模和密度大到其他資源都無法支持時，才被拿來利用。從考古遺址可看出，在接觸歐洲人以前的四千年間，缽杵出現的頻率愈來愈高，證實食用橡實和資源密集的確成為趨勢。在西班牙人宣示了對舊金山的主權時，當地居民早已集中在橡樹生長最茂盛的地區。[30]

由於食物資源稀少，灣區的居民常會罹患蛀牙、關節炎、營養不良，以及其他各式各樣致命的傳染病。一項有關前東灣科斯塔諾人墳塚的研究，在測量遺跡內的骨骼和牙齒變形的情況後，發現有百分之三十的人童年時期便營養不足，百分之二十五的人有葡萄球菌感染、莓疹或非性交導致的梅毒，並有超過百分之五十的人因飲食差、居住條件不衛生、生病或腸胃寄生蟲等原因，出現貧血或維生素B12缺乏的狀況。[31]

為了在這樣的環境中生存，居民發展出許多有效從土地上獲取食物的手段。他們雖然不會農作，但他們會燃燒、疏林、修剪、播種、整地、移植野生植物，並替它們除草。有位學者便說，當時的加州並非一片荒野，而是一座花園。在舊金山半島，當地居民會漁獵、捕撈貝殼，並採集野生的草花種子、橡實、莓果和洋蔥，但是他們幾乎不會有剩餘的糧食，而且當地對西班牙人帶來的牛和豬所造成的環境傷害毫無抵抗能力。在西班牙傳教士看不到的地方，他們開始一個個死於飢餓。[32]

他們無處可去。安薩說，他們絕不「踏出各自部落的領域半步，因為他們常對彼此懷有敵意。」馮特發現，村落之間時常為了爭奪淡菜生長的地區而大打出手，有一個科斯塔諾人就曾展現腿上剛得到的箭傷給他看。馮特推斷，比鄰的小部落「非常凶猛」。安薩在卡奎內茲海峽附近紮營時，有一名印地安人帶著一根前端掛著頭皮的長桿前來。馮特點出明顯的事實：「這裡聞起來有戰爭的味道。」[33]

打從那時候，考古學家便證實了，原住民族之間暴力確實普遍存在於灣區。在矽谷中部的一處墳塚，高達百分之十七的骨骸帶有骨折和穿刺傷癒合的痕跡，而這個比例是整座大陸最高的。在海灣東南側的另一處墳塚，學者發現臉部和頭顱的傷口很常見，由投擲物造成的傷，跟其他尚未接觸歐洲人的北美族群相比，比例更是格外地高。葉拉姆人雖然盡可能地仰賴盟友的幫助，但面對艱難的情勢，他們仍不得不逃到海灣另一頭。[34]

舊金山的傳教士寫到，恰米斯的受洗「讚揚、榮耀了上帝」，是他們在異教徒當中辛苦了一年後所得到的成果。[35] 相較之下，這場儀式對當地居民而言，卻象徵著自一七七六年六月西班牙人帶著可攜式祭壇來到此地之後，原住民族旋即展開的奮鬥已徹底失敗了。

• • •

西班牙人既帶來機會，也帶來威脅。他們不僅擁有陌生卻吸引人的新科技，也因為武器和發達的免疫系統而看起來異常強大。然而，他們侵占寶貴的土地資源、建立永久據點、不允許居民隨意離開，甚至還會追捕、鞭打逃跑的人；此外，他們會處罰未曾在傳教士見證下舉行婚禮就進行性行為的人，更強行將嚴格的勞力制度加諸在原住民族身上，並逼迫他們上教堂。更甚之，傳教站疾病肆虐，當地人若飢餓不已，只能去那裡等死。

悲苦傳教站和舊金山要塞（圖九）成立之後，原本稀奇的歐洲物品和科技變得普及。加州的印地安人延用了蜂蠟、狗、鐵製品、斧頭、橘子、騾、雞等西班牙語，這些他們以前未知的事物，已融入了自己的生活和語言之中。除了西班牙的物品和科技，西班牙的威權和西班牙當地

圖九　外國物品和科技創造的新世界。
這幅描繪舊金山要塞的圖是維克多・亞當（Victor Adam）在一八一六年仿自路易・裘里斯（Louis Choris）作品的畫作。
Beinecke Rare Book and Manuscript Library, Yale University.

特有的疾病，在這邊也變得常見。為了描述這個新世界，灣區的原住民族需要新的字彙，而殖民者的語言自然提供了他們現成的單字：醉漢、魔鬼、發燒、工作、槍、士兵。[36]

接續發生的人口崩解來得急速且非常可怕。一八〇七年，有十二艘阿留申人的拜達卡悄悄駛入舊金山灣。俄羅斯人雇用的貿易商帶這些阿留申人來到南方，要了解海灣內為數龐大的海獺狀況。他們緊貼海灣的北岸划行，以避開西班牙要塞的大砲。[37]但他們發現，海岸幾乎空無一人。曾在一七七五年迎接頭一艘通過金門的西班牙船隻的惠門人（the Huimen），已經沒有居住在此地北邊的半島，因為這個小部落已在一七八〇年代投靠悲苦傳教站。在海灣對岸的舊金山半島，葉拉姆人也早已加入傳教站。海灣最南邊的烏瑞布爾人（the Urebure）、沙爾頌人（the Ssalson）、拉姆欽人（the Lamchin）和璞瓊人（the Puichon）也都被納入傳教站的人口之中。還有其他許多族群也加入了傳教站或憑空消失：艾爾頌人（the Alson）、圖布恩人（the Tuibun）、額金人（the Yrgin）、華金人（the Jalquin）、胡契恩人、普魯利斯塔克人（the Pruristac）、契關人（the Chiguan）、科提真人（the Cotegen）、歐爾本人（the Olpen）、歐隆人（the Oljon）、帕塔西人（the Partacsi）、奇洛斯特人（the Quiroste）、阿契斯塔卡人（the Achistaca）、科托尼人（the Cotoni）、優皮人（the Uypi）、撒洋塔人（the Sayanta）、索芒塔克人（the Somontac）、塔米恩人（the Tamien）以及里托西人（the Ritocsi）。

傳教站帶來的劇烈變動宛如地震的震波般往外擴散，先是掃光了最近的村落，接著再根據遠近，逐一毀滅較遠的村落，如圖十所示。阿留申獵人在一八〇七年進入舊金山灣時，這場大破壞的最外圍已經來到聖華金谷的西坡，距離金門八十公里左右。這條界線沿著谷地邊緣往西北走，經過由沙加緬度河與聖華金河沖刷形成的三角洲，最後繞行海灣北岸。破壞的震央位於悲苦傳教站。在一七七六年莫拉加創立了這個殖民地之後的三十年間，共有六百個人在傳教站出生、受洗；同一段期間，在這裡死亡的人是這個數字的四倍以上。[38] 聖羅倫佐溪的那名男子說不定也是死在傳教站的人之一。

• • •

在一七七三年年初的某天，胡尼佩羅・塞拉在墨西哥市中央廣場的市集攤位、垃

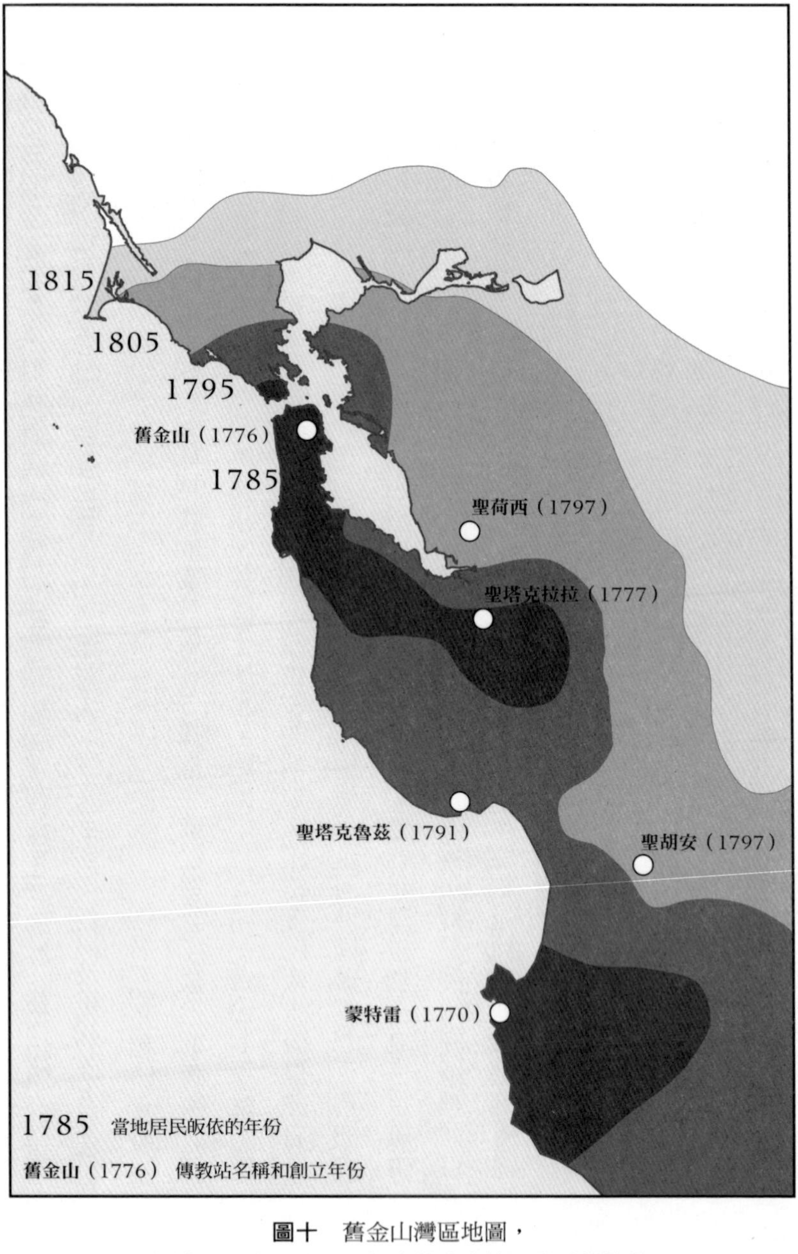

圖十　舊金山灣區地圖，
圓圈表示了在一八一五年之前建立的西班牙傳教站。
深淺則代表印地安人皈依的時間先後。

圾堆和絞刑台之間穿梭，隨後進入龐大的總督府。民眾在此建立了沙龍、賭博桌和賣春場所，牆上可見恩客留下的各種暱稱和淫穢塗鴉。[39]塞拉來這裡，是為了見安東尼奧・布卡雷利。他是新西班牙的總督，負責統轄南至瓜地馬拉、北至加州和路易斯安那州、東至古巴的數十個殖民地。這位方濟各神父帶了一大堆的「建議」，要向總督提議如何鞏固太平洋沿岸那些脆弱的傳教站。然而，最重要的是，當前有一個非常急迫的危機要處理：傳教站存糧告急，必須趕快從聖布拉斯（San Blas）運送資源到加州。[40]

聖布拉斯經常受到暴雨侵襲，環境又容易爆發疾病，其實非常不適合用來支援傳教站，但是一七六八年聖布拉斯港口成立時，就是為了這個目的。從這個位於太平洋的據點，乘船前往上加州通常要花費五十到一百天以上，而且逆風和逆流有時還會使船隻偏離航線，使船被帶往大海。曾有一艘從聖布拉斯到聖地牙哥船隻，為了要抵抗強大的逆風，花了整整七個月的時間才航行了一半旅程。[41]

這些旅程常常只是白費力氣，聖卡洛斯號的經歷就是個很好的例子。一七六八年下半年，聖卡洛斯號在跨越了加利福尼亞灣、抵達下加州的拉巴斯（La Paz）時，這艘剛建好沒多久的船就已經處於十分悽慘的狀態。船員短缺，再加上每小時進水量達十五公分高，導致聖卡洛斯號進港時，索具已經破爛不堪，船錨也都壞了。船上的貨物也出現受損。雖然在拉巴斯進行了修復和補給，但在前往聖地牙哥的旅途中仍有兩名船員死亡，屍體被丟進海裡，另有七名過世的船員，在上岸後被埋葬。一七七一年，這艘船再次從聖布拉斯出航，載了一群傳教士前往加州。啟程沒多久，強風就將它往南吹行數百公里，導致船擱淺在墨西哥的海灘，船舵斷成碎片、船板接縫處裂開。隔年，聖卡洛斯號最遠只有航行到蒙特雷，卻因風勢強勁無法靠岸，只得回到聖地牙哥。一七七三年，它甚至連聖地牙哥也到不了，因船舵損壞而被迫在下加州靠岸。難怪蒙特雷傳教站的印地安人會說這是一艘「可憐的船」。但，它還是比聖荷西號這艘「又新又美的郵船」幸運，因為聖荷西號在前往蒙特雷的途中消失了，從此再也找不到遺骸。42

雖然每年送貨的船隻如此不穩定，西班牙人統治的加州地區卻幾乎什麼都得依賴聖布拉斯。塞拉列出了進口的貨物清單：巧克力、豆類、米、肉品、奶油、餅乾、糖、蔬菜、醋、肥皂、香菸等。在另一份文獻中，他還提到殖民者生存所需的一些硬體用品，包括馬鞍、鐵製品、火藥、槍枝、犁、斧頭、鋸子和鍋子。甚至有一名非神職人員的官員表示，西班牙統治的加州地區也很缺乏家庭，蒙特雷的殖民者「被迫處於永久的獨身狀態」。塞拉埋怨，即使送貨的船隻如期抵達，送來的東西時常很少。這樣或許也好，因為送來的玉米常常長滿了蛆，肉類也是「長蛆，發出惡臭」。被稱為「維持生活最基本的糧食」的麵粉，被裝在品質極差的粗麻布袋裡，運送過程中有很多都流光了。[43]

雖然每個傳教站都有自己的菜園，但是作物的收成卻常常不佳。一七七六年春天，安薩抵達蒙特雷不久，傳教士開始公開舉行祈雨儀式。他們說：「我們面臨極大的困境。」殖民地的總督表示，加州不像西班牙，也不像新西班牙。在聖地牙哥到舊金山長達八百公里的沿岸地區，雨水很不穩定，溪流、水坑和湧泉都很稀少且間隔遙遠。西班牙設立的據點附近幾乎沒有什麼有用的水源，使得澆灌作物極為困難，而菜園就算沒有很遠，耕種者也需要武裝士兵的保護。塞拉還說，傳教站無法互相幫忙，因為用來運送物品的牲畜不足，原因是有些士兵帶著動物逃離傳教站，有些印地安人甚至會吃這些動物。[44]

塞拉針對聖布拉斯不穩定的供給線提出兩個替代方案：第一個選項是，從索諾拉開出一條陸路，就如安薩隔年所做的一樣；第二個較理想的選項是，從位於東邊格蘭河（Rio Grande）的聖塔菲（Santa Fe）開一條直達的路線。塞拉寫道：「根據我最好的消息來源，從聖塔菲直直往西，稍微偏南一點，就能走到蒙特雷。」[45]但，沒有任何西班牙人知道這兩個殖民地之間有什麼。沙漠、山脈、巨湖，和充滿惡意的印地安國度都潛藏阻礙。由於測量經度在當時仍是非常困難的事，所以他們甚至不知道這兩個殖民地究竟離多遠。為了回答這些疑問，一七七六年七月有一支遠征隊從聖塔菲出發，踏上未知的土地。

4

跨越科羅拉多高原

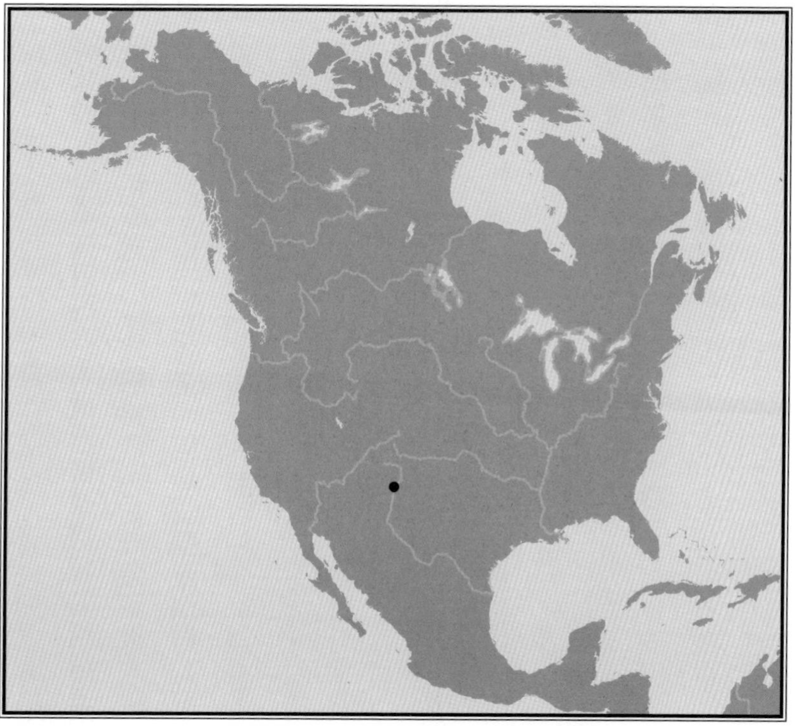

新西班牙最北邊的領土讓安東尼奧・布卡雷利總督非常頭痛。他在寫給朋友的信中說道：「請求上帝賜我力量，讓我能脫離治理這些廣大地區所帶給我的種種難關。」「我就像是走在陰影之中。」布卡雷利雖然十分勤勉認真、全心全意投入工作，可以說他大部分的心力都用來防止俄羅斯人侵略北疆了。但是這個離他辦公室一千六百公里的遙遠的地區，依然處於混亂狀態，禁不起攻擊。在將近三千公里長的地帶，士兵數量不到兩千；要塞一個個傾頹倒塌；貪汙腐敗猖獗。阿帕契人（the Apache）和科曼契人（the Comanche）支配這片土地，把西班牙人當成依賴者一樣對待。[1]

西班牙王室急於強化防護以抵禦外來勢力入侵，准許了一套有系統但行不通的計畫，預計「從此海到彼海」（墨西哥灣到加利福尼亞灣）每隔一百六十公里便建立一座要塞。這條規畫良好的防線感覺好像很厲害，卻一點也不實際。布卡雷利曾睿智地說：「並不是每一個在紙上看起來可行的計畫都能實踐，尤其是在這麼廣大的地區來說更是如此。」此外，新墨西哥和上加州離這條堡壘防線很遠，如同將手掌延伸出去的手指暴露在外一般。西班牙人要在兩地之間移動，必須上上下下，多繞數百公里的路。[2]

在離總督府不遠的地方，斐爾．韋格爾（Rafael Verger）和伊西德羅．牟利羅（Isidro Murillo）這兩名影響力很大的行政官員，跟布卡雷利一樣非常在意新西班牙的北部地區。韋格爾是聖費爾南多學院（College of San Fernando）的院長，這所方濟各會建立的機構旨在訓練日後前往傳教站的傳教士，而他負責在墨西哥市郊外的辦公室內，監督上加州的傳教站。他並非一直都看好殖民加州這檔事，更曾經表示這整件事不妥當，會犧牲許多生命、船艦和金錢。除非奇蹟發生（當然，不能排除奇蹟發生的可能性），否則不會有什麼好結果。然而，到了一七七三年，韋格爾比較樂觀了。他聲稱，皈依的人數極多、作物也很健康（他可能太樂觀了點），但是補給傳教站仍十分燒錢又困難。這個問題必須盡快處理。[3]

聖弗朗西斯科教堂離聖費爾南多學院不遠，在神聖福音教省內，位於神父伊西德羅．牟利羅所監督的新墨西哥傳教站周圍。在十六和十七世紀，這個教省因為向阿茲特克人傳福音、成功將福音帶至北方的新墨西哥，而獲得殉教的名聲和榮譽，但從那時起，這些位於普韋布洛人（the Pueblo）遙遠國度內的傳教站，便一直在丟方濟各會的臉。科曼契人和阿帕契人經常侵擾這些窮苦的西班牙據點；無良的傳教士鮮少花時間去學普韋布洛人的語言；有些傳教士甚至把盜用資金看得比傳福音重要。更糟的是，在一七七二年，厄爾巴索（El Paso）的一名修士被發現長期在懺悔室跟男女信徒從事性行為。他被趕出殖民地後，他的後繼者則跟已婚婦女發生婚外情。簡言之，新墨西哥的傳教站急需振興整頓。[4]

布卡雷利、韋格爾和牟利羅都得到了相同的結論：蒙特雷和聖塔菲兩地必須建立一條連接的通道。這條道路對上帝和卡洛斯三世（Carlos III）這「兩位君主」都有用處，可以達到鞏固西班牙的統治、強化加州傳教站、振興新墨西哥的傳教站等目標。胡尼佩羅．塞拉說，這樣做也能征服兩地之間的土地，「為天堂獻上更多靈魂。」[5]

各方利益全集中在墨西哥市，最後對北方兩千四百公里之外的土地造成深遠且持久的影響。離開薩卡特卡斯（Zacatecas）和杜蘭哥（Durango）的礦場、往北進入赤瓦瓦（Chihuahua）沙漠，殖民人口愈來愈稀少，在某些地方甚至完全消失；在格蘭河周圍（今日美墨邊境），面對阿帕契人的優勢，西班牙的威權幾乎蕩然無存；在三百二十公里之內最後一個西班牙殖民地厄爾巴索，居民只能臣服在當地原住民族的支配之下，過著「悲慘驚恐」的生活；[6]沿著格蘭河經過漫長危險的跋涉後，旅人終於來到西班牙帝國的外緣，也就是貧困孤立的新墨西哥殖民地。

新墨西哥在當時只是個瘦小虛弱的殖民地，緊緊依附著格蘭河。首府聖塔菲只有兩千左右的居民，且根據一位來自墨西哥市的訪客，這裡的屋子以及唯一一條僅能稱得上是「半個街道」的道路，從各個方面來說都「十分令人悲嘆」。整個新墨西哥則是由寒酸的農地和小屋所組成，西班牙裔的人口約一萬人，原住民族則有九千人左右。新墨西哥的東方和北方都被科曼契人包圍。科曼契人雖然是初次來到這個地區，但卻擴張迅速，並在過程中「摧毀許多國家」，主要是因為他們騎馬的技術比其他民族都還要好。而新墨西哥殖民地的西方，則有為數眾多的納瓦霍人（the Navajo）。納瓦霍族的畜牧技術跟科曼契族的騎馬技術一樣，早已掌控了歐洲舊世界的牲畜，在當時就已經是出了名地擅長編織羊毛毯。在納瓦霍人的南方，新墨西哥比鄰霍皮人（the Hopi）的家園莫奎（Moqui），自從一六八〇年在普韋布洛起義中驅逐了西班牙人後，即便過了一世紀，霍皮人仍維持自治的生活。[7]

在遙遠的墨西哥市中，方濟各修士和西班牙王室官員多方考量，他們所考慮的計畫，甚至觸及到比新墨西哥更遠、歐洲人從未沒踏過的土地上。在長官的鼓勵下，兩位方濟各修士在一七七六年的六月在聖塔菲碰面，商討要如何從新墨西哥的首都開一條陸路，直達位於太平洋沿岸的蒙特雷。其中一人寫道：「這件事非常必要，因此我倆當晚就約定要進行這趟旅程。」這趟為期五個月的遠征，將帶著兩位傳教士走過兩千七百公里，穿越這座大陸最具特色的地理景觀。他們即將橫跨美國西南部的高聳沙漠、巨大斷層崖以及深不可測的峽谷，他們試圖探索的區域，和當時在東岸進行革命的所有殖民地加起來一樣大。他們決定，出發日期就訂在七月四日。[8]

• • •

三十六歲的弗朗西斯科・多明哥斯（Francisco Atanasio Domínguez）是兩位傳教士當中年紀較長的，他是墨西哥市土生土長的居民，由神聖福音教省指派，前去視察新墨西哥傾頹的傳教站。在一七七六年春他抵達新墨西哥以前，未有紀錄表明他曾去過新西班牙貧困的邊疆，而他似乎並不喜歡這次經歷。他的同伴弗朗西斯科・埃斯卡蘭特（Francisco Silvestre Vélez de Escalante）大約小他十歲，自一七七五年的年初就開始在位於新墨西哥邊境、人口不到兩千的祖尼普韋布洛（Zuni Pueblo）印地安開拓地服務。這位活力充沛的傳教士，對西邊的民族和地區非常感興趣，已經多次研究這個主題。[9]

假如一切都有按照計畫，他們會從聖塔菲出發，朝西北方前進，並在兩天後離開新墨西哥，進入未知地帶。跨越科羅拉多高原崎嶇的高地之後，他們會轉向西方前進，進入從猶他州西部延伸到內華達州的廣大而貧瘠的大盆地。跋涉沙漠六百五十公里後，他們就會抵達雄偉的內華達山脈。翻過一千五百公尺的山峰之後，他們會來到加州肥沃的聖華金谷，最終抵達位於太平洋沿岸的目的地。

然而，這些地標沒有一個出現在他們的地圖上，因為這些地圖都是由從未踏上這個地區的人憑空想像而畫出來的，不知道的部分，他們就靠想像力補足。他們想像著阿茲特克人神祕的家園提瓜猶（Teguayo）、盛產水銀等礦產的藍山以及傳說中的富裕之城基維拉（Quivira），皆存在於西南地區。在一份一七六〇年繪製的新墨西哥地圖中，這三個地點都被標示了出來，但這份地圖也坦言，北美的這些地區「對西班牙人來說是未知的領域」。[10]

多明哥斯和埃斯卡蘭特找了八名新墨西哥人一起參與旅程，其中包括埃斯卡蘭特推薦的博納多．米耶拉．帕切科（Bernardo Miera y Pacheco）。六十三歲的帕切科是一位藝術家、也是一位製圖師，不久前剛替埃斯卡蘭特的祖尼教會完成祭壇屏風和兩尊雕像。巧合的是，埃斯卡蘭特和帕切科都是在西班牙北岸的坎塔布里亞（Cantabria）長大，兩人的家鄉只相距四十公里。在經歷過不同的人生際遇後，兩人最後都來到離家八千公里的新墨西哥。歲數小上許多的埃斯卡蘭特稱帕切科為「同鄉」，覺得他「夠聰明」，可以負責測繪陌生的土地。[11]

然而，多明哥斯就沒這麼喜歡帕切科了，甚至把他比喻成「愛八卦的粗人」。他譏諷地說，帕切科為聖菲利普教堂創作的聖腓力像，「根本一點也不好看」，而這尊雕像驚人的要價，使它在多明哥斯的眼裡更沒有魅力。多明哥斯也不怎麼讚揚帕切科為祖尼教會製作的祭壇屏風，暗諷屏風「跟這片貧瘠的土地相配」。[12]

雖然多明哥斯很懷疑帕切科的能耐，但帕切科仍為這趟旅程留下重大的貢獻：他完成一幅「新墨西哥北方、西北方和西方新發現土地的地圖」（圖十一），著實偉大。這幅地圖將近一公尺寬、超過六十公分高，描繪了美國西南部四角落地區、總面積超過四十五萬平方公里的土地。跟當時的製圖師一樣，帕切科繼承了中世紀創造「世界圖像百科全書」的傳統，在他的地圖上畫滿各式各樣的插圖、符號和敘事圖例。這幅地圖至今仍是那趟冒險旅程的重要文獻來源之一，也是美國史上最具影響力的地圖之一。[13]

這支要從聖塔菲出發前往遙遠目的地的十人遠征隊，最後沒有在原訂的七月四日出發，而是在七月二十九日啟程。朝西北方走了兩天難走的路之後，一行人來到位於

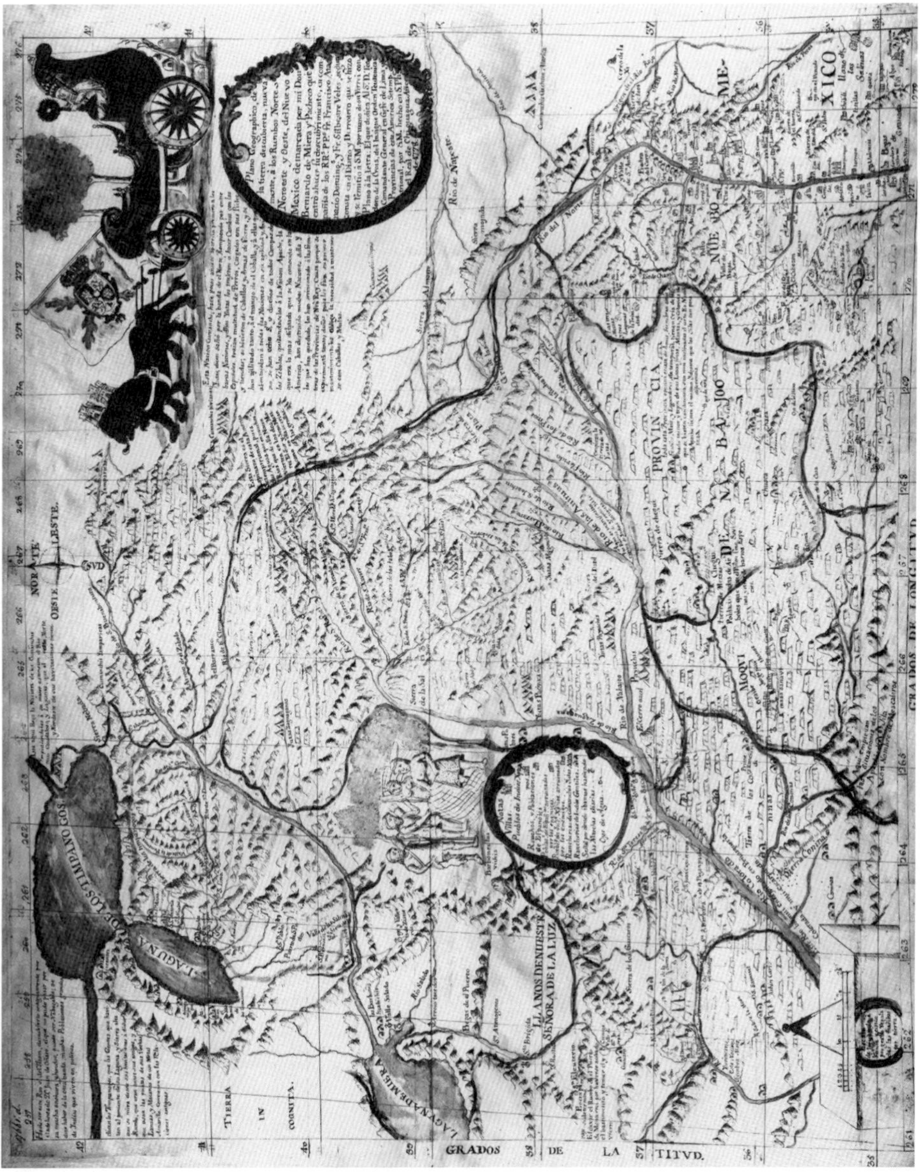

圖十一　帕切科一七七八年完成的四角落地圖。

山丘上、得以俯瞰查馬河（Rio Chama）的阿比丘（Abiquiu）。這個極北的西班牙開拓地，只住了幾百人，大部分都是被迫離開部落的印地安奴隸，他們被稱作「傑尼薩羅」（genízaro）。*每年秋季，這個地方會有眾多猶他商人前來，他們跨越了科羅拉多高原來到此地，以鹿皮和俘虜交換馬匹。多明哥斯用如往常般輕蔑的語氣描述當地居民，說他們「軟弱，全是賭徒、騙子、小偷」，證明了「懶惰演變成邪惡溫床」後，所會發生的後果。[14]

離開阿比丘後，一行人持續往西北方靠近科羅拉多高原，走在一條西班牙和猶他商人都知道的路徑上。科羅拉多高原是一座高聳的沙漠，海拔落在一千五百到三千三百公尺之間，夾雜了陡峭的峽谷和險峻的斷層崖。這群探險家會沿著高原的外圍行走兩個半月，先是被東面和北面的洛磯山脈包夾，接著在繞到另一側之後，被西面的大盆地包圍。

跋涉數天後，他們看見了右手邊遠處白雪靄靄的聖胡安山脈。這座長達兩百八十公里的山脊是洛磯山脈的一部分，始於科羅拉多州的西南角，接著像個逗號一般彎進新墨西哥，聖胡安山脈聳立在周遭的高原之上，海拔將近兩千四百公尺。在帕切科的地圖上，這些山脈是用暈滃法繪製而成的陡峭錐形及鋸齒狀的線條表示，高原則用短矮的梯形代表。他在西南地區的三十年經歷，使他對該地的地貌觀察入微，而且他有可能是第一個在地圖上區別平頂臺地和尖聳山峰的歐洲人。[15]

啟程一個星期後，遠征隊已經來到距離聖塔菲西北方兩百四十公里的地方，愈來愈深入猶他人的土地。八月初，他們在距離梅薩維德（Mesa Verde）二十公里左右的地方紮營，似乎沒有察覺到營地周遭是十三世紀的懸崖聚落所留下的壯觀遺址。不久後，有兩個被迫離開部落的印地安奴隸，菲利普（Felipe）和胡安．多明哥（Juan Domingo）追上他們。原來，他們逃離阿比丘和自己的主人，希望加入遠征隊。後來，這兩個人會是讓遠征隊順利生存下來的關鍵人物。

頭三個星期，多明哥斯和埃斯卡蘭特都是仰賴安德烈斯．穆尼茲（Andrés Muñiz）和盧克雷修．穆尼茲（Lucrecio Muñiz）引路。這對兄弟以前曾走過這條路，但埃斯卡蘭特卻諷刺地稱他們為「專家」。埃斯卡蘭特說，啟程後不過六天，他們

＊譯註：這個西班牙字最早源自鄂圖曼土耳其語，指被訓練成士兵服務鄂圖曼土耳其帝國的奴隸，後於十七世紀後半葉由新墨西哥的西班牙人用來指涉被帶離自身部落、進入西班牙村落進行勞動的印地安人。

「就迷路了，連對這個地區的微薄知識也跟著丟失」。探險隊員對這個地區的陌生，招致了許多挫折。在焦灼的科羅拉多高原，兩位修士派出勘查小組找水，卻沒有成功。那天晚上，馬兒極為口渴，自己跑去尋覓池塘或溪流。隔天，遠征隊幸運地找到一條「使用頻繁」的路徑，順著路找到一處豐沛的水源。然而同一時間，帕切科短暫迷了路而跟丟了，迫使同伴等他等到半夜。接著，在八月十九日，一行人被困在科羅拉多州西南部、由多洛雷斯河（Dolores River）沖積所形成的陡峭河道之中，只好「相信上帝」，透過抽籤的方式來決定方向。[16]

放手一搏的結果是，他們沿著原路回到了河道的出口。但是，隔天又出現更多麻煩。他們進入一個大型的溝壑，沿著一條在沉積物之中劃出的小徑走，但接著又愚蠢地決定離開小徑，攀爬一面幾乎無法通過的岩坡，使馬匹的蹄都流血了。來到坡頂，他們在叢草之間發現了一個水坑。他們也發現，有一條小徑直直通向水坑，就是他們先前決定放棄、選擇攀爬斜坡的那條路。顯然地，當地居民選擇簡單的路線前往水源。[17]

直到他們來到洛磯山脈山麓丘陵的開闊林地（位於現今科羅拉多州鈾釩鎮東邊）後，一連串的霉運總算終結。[18]自從三個星期前離開聖塔菲後，他們已經沿著西北方前進四百公里左右，繞過聖胡安山脈，接著又轉向東北，跋涉八十公里的路程，橫跨安肯帕格里高原（Uncompahgre Plateau）這個地標（安肯帕格里高原被視為科羅拉多高原的一部分）。一行人正奮力攀爬一段陡峭的上坡時，一個猶他人趕上了他們。他雖然很想跟遠征隊交換物品，卻又對這些外人懷有戒心，因此一開始不願意透露這個地區的任何資訊。但，經過一番協商後，他同意帶領他們到北邊五十公里的甘尼森河（Gunnison River）一帶，那裡有一處猶他人的營地。[19]

阿塔納西奧（Atanasio）是確保遠征隊存活的其中一名嚮導，儘管那些傲慢的方濟各修士只叫他「猶他人」。有了當地人帶路，旅程變得較為輕鬆。阿塔納西奧的真名沒有紀錄在文獻中，但是他帶著西班牙人走在陡峭但「不困難」的路徑上，穿越「好走的地帶，不須費力的緩坡」，最後來到沿著聖胡安山脈向西北方流下的安肯帕格里河（Uncompahgre River）。[20]他們沿著這條河來到被甘尼森河所切割、岩壁陡峭的黑峽谷，接著抵達大平頂山（Grand Mesa）的頂部，此地海拔約兩千六百公尺，比河床高一千公尺。九月一日，他們在大平頂山的頂部受到八十名騎著馬的猶他人歡迎，位置大約是在今日科羅拉多泉（Colorado Springs）正西方的兩百二十公里處。

他們到附近造訪這群印地安人的營地，多明哥斯雖然把握機會傳教，卻沒有成功。兩位修士更重要的收穫是，找到了另一名嚮導，雖然他們在兩天前已經見過面。猶他人叫他「健談者」或「紅熊」，兩位修士則叫他西爾韋斯特（Silvestre）。[21]他來自猶他湖附近的地區，約是在大鹽湖南方五十公里處。然而，之後他將帶領他們走過五百五十公里以上的路程，才會到達猶他湖。

猶他人用明顯的諷刺口吻嘲笑這些方濟各修士，說：「這些神父不可能迷路的，因為他們身上帶的那些紙可是畫了所有會經過的土地和路線。」但，猶他人隔天拔營後，遠征隊對當地嚮導的依賴就變得顯而易見。西爾韋斯特反悔了，決定留在原處不替西班牙人帶路。不知道該如何是好的西班牙人只能無助地跟在猶他人後面，也因此走上錯誤的方向。後來，西爾韋斯特把他們叫回來，帶他們走到正確的路徑。[22]

• • •

一行人再次朝著西北方前進（圖十二），很快就來到科羅拉多河（西班牙人稱作聖拉斐爾河，San Rafael River）的上游。在河的對岸，他們可以看到塔瓦普茨高原（Tavaputs Plateau）上層層堆疊的砂岩和頁岩岩壁。埃斯卡蘭特寫到，那一串高聳的懸崖「從最上面到中間是白色的，從中間到最下面則均勻地散布一條條黃色、白色和沒有很深的紅色條紋。」[23]這群探險家從崎嶇的南面爬到這座乾旱高原的頂部，看見眾多溝壑和高達上千公尺的斷層崖。

在高原上，帕切科注意到這裡住著「鄰近科曼契人的土地上最後一群撒布亞嘉里猶他人（the Sabuagari-Ute）」。科曼契人的威脅使這個小團體出現了分歧的意見，包括帕切科在內有好幾個人開始找掉頭的藉口。數十年來，科曼契人在新墨西哥不斷做出偷竊牲畜、綁架或殺害殖民者和印地安教徒的行徑，因此到了一七七六年，他們幾乎把殖民地的馬匹和騾子都給偷光了。在帕切科的地圖上，殖民地的東南部和北部邊界畫有許多「遭敵人摧毀」的荒廢聚落。後來，遠征隊遇到一群猶他人，他們剛完成替科曼契人趕馬的工作。這群猶他人告訴他們，有足跡顯示那些令人害怕的科曼契人朝著阿肯色河往東邊去了，使遠征隊安心不少。[24]

穿越峽谷、翻過山脊，探險家往北橫跨了塔瓦普茨高原，進入乾燥的灌木叢林地，也就是較和緩的猶因塔盆地（Uinta Basin）。很幸運，他們在一個乾涸的溪床底部找到了流水。此時，他們的旅程早已邁入第四十天，糧食開始短缺。於是，當他們發現一隻野牛的足跡時，便追上牠，將牠獵殺，接著停留一天把這「龐大的補給」曬成

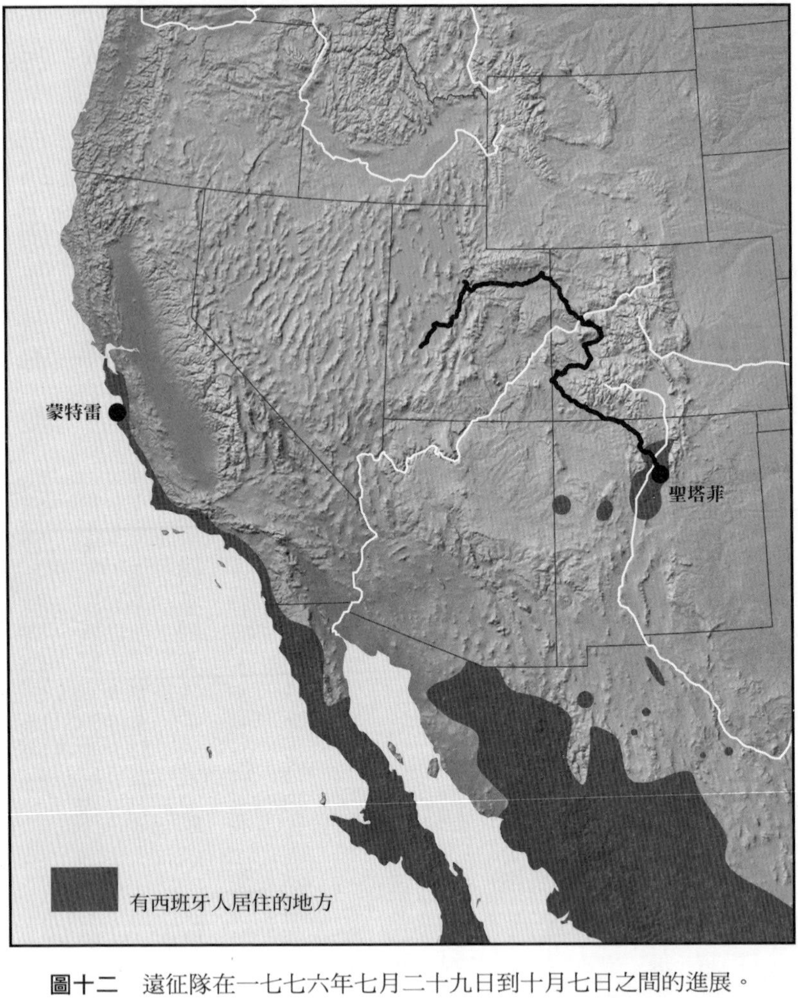

圖十二　遠征隊在一七七六年七月二十九日到十月七日之間的進展。
圖上標示了州界。

肉乾。[25]

九月十三日，時間來到啟程後的第六週，這群西班牙人來到格林河（Green River），也就是他們所稱的聖布埃納文圖拉河（Río de San Buenaventura）。這條河從位於懷俄明州西部的源頭，朝著幾乎正南的方向流去，最後在猶他州東南部匯入科羅拉多河。這也是他們整趟旅程所會經過的最北點。此時，他們剛行經距離聖塔菲西北方約六百公里的地方，接著要往西，朝太平洋沿岸的目的地蒙特雷的方向前進（就在現今位於猶他州東北角的詹森的北邊）。

帕切科繪製格林河時，犯了很嚴重的地理學紕漏。離開阿比丘之後，遠征隊一共跨越了十八條河流和數條較小的溪流。大部分的時候，他們只有過河一次，無法判定源頭和河口位置，所以帕切科都是靠當地居民提供的資訊來描述地貌。

遠征隊的第一位嚮導阿塔納西奧曾耐心地解釋，地勢較低的河流全都是流入科羅拉多河，但是西班牙人一個星期前已經跨越科羅拉多河，[26]所以這麼大條的格林河會是流到哪裡？他們往下游方向走了二十公里左右，發現格林河與懷特河（White River）的交會點。帕切科標註了河川的西南走向及河道內龐大的水流。之後，他會再次遇到格林河，至少他是這麼相信。

遠征隊轉向西行，不久就跨越了區分科羅拉多河和大盆地的分水嶺。儘管科羅拉多高原有壯觀高聳的大平頂和蝕刻深邃的峽谷，這裡的地形尚在探險家可以理解的範圍。雨水會流入科羅拉多河，科羅拉多河則流入加利福尼亞灣。然而，大盆地就截然不同了，大盆地的水文和地形使這些歐洲人完全無法理解。流入大盆地的河川無處可逃，就這樣滲進沙地裡消失了。縱使在遠征隊抵達大盆地邊緣的一個世紀後，該地區的水域在不是當地原住民族的人眼中，仍是個謎團。馬克吐溫曾驚嘆，源自巍峨的內華達山脈的卡森河（Carson River），就這樣在內華達的一座沙漠中走到盡頭，變成「薄薄一灘可悲的湖水，湖的周長只有一百三十到一百六十公里左右。」他寫到，這條河「不見了，神祕地陷入大地之中，再也沒有重見光明，因為這座湖完全沒有出口。」[27]

九月二十三日，遠征隊碰見大盆地中令人費解的水域，這個水域困在陸地且沒有出口。他們通過西班牙福克峽谷（Spanish Fork Canyon）後，進入猶他湖所形成的廣闊谷地，也就是今天普若佛（Provo）的所在地。猶他湖長三十多公里、最寬可達將近二十公里，是他們在整趟旅程所遇見最大的一個水源。他們對這塊殖民地潛力感到印象深刻，這裡有充足的淡水、豐盈的牧場、肥沃的土壤和大量的魚類和水鳥。[28]

這裡就是西爾韋斯特的故鄉，而猶他人已經在至少一天前發送煙霧信號，宣告訪客的到來。數個營地的印地安人聚集此地迎接遠征隊之後，多明哥斯進行傳教，接著尋找另一名可以帶他們到下一個地域的嚮導。這兩件事似乎都很成功。猶他人說（經過翻譯後），西班牙人可以回來「在任何想要的地方建立家園」。[29]他們也承諾會派人擔任他們的嚮導。

基於雙方的文化差異和語言隔閡，猶他人不可能理解多少天主教神學的抽象概念，諸如「靈魂的救贖」、相信「單一的真神」、受洗的必要性等。他們之所以對基督教充滿熱忱，比較有可能是因為他們對西班牙人提供交換的貨物有興趣，也想獲得西班牙人的神祕力量，猶他人相信，這種力量是源自外來科技和異國宗教。就連多明哥斯和埃斯卡蘭特也對猶他人的動機存疑，即便他們在看見如此「美好的順從態度」後感到「無法言喻的喜悅」。事實是，歐洲人和印地安人透過不精準的翻譯，對彼此所做出的承諾及所聲稱的友誼，都有可能因為現實考量而瞬間破滅。離開猶他湖十天後，他們的猶他人嚮導就悄悄拋下他們不管，未留隻字片語。[30]

帕切科從當地居民口中得知，猶他湖其實透過一個「狹窄的水路」跟另一個更大的水源（大鹽湖）相連接，也就是後來由摩門教徒命名的喬丹河（Jordan River）。不知道是因為翻譯不準確或是純粹奢想，帕切科又從招待他的猶他人口中得知，有一條「非常大且可航行」的河流從大鹽湖（他稱作廷帕諾戈斯湖，Laguna de los Timpanogos）流出。帕切科在地圖上把這條河畫得跟科羅拉多河一樣寬，並用地圖上其他地方都找不到的深綠色表達它的深度（圖十三）。他寫道：「如果真如他們所說」，這條河一定就是新墨西哥的創立者胡安·奧尼亞特（Juan de Oñate）所發現的蒂宗河（Río del Tizón）。根據奧尼亞特的敘述，船隻可以在蒂宗河上航行。這條「寬度和深度都很雄偉」的河會通向何方？帕切科不需要回答這個問題，因為他很乾脆地將這條河沿北緯四十二度往正西方畫過去，然後讓地圖邊界把答案藏起來。[31]

但，其中蘊含的言外之意已經很清楚了。所有的歐洲人都知道，每一座規模夠大的湖泊最後都會流入大海，而在歐洲適用的定律肯定也適用於大盆地才對。位於大陸分水嶺以西的河川只有兩種可能的命運：流入「南海」，或是經由墨西哥灣流入大西洋。至於蒂宗河是流入哪一個海洋，帕切科在寫給國王的信件中表明，他建議直接在猶他湖建立一個殖民地，這使得答案已得出。他推斷：「在很短的時間內，我們就能形塑一個非常美麗的省分，協助提升、補給鄰近的加州沿岸港口。」[32]

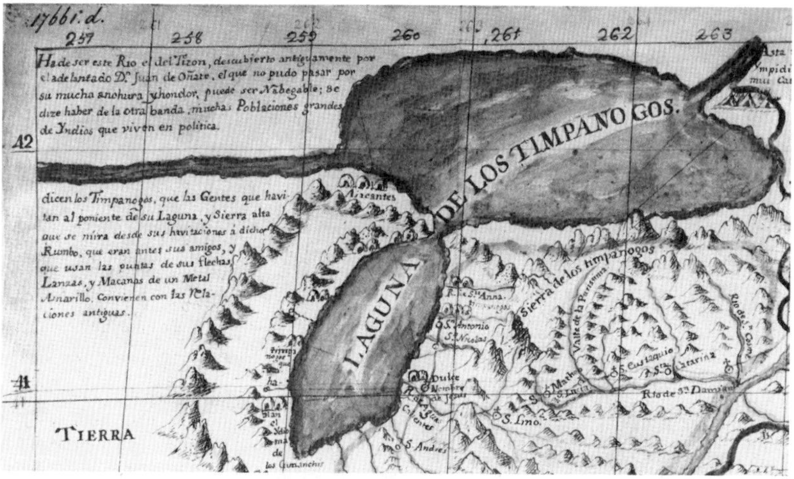

圖十三　猶他湖、大鹽湖和神祕的蒂宗河。

© The British Library Board, Additional Manuscripts 17661-D.

時間來到九月底。在遙遠的東岸殖民地，華盛頓的軍隊漸漸失去對紐約的掌控，很快就會完全放棄這座城市。同一時間的西方，在猶他人的土地上，遠征隊已經來到北緯四十度，計畫往南走三百二十公里抵達北緯三十七度，接著再次轉西朝蒙特雷前進。在「酷熱」之中，他們往南穿越鹽地及旱丘，途經曾存在於古代的博納維爾湖（Lake Bonneville）的湖床，這座位於猶他州西部的湖泊，過去曾涵蓋五萬一千平方公里的面積。九月二十九日，他們來到塞維爾河

（Sevier River）。這條河形狀好似牧羊人的曲柄杖，源頭來自他們所在位置正南方兩百公里處，接著在他們過河的地點附近鉤向西南方，續行流過一百五十公里左右的鹽地，最後止於猶他州西部的塞維爾湖。帕切科以自己的中間名，把這座鹽湖命名為「米耶拉湖」，可能是刻意嘲弄。[33]

就在這個位置附近，帕切科犯了重大錯誤。有一群猶他人造訪了西班牙人的營地，提及了塞維爾河的印地安名稱，這些探險家認得這個名字，因為他們前兩週在格林河的河岸時就曾聽印地安人說過。塞維爾河和格林河雖然完全沒有交會，彼此相距一百多公里，但帕切科還是聽信了猶他人，或是他誤以為猶他人所說的意思，並在地圖上把這兩條河合而為一，稱之聖布埃納文圖拉河（Río de San Buenaventura）。在他的地圖上，聖布埃納文圖拉河源自洛磯山脈，流向西南方，最後流入米耶拉湖，而這座湖的西面則被地圖邊界所中斷了（圖十四）。這當中的意涵非同小可。流入湖泊後，這條河肯定會繼續往西流才對，且當地居民確實也這麼說。兩百多年來，歐洲人一直在找尋從大陸內陸通往太平洋的神祕航道，但卻始終未有成果。[34]現在，他們終於找到了。

帕切科願意接受當地人的地貌描述，即便在聖布埃納文圖拉河和蒂宗河這兩個例

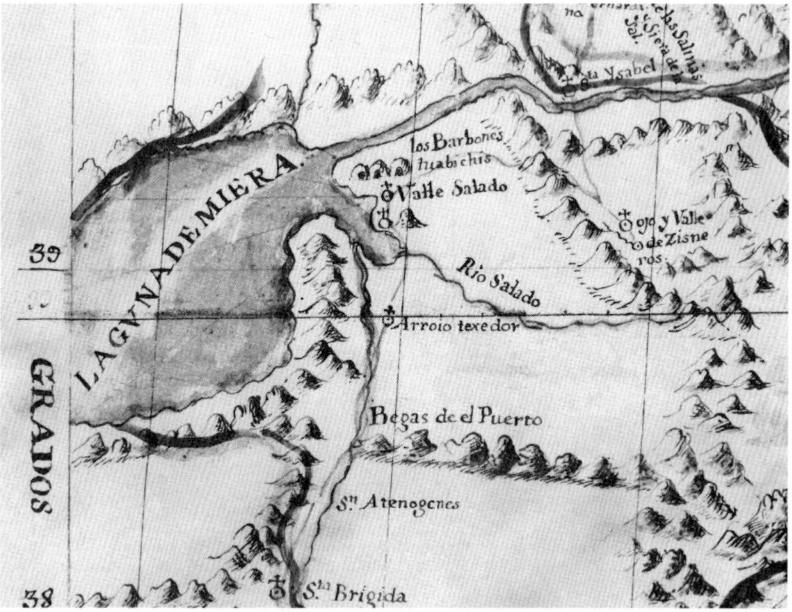

圖十四　聖布埃納文圖拉河——即格林河——流入米耶拉湖。
© The British Library Board, Additional Manuscripts 17661-D.

子中，他似乎是將翻譯斷章取義。他聽從當地人建議的行為，反映了他長期有跟該地區原住民族打交道。他從他們身上學到一些藝術技巧，像是如何調出「最完美」的蔚藍顏料，可能也有在自己的工作室雇用他們，並且賣給他們聖人肖像的畫作。[35]

後來的旅程所發生的一起事件，也反映了帕切科開放的心胸。某天晚上，當傳教士都睡了之後，帕切科和他的同伴前去造訪附近一個南派尤特印地安人（the South Paiute）的營地「聊天」，雖然南派尤特人和猶他人是不同的民族，但是他們說著類似的語言。期間，帕切科腹部不適，「一名老印地安人」主動或同意使用「咒語和儀式」幫助他。埃斯卡蘭特聽聞此事，不但對這「純屬迷信」的醫療干涉行為感到震驚，更對帕切科和他的同伴把這「當作無關緊要的善意之舉」感到氣憤。[36]

這件事使埃斯卡蘭特寫了一封長信，譴責旅伴的道德墮落。他指控，他們之中有些人跟猶他人進行非法交易，「為了自己野獸般的慾望，希望獲取這裡能找到的肉類」。這不禁令人好奇，他是不是也對帕切科在地圖上畫的那兩名袒胸露背的南派尤特婦女大感驚愕（圖十五）。但至少，她們身上穿了裙子，完全遮蓋了「直視會有生命危險」的部位，不像埃斯卡蘭特之後在路上會看見的那些女子。對這些方濟各傳教士而言，這些跨文化的相遇使當地人道德敗壞，也說明了傳福音為什麼如此困難。然而，這些遭遇也顯示歐洲人和當地人除了交換地理資訊，也有交換貨物和發生性行為。[37]

一行人繼續往南穿越博納維爾湖的湖床，行經鹽沼，並在半路停下來向一群友善的南派尤特人解釋「上帝的單一性」。十月五日早上，從猶他湖開始一路帶領他們的

圖十五　南派尤特人。

嚮導，在目睹其中一名西班牙人和僕人之間的打鬥之後，就逃跑了。在接下來的旅程中，他們都沒有當地人帶路，將因此承受慘烈的後果。在幾乎要餓死且沒有飲用水的情況下，他們將進入許多無法通過的峽谷後不斷折返，穿越乾旱的平原，並耗費多日尋找跨科羅拉多河的渡口。[38]

晚間，一場大雪覆蓋了猶他州西部的平原，迫使遠征隊停留了整整兩天。他們紮營的位置是在今天猶他州西部的大盆地邊緣，距離內華達州的州界八十公里。這個荒蕪的地區極其平坦，除了沙漠的灌木叢和雜草之外，幾乎沒有其他東西在此生長。長滿灌木叢的山脈聳立一側，且覆蓋在白雪之中，這個地區對這群疲憊的旅人來說顯得特別荒涼。他們缺乏糧食、沒有嚮導，因為酷寒又缺少火柴而處於「極大的不幸」之中。[39]

在這樣艱困的情勢下，傳教士和同伴之間的緊張關係終於爆發成衝突。他們已經上路兩個多月，透過步行加上騎馬的方式，跨越了一千六百公里的崎嶇地形，但是根據埃斯卡蘭特的估算，他們大概只走了前往蒙特雷的三分之一路線，離聖塔菲不到六百公里（事實上，他們已經有走一半了）。[40] 遠征目標似乎無法成功，甚至還有可能無法存活。多明哥斯和埃斯卡蘭特做出了決定：他們應該放棄前往太平洋海岸的旅程。

離開聖塔菲之前，兩位方濟各修士就曾設想過遠征失敗的可能性，並決定在最糟的情況下，他們要經由大峽谷地區返回聖塔菲，把握機會向住在那個地區的哈瓦蘇派人（the Havasupai）傳教。事實上，埃斯卡蘭特曾坦言，「只靠這麼少人遠征，我其實一直都不認為可以抵達得了」蒙特雷。然而，在猶他州西部的冰凍營地時，他們的旅伴卻覺得這些方濟各修士是把上帝的地位放在財神之上了。埃斯卡蘭特氣憤地說，帕切科編織了「偉大的榮耀和財富之夢，相信只要抵達蒙特雷就能實現，並將這些想法傳遞給其他隊員，營造誇大不實的美夢。」埃斯卡蘭特埋怨，他們的旅伴、甚至是他們的僕人都開始變得「非常乖戾」。據說，帕切科還保證，遠征隊只要堅持下去，一個星期內就能抵達蒙特雷。[41]

由於意見不合，埃斯卡蘭特和多明哥斯提出抽籤的建議。其中一個籤會指向蒙特雷，另一個則指向哈瓦蘇派人和聖塔菲。修士們說，抽籤結果會告訴他們上帝的旨意。然而，多明哥斯也意氣用事地說，要是蒙特雷被抽中，帕切科就必須負責帶領他們。他們在祈禱後開始抽籤。結果，抽到了回程（圖十六）。[42]

這群探險家雖然放棄了太平洋這個目的地，但他們的旅程卻尚未結束。他們最困

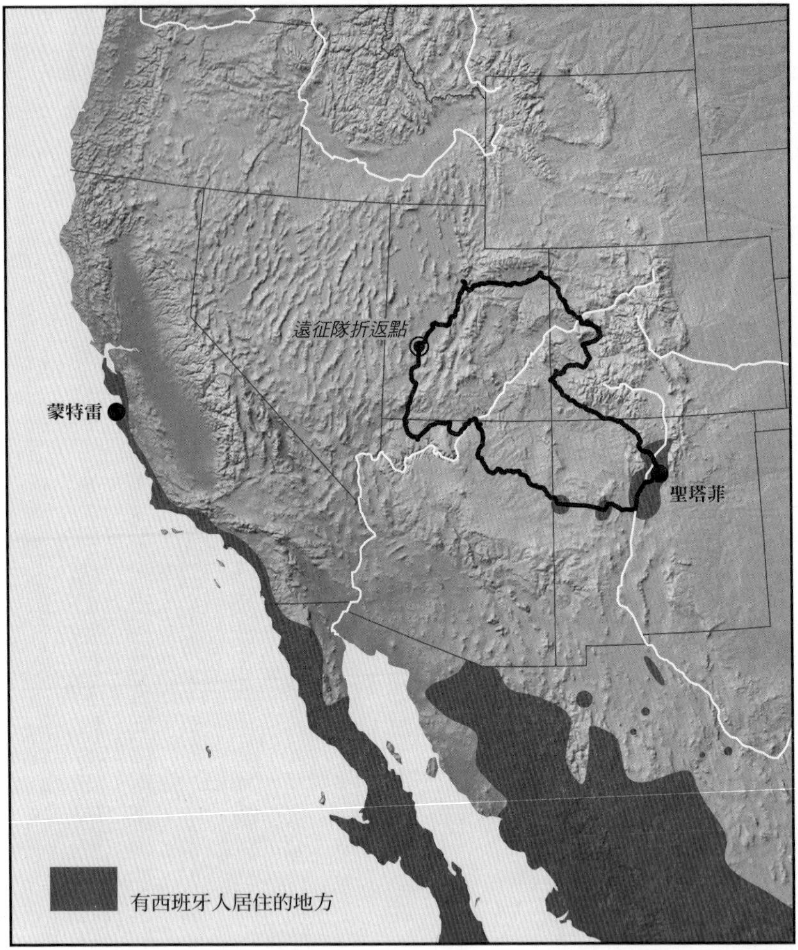

圖十六　遠征隊的實際路線和折返點，圖上標示了州界。

難的挑戰和最偉大的成就，也都還沒發生。遠征隊往南行，離開充滿鹽份與泥濘的平原、翻越高大的高原，進入了南派尤特人的土地，南派尤特人在此之前都只是間接接觸西班牙人。他們跟學會騎馬的猶他人不同，看見騎著馬的陌生人到來十分驚恐。有一群南派尤特人驚慌失措地逃跑了。西班牙人追上其中一名男子，把他丟在馬背上，強迫他帶領遠征隊。一個「古老的南派尤特人」也加入他，並同意替陌生人帶路。然而，在他們讓自己的家族有足夠的時間逃到深山裡後，這兩名南派尤特人便趁行囊眾多的西班牙人奮力通過一處狹隘的火山岩斷層時，消失在轉角。43

自從離開猶他湖後，遠征隊就一直走在海拔一千四百到一千七百公尺之間的地區。在他們即將跨越現今猶他州與亞利桑那州的州界（靠近猶他州的雪松城）時，一行人決定往下走，沿著科羅拉多高原邊緣的颶風斷層（Hurricane Fault）移動。這裡擁有高聳的平頂、切穿地表的深谷和陡峭的懸崖，使它成為北美洲最令人嘆為觀止的地區之一。但對從前的旅人來說，這裡也是最難通過的地帶。

現在，他們的糧食完全用罄，而他們又不清楚這個地區少見的水坑會在哪裡。有一群派尤特人（the Paiute）答應會帶他們到一處可跨越科羅拉多河的地方，但當派尤特人發現，西班牙人的馬匹無法通過陡峭多岩的路徑時，他們就跑掉了。走投無路的探險家採光灌木叢林地的植物，希望可以止餓，但採到的份量卻只夠給虛弱到幾乎講不出話的帕切科吃。那晚，傳教士將這個營地命名為「聖天使」，但生病的帕切科稱這裡是「大平頂上」。[44]

幸好，有五個派尤特人在一個平頂上看見了他們，使他們免於遭受更悲慘的命運。埃斯卡蘭特和多明哥斯接近並「哀求」這些派尤特人帶他們去找水之後，他們帶著西班牙人到一個凹處有兩個水坑的乾涸溪床。隔天，有更多當地人來到營地販售仙人掌果實和種子，並告訴他們一處科羅拉多河渡口的「模糊方向」。雖然他們自己的狀況也沒多好，埃斯卡蘭特仍對派尤特人的貧困程度表示驚訝。他們不會種花種草，只能依靠種子、野生植物和小型獵物維生。[45]

西班牙人往東朝著聖塔菲的方向前進，雖然途中有遇到其他派尤特人，但是沒有人願意帶他們到可以渡河的地方。十月二十六日，在現今猶他州與亞利桑那州州界以南二十公里左右的地方，他們遇見龐大的科羅拉多河及其寬闊的峽谷。他們花了十二天嘗試渡河，先是用游的，接著造了木筏，然後又試著爬到峽谷更高處，但都徒勞無功。他們殺了一匹馬來吃，一邊等待各個探路小隊回來。此時，天空開始下起大雪和冰雹。

就在現今猶他州與亞利桑那州州界以北一點點的地方（今天包威爾湖所在的位置），他們終於找到一個相對好過的河段，夠寬、夠淺，可以讓馬兒走過去。他們在岩壁上砍出階梯，跟馬匹一起下到河床，並用繩圈把設備降下來。菲利普和胡安・多明哥是在遠征隊短暫停留阿比丘之後不請自來的印地安人，他們兩個是一行人當中最會游泳的，率先渡過一點多公里寬的河道。接著，其中一人（埃斯卡蘭特沒有說是誰）回頭帶領依然騎在馬上的修士渡河。辛苦了一整天後，整支遠征隊終於在十一月七日跨越這條大河。三個月前他們橫跨聖胡安河的地方，距離現在的所在處約四百公里。帕切科簡單地寫道：「這條河深深地嵌在極為陡峭多岩的紅色斷層崖之中。」這個地區實在太過艱難又令人困惑，因此他並沒有試圖描繪出他們的準確路徑。[46]

過河沒幾天，遠征隊發現牛群和馬群出沒的跡象，不久後就看見動物本身。這些是霍皮人的牲畜。現在，這群疲憊的旅人正朝東南方前進，預計跨越亞利桑那州東北方多岩的峽谷地帶。他們又渴又冷。埃斯卡蘭特寫到，帕切科「隨時可能凍死」。一天晚上，一行人烤了馬皮當晚餐，隔天則所有人合吃一隻豪豬。方濟各修士原本的目標是要向大峽谷地區的哈瓦蘇派人傳教，但是在經過一百多天、兩千四百公里的旅程後，他們再也受不了酷寒的天氣以及極度的飢渴，決定趕快回家。[47]

在霍皮人的村莊，他們添置了糧食，並且獲得借住的地方，早上起來還得到好幾籃由麵粉、牛油脂和玉米製成的薄片麵包。他們在奧拉拜（Oraibi）、雄戈波維（Shongopavi）和沃爾皮（Walpi）待了三天，卻無法成功吸引霍皮人加入天主教教會。他們時而宣示自己對霍皮人的愛，時而闡述「恆久懲罰的嚴厲」，卻沒辦法在好幾個世代都經歷過西班牙人宣教活動的霍皮人之中獲得進展。兩位方濟各修士威脅霍皮人，假使他們不願臣服，「就會在地獄裡受無止盡的苦難」。霍皮人平靜地回答，他們只想跟西班牙人交朋友，不想成為基督徒。「老一輩的人告訴他們絕對不可臣服於西班牙人。」[48]

多明哥斯和埃斯卡蘭特在暴風雪和冰寒之中加緊腳步，早其他同伴一步先行進入新墨西哥，在十一月二十五日抵達祖尼人（the Zuni）的村莊和傳教站，休養生息數週。自從這些西班牙人在四個月前離開聖塔菲後，東岸的英國人已將大陸軍趕出紐約，此時正在紐澤西追趕華盛頓的軍隊。湯瑪斯．潘恩寫道：「現在是考驗靈魂的時刻」。早先「炎炎夏日才會出現士兵與愛國者」的單純時光已經不再。[49]在聖誕節之前華盛頓決定發動反攻，並在聖誕節當晚橫跨德拉瓦河。他們成功於十二月二十六日在特倫頓（Trenton）出其不意襲擊黑森傭兵（Hessians）。一七七七年一月二日，華盛頓從這個勝利之地撤退；同日，多明哥斯和埃斯卡蘭特的遠征隊也抵達聖塔菲，走了一圈回到原點。

• • •

帕切科為一七七六年橫跨美國西南部的旅程所繪製的地圖，成為了同年在費城誕生的新國家，他們形塑對自身地理景觀的想像依據。這幅地圖雖然從未出版，卻深深影響了接下來一甲子的製圖師和美國白人。在墨西哥市的檔案館工作的德裔地理學家亞歷山大・洪保德（Alexander von Humboldt），便曾繪製一份新西班牙的地圖，裡面畫了帕切科那兩條往西流的河川：蒂宗河與聖布埃納文圖拉河。洪保德把一份副本給了湯瑪斯・傑佛遜，美國探險家紀伯倫・派克（Zebulon Pike）看過傑佛遜的副本，接著把它融入自己繪製的《新西班牙內陸省份地圖》（*Map of the Internal Provinces of New Spain*）。派克寫到：廷帕諾戈斯湖（大鹽湖）的「西面更寬廣」。然而，在他的地圖上，聖布埃納文圖拉河雖流入米耶拉湖，但跟帕切科和洪保德的地圖一樣，湖泊西面的形狀沒有被畫出來。[50]

有的製圖師致力降低不確定性。例如，製圖師約翰・梅利許（John Melish）在他一八一六年出版的《美國及鄰近英國和西班牙屬地之地圖》（*Map of the United States with the Contiguous British and Spanish Possessions*）中，就為米耶拉湖和大鹽湖的去向提供了可能的解答。梅利許寫到，從米耶拉湖流出來的一條河，「在聖布埃納文圖拉河和舊金山灣之間形成一條河道，而那可能就是阿肯色州和太平洋之間的聯絡通道。」這條河流入今天的卡奎內茲海峽，也就是將聖華金河和沙加緬度河連接到舊金山灣的通道。還有一條稱作姆爾特諾默河（Multnomah River）的河川（即帕切科所繪的蒂宗河）則經由哥倫比亞河，從大鹽湖一路流到普吉特海灣（Puget Sound）。梅利許地圖「更新至一八二三年」的版本，為了修正先前的錯誤更正了內容，最後卻畫出更多錯誤。在此版本中，聖布埃納文圖拉河流經「無人探索過的國度」（大盆地），在聖路易斯－奧比斯保（San Luis Obispo）北方流入太平洋。此外，流出大鹽湖的河川不只一條，而是有兩條，一條流入舊金山灣，一條流向門多西諾角。[51]

當第一列篷車隊伍在一八四一年啟程前往加州時，移民身上所帶的地圖顯示，有兩條比密西西比河還大的河流從大鹽湖流到太平洋。這兩條河的依據，源自帕切科的蒂宗河。有一位西方人便建議移民攜帶建造獨木舟的工具，因為要是地形變得太崎嶇，馬車無法通行，他們可以利用其中一條河順流而下，前往太平洋海岸。[52]

在一八四三年探險家約翰・福瑞蒙特（John C. Frémont）從加州出發前往大盆地之後，帕切科的錯誤終於被修正了。他此行的目標之一，是希望找到聖布埃納文圖拉河的位置。他寫到，這條河「在我手上最好的地圖中都有出現，是一條將洛磯山脈和太平洋連接在一起的水路。」結果，他只找到一座廣大的沙漠，跨越內華達州和猶他州西部。他說，這是一個「大盆地」，沒有任何水體流得出去。七十年前，帕切科聽見猶他人使用同一個字稱呼格林河和塞維爾河，近七十年後，福瑞蒙特總算解開神祕的聖布埃納文圖拉河之謎。[53]後來的地圖都修正了帕切科的錯誤。

帕切科這條流向西方的聖布埃納文圖拉河，之所以會在地圖上出現這麼久的時間，是因為它彷彿驗證了美國擴張版圖到太平洋沿岸的「昭昭天命」。然而，帕切科地圖的另一個特性，因為對這個年輕的國家不利，存在的時間就短了許多。他的地圖劃分出許多國家，很像我們熟悉的五顏六色的國家地理世界地圖。黃色的粗線邊界明確區分出新墨西哥、納瓦霍省、莫奎、南派尤特人的領土和猶他人的領土。埃斯卡蘭特在說到猶他人時，也說出了帕切科地圖固有的涵義：猶他人「組成了單一國家，甚至也可以說是他們組成了王國。」[54]

從一七七〇年代晚期到一七八〇年代，西班牙人針對該地區所繪製的地圖都存在這些顯著的邊界，但是在十九世紀的地圖中，這些界線全消失了。洪保德在一八〇四年的手繪地圖中，使用紅線畫出了新西班牙的省份，但除卻這些鮮明的界線，印地安各部族的名稱和地理標記全都被拼湊在一起，就好像山脈、河川和美洲原住民族同屬於地景的一部分。美國製圖師欣然接受洪保德的方式，帕切科所畫的那些擁有主權的印地安國家，就這樣消失在這片土地。有些製圖師甚至懶得以任何形式記錄猶他人和派尤特人的存在，連這些民族的名稱也沒標示出來。[55]

不過，這些事情都是後來才發生的。在一七七六年，帕切科期盼西班牙將勢力延伸到西南部；猶他人期待加深與新墨西哥的商業連結；而霍皮人則想著該如何維持自己的獨立地位。在東邊，喬治・華盛頓正重振旗鼓。沒有人能料想到，帕切科的地圖很快就會經過編輯、複製、重新詮釋，反映出這座大陸上一個企圖將主權延伸到太平洋彼岸的新國家，他們未來所希望呈現的樣貌。

•
•
•

在一八二三年的某天，一名居住在羅斯堡的俄羅斯木匠，正在為一艘全新的兩百噸雙桅帆船裝設龍骨。要取得這項工程所需的木材，是個艱鉅的任務。工人經常必須把超過三百公尺長的巨大木材拖上岸，再靠阿留申人操作拜達卡，將漂在水上的木頭沿著海岸線送到船塢。這艘雙桅帆船雖然有四座從矽地卡（Sitka）送來的大砲，但是這些威武的火器也掩蓋不了一個事實：跟其他在羅斯堡建造的船艦一樣，它在一八二四年夏末下水之前，就已開始腐朽。在這樣潮濕的氣候裡，柔軟的木材難以使用超過六年。[56]

在它的處女航途中，這艘船進入蒙特雷灣，從當地墨西哥的殖民地獲得麵粉（墨西哥幾年前才剛從西班牙獨立出來）。在這艘船短暫的生命裡，它不斷沿著加州海岸來回航行，期間停靠蒙特雷、聖塔克魯茲和舊金山，有時也會往北航行到矽地卡、科迪亞克島（Kodiak Island）和阿留申群島。[57]這艘雙桅帆船跨越了俄羅斯統治的阿拉斯加和墨西哥統領的加州，提醒了眾人帝國競爭和國際貿易網絡，是如何在半個世紀以前驅動太平洋沿岸的殖民地建設、促成科羅拉多高原的探索。它的名字取得很好，就叫恰克圖。

PART

2

分割北美洲

一七六三年，一位來自英國的旅人造訪巴黎時，說這座城市有兩種人：文人和「最時尚的人」。文人晚上會在家中跟幾位好友進行「愉悅理性的討論」，之後早早就寢；「最時尚的那些人」因為受到自己的出身和運氣眷顧，則會前往「無數個宴會」用餐，「餐前餐後」都靠博奕遊戲消磨時間。[1]在一七六三年二月來到巴黎瓜分北美大陸的那些貴族，便屬於愛賭博的那一類人。

九年前，英法兩國在俄亥俄河谷發生的一個小摩擦演變成一場國際衝突，也就是後來所稱的七年戰爭或英法北美戰爭，而當時一位名叫喬治・華盛頓的年輕菜鳥軍官也有參與其中。帝國強權在世界各地攻擊對方的殖民地，涉及美洲、非洲、印度，而在西班牙姍姍來遲，愚蠢地加入法國陣營後，西班牙位於菲律賓的殖民地也遭到攻擊。到了一七六三年，英國已經取得勝利，但也幾近破產。現在，只剩下一件事要做：簽訂和約。[2]

法方代表為舒瓦瑟爾公爵（Duc de Choiseul）。他在巴黎的黎塞留街（rue de Richelieu）有一幢壯麗的宅邸，離路易十五的宮殿不過八百公尺，而他平日的消遣包括跟「可口」的情婦們廝混，或是和黎塞留公爵（Duc de Richelieu）飲酒至天明。這位中年大臣在一七六〇年曾表示：「我跟二十歲的小夥子一樣喜愛玩樂。」他在家中擺了多張賭桌。在一七六二年最後三個月，也就是他跟英國和西班牙的代表忙著擬定最終版和約的時期，他在賭桌上輸掉八千里弗爾（livre），比他在同一期間支付某些傭人的薪水還高一百倍以上。[3]

西班牙的代表傑羅尼莫．格里馬爾迪（Jerónimo Grimaldi），在奢華方面恐怕不輸他的朋友舒瓦瑟爾。因為他「全身散發優雅」，這位來自顯赫的熱那亞家族的前任神職人員，他在菲利普五世（Felipe V）的宮廷服侍時，獲得「英俊修道院院長」的綽號。不過，他其實早就脫下教會服裝，成為全西班牙最有權勢的人物之一。格里馬爾迪的一位賓客寫到，他的宅邸位於馬德里南邊的阿蘭胡埃斯（Aranjuez），總是有訪客，而且訪客隨時隨地都能期待有「無數的陪客、遊戲和談話」陪同。他在巴黎時，他每週舉辦的宴會，宴會「了不起的程度」據說只有他們的「禮節與優雅」能夠超越。[4]

相較之下，英國在一七六二年九月送到英吉利海峽對岸的特使貝德福德公爵（Duke of Bedford），就相形見絀了。五十五歲又飽受痛風所苦的他，不僅必須匆匆找到租屋處並布置，一位替他感到丟臉的英國人還說，貝德福德公爵同時擁有莊重和貪婪兩個特性，個性非常糟糕。他的宅邸雖然有好幾張賭桌，但是他幾乎不「開放訪客來玩上一把」，據傳還成了「巴黎的笑柄」。[5]

在冗長的協商期間，敵對國家互相交換島嶼和大陸，彷彿把這些地方當作撲克牌的籌碼：用梅諾卡（Minorca）換瓜地洛普（Guadaloupe）和格雷（Gorée）；用路易斯安那州（Louisiana）換馬丁尼克（Martinique）；用佛羅里達換哈瓦那（Havana）和菲律賓；用聖露西亞（St. Lucia，舒瓦瑟爾說這座島「不可或缺」）換格瑞那達（Grenada）、多巴哥（Tobago）和聖文森（St. Vincent，貝德福德公爵怨這座島「一點價值也沒用」）。談判要求一來一往：從蘇門達臘（Sumatra）以及奧屬尼德蘭的奧斯坦德（Ostend）和尼烏波爾特（Nieuport）撤退；拆除中美洲墨西哥灣沿岸地區的木屋建築；讓出在加拿大捕撈鱈魚的權利。使節們討價還價、勾心鬥角，欺騙敵人，也欺騙自己人。[6]

從北美原住民族的觀點來看，和約最重要的內容就是把他們的大陸瓜分給不同敵對帝國的條款。舒瓦瑟爾提議在密西西比河和阿帕拉契山脈之間畫一條「想像的界線」，「以便輕鬆又明確地執行」瓜分。這位法國大臣指出，使用直線、而非實際的地理特徵來做為邊界的先例不計其數，例如一四九四年使用教宗子午線將新發現的土地分配給西班牙和葡萄牙就是一個例子，然而他其實舉了一個很不好的例子，因為那條區分西班牙和葡萄牙土地持有權的經線，無法被精確地定位出來，導致後續漫長的爭執。但這位法國大臣說，阿帕拉契山脈的走向「非常不規則」，「一般的地圖又畫得不好」，一條人造的界線反而「不會帶來任何爭議」。[7]

反之，英國則基於同樣的理由堅持以密西西比河來瓜分大陸：各國只要「好好待在自己的那一邊」，這條界線就能「遏止一切紛爭」。就連擁護這個說法的人都覺得這個邏輯充滿謬誤，因為密西西比河有多條河道，而且東岸還「因為存在某些西班牙殖民地而使問題變得更複雜」。然而，英國最後還是在這件事上勝出，密西西比河被定為邊界（圖十七），兩邊的占領者都有在河中航行的權利。為了讓西班牙接受這樣的結果，法國君主路易十五把自己得到的一部分土地送給卡洛斯三世。據說，卡洛斯表示：「不，不！我的兄弟失去太多土地了，我不希望他因為我而失去任何東西。」他雖然嘴上這麼說，最後還是收下了這份禮物，他得到大約兩百一十平方公里的土地，而這塊土地上存在著無數印地安國家的草原和森林。[8]

在一七六三年二月九日晚間，三位大使在格里馬爾迪的宮殿裡參加舞會，徹夜狂歡，一直到隔天早上十點才結束。從歡樂中恢復過來之後，晚間他們再次相聚於貝德福德公爵的宅邸格林勃艮飯店，並在深紅色的帷幔和英王喬治三世（George Ⅲ）的肖

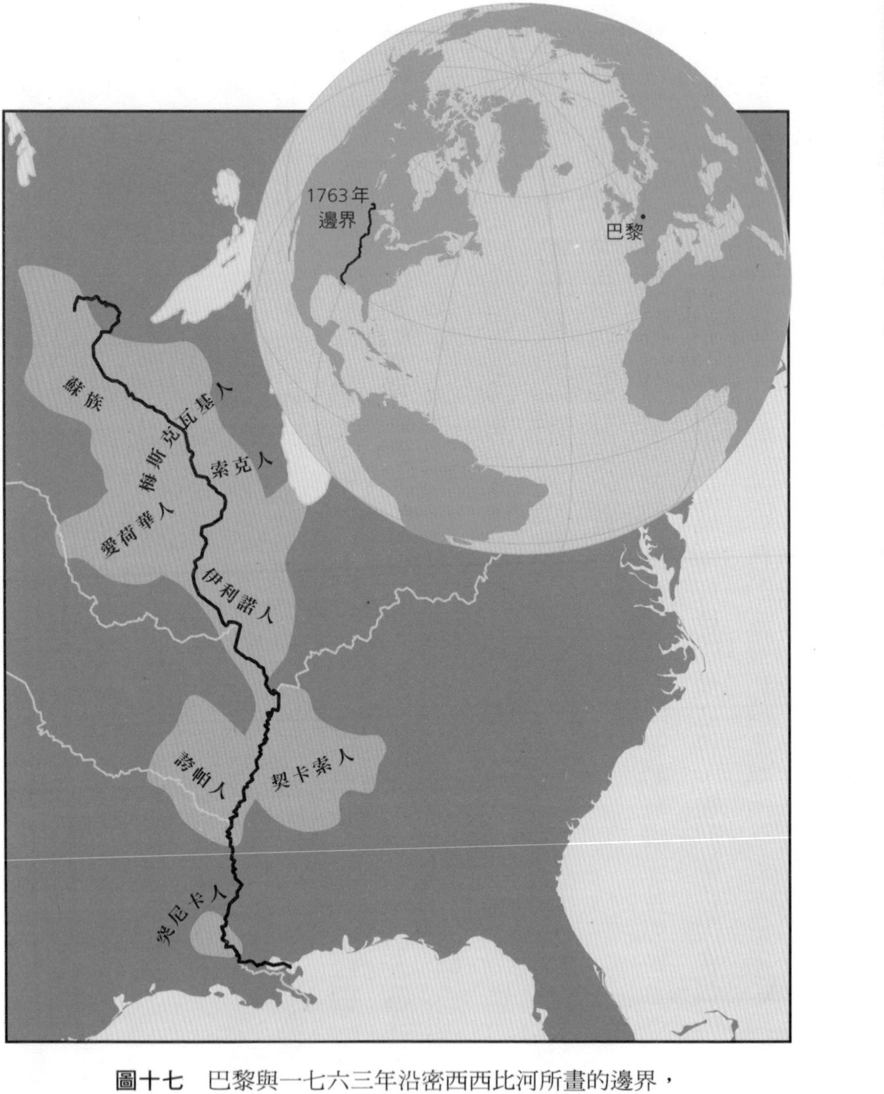

圖十七　巴黎與一七六三年沿密西西比河所畫的邊界，以及兩岸民族的放大圖。

像下，簽署了改變北美洲命運的「決定性」和約。[9]戰前，法國占領了從聖羅倫斯河到密西西比河河口之間的廣大區域；西班牙持有西南部和大佛羅里達地區，包含今天的阿拉巴馬州和密西西比州；英國則統轄大西洋沿岸的十三州殖民地。和約簽訂後，北美洲的政治地理被大幅簡化：密西西比河以西的土地全數歸西班牙所有，而以東的地區則歸英國，只有紐奧良例外。

沿著密西西比河將大陸一分為二的那條界線，雖然容易描述和描繪，但是想出這個劃界方法的歐洲貴族們，並不知道這會對北美原住民族造成多大的影響。據說，一夕之間得到大陸上這麼一塊廣袤無邊地帶的喬治三世，還曾經把密西西比河和恆河搞混，雖然有一件事他沒弄錯：這兩條河的兩岸確實都住著英文拼法相同的「印度人」和「印地安人」。[10]他的大臣雖然懂得比他多，但是即使是在他們熟悉的人口眾多的殖民地核心地區，《巴黎和約》所帶來的後果還是太龐大、太複雜，根本難以事先預知，更遑論在核心地區以外的那數百萬畝土地。

然而，無知並未帶來謹慎。反之，這筆龐大的北美土地交易，激勵了各類英國子民。商人千方百計設想該如何從數以萬計的印地安人身上，賺取驚人的利益；王室官員擬定各項野心勃勃的計畫，要管理這片前一天還屬於路易十五的廣大領土；從皮特堡（Fort Pitt）到底特律堡（Fort Detroit），那些自大的駐防統領也開始把當地原住民族當成下屬一樣指揮。一名掌旗者寫到，英國士兵「將勝利帶到軍旗所到之處，把法國和原住民族的軍隊像趕牛般趕在前面」。每一個帝國主義者都相信，英國可以隨心所欲對待留下來的原住民族。[11]

表面上，歐洲君主把廣大的北美洲宣示為自己的領土，似乎很可笑，就連某些殖民者也看得出來。當中一人便說，英國沒有權利或資格統治這座大陸，就像它沒有權利或資格「統治中國帝國一樣」。[12]然而，對當地居民而言，這筆龐大的土地交易卻帶來非常真實的影響，直到數十年後，土地交易造成複雜多元的衍生後果，影響才變得顯而易見。當與這塊土地無關的貴族們，在遙遠的巴黎進行土地轉讓的協商，位於大西洋另一頭、北美大陸核心內陸的原住民族，卻注定遭遇命運的興衰。

5

被改造的森林

哈德遜灣公司與坎伯蘭豪斯

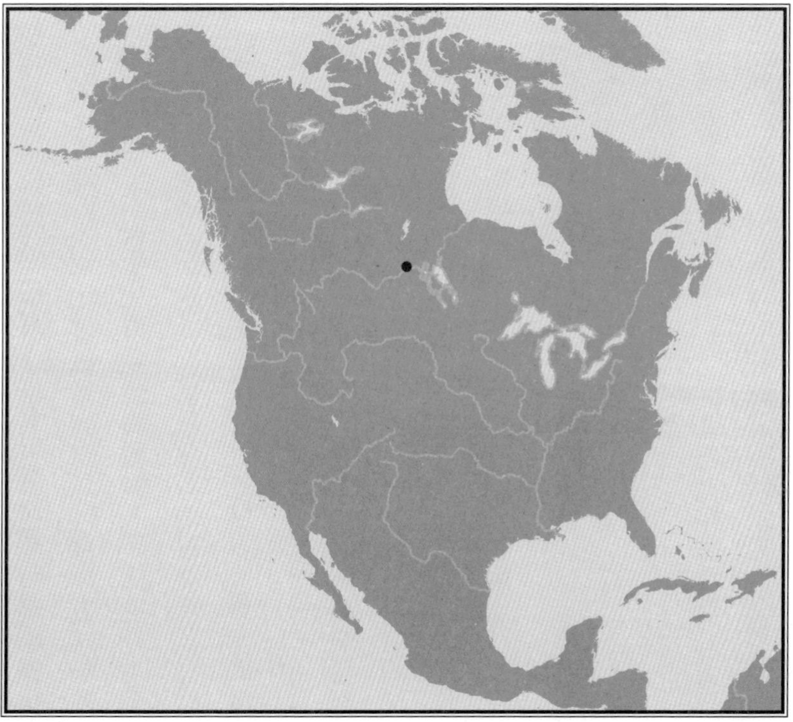

在十八世紀的倫敦，似乎每個商業活動盛行的地方，都有以其命名的專屬咖啡館。牙買加咖啡館是西印度貿易商最愛去的地方；東印度貿易商自然是東印度咖啡館的常客；維吉尼亞咖啡館則是乞沙比克（Chesapeake）貿易商的地盤。除此之外，倫敦還有非洲咖啡館、漢堡咖啡館、卡羅來納咖啡館，每一間都是在該地區從事貿易的商人常去的場所。甚至還有一間「反高盧教會咖啡館」，是「外國商人」會來的地方。最妙的是，其中竟有法國人。[1]

然而，沒有一間咖啡館叫「加拿大咖啡館」。英國從法國手中得到的聖羅倫斯河以北地區後，來自倫敦的商人尚未在當地建立起完整的貿易網絡。為了導正這個局勢，一群有事業心的商人成立了加拿大委員會，定期在紐約咖啡館碰面，只要從倫敦的商業重鎮英格蘭銀行轉個彎，就到了紐約咖啡館。在那裡，委員會仔細策畫該如何好好利用英國最新的殖民地來創造龐大的商機。[2]

布魯克．華生（Brook Watson）是委員會成員之一，他被稱為「木腿代表」，因為他在哈瓦那灣遭受鯊魚攻擊，被咬斷的那隻腿後來以木腿取代（美國藝術家約翰．科普利〔John Singleton Copley〕有將這起著名事件描繪出來）。他在七年戰爭期間曾替英國在新法蘭西的軍隊提供補給。或許，華生的戰時經歷打開了他的眼界，讓他看見在北美洲的那個地區進行貿易有利可圖。[3]

他們有兩件事要完成。首先，在七年戰爭期間，新法蘭西印了數百萬張紙鈔，導致現在這些貨幣幾乎是毫無價值。加拿大委員會成員和其他投機者以面額的百分之十五向法國殖民者買進大量紙鈔，接著奮力遊說大臣，逼迫法王路易十五買回紙鈔。第二件要做的事是，解除加拿大皮草貿易的管制，開放給所有的英國人，其實主要是開放給他們自己。他們這兩件事都做得很成功。[4]

他們將貨幣投機所獲得的收益，拿來投資在數千公里以外、位於加拿大中部和北部的廣大市場裡，因為這裡雖然人煙稀少，卻有極其珍貴的資源。在這片近四百萬平方公里的土地上，哈德遜灣公司已經壟斷商業很久了。[5]在哈德遜灣這個從北極延伸到安大略和魁北克的巨大內海，這間擁有百年歷史、經營穩當的公司，持有王室的特許狀，將廉價的製品和消耗品配送到沿岸各據點。接著，它的員工會在那裡度過嚴寒的冬季，堅毅地等待阿西尼波因人（the Assiniboine）和克里人（the Cree）帶著皮草前來。這些紮成一捆捆的皮草會被送到大西洋彼岸，在倫敦拍賣掉，為這間令人尊敬的公司帶回龐大的利潤。

受到加拿大委員會和其他商人的支持，個別貿易商開始在一七六〇年代晚期滲入這個紮根穩固的商業活動之中。他們嘲弄哈德遜灣公司的貿易壟斷，選擇深入位於曼尼托巴（Manitoba）和薩斯喀徹溫（Saskatchewan）的原住民族居住區，搭起臨時的冬季營地，跟當地居民貿易，再將得到的皮草於隔年春天送到蒙特婁。哈德遜灣公司的高層無法理解印地安人為何情願待在家鄉做生意，而不花一個月的時間跨越貧瘠的森林，冒著貨品損壞甚至是餓死的風險，到達公司位於哈德遜灣沿岸的據點。一名員工抱怨：印地安人「對於南下貿易展現了不尋常的冷漠態度」。[6]

這些「小販」（哈德遜灣公司給個別貿易商取的貶抑暱稱）往往是受英國人資助的法國人，這一點更是無濟於事。一名哈德遜灣公司的員工便寫到，這些法國人「精通所有的印地安族語，比我們更有優勢」。他們「接納印地安人的根本原則和觀念，只有在膚色上跟他們有些差異。」他們不受任何公司的指導所束縛，不時會恫嚇哈德遜灣公司轄下受規範所限制的「僕人」（哈德遜灣公司對低層員工的稱呼），甚至賣的比哈德遜灣公司還便宜。[7]

日漸擴張的競爭勢力，嚴重影響了哈德遜灣公司。曼尼托巴和薩斯喀徹溫的皮草大部分都會送到約克堡（York Fort），但這裡的皮草交易量在七年戰爭前每年有三萬張，到了一七七〇年代卻只剩下一半。一名前任「僕人」惡毒地說，哈德遜灣公司的長官每年冬天都在「冰凍的海洋旁邊」睡大頭覺。現在，他們面對這驚人的衰退，決定建造哈德遜灣公司有史以來的第一個內陸據點。[8]

坎伯蘭湖位於薩斯喀徹溫和曼尼托巴的交界處，和倫敦相隔四千六百公里，距離最近的永久殖民地約克堡西南方四百六十公里。在經過艱苦的一個月旅程，走過無數條河流、繞過數十個瀑布與急流之後，三名哈德遜灣公司的員工終於在一七七四年九月將獨木舟停靠在湖岸的草地上，開始建造一個小小的木屋堡壘，並取名坎伯蘭豪斯（圖十八）。在選定這個地點之前，他們「跟印地安酋長討論了很久」。對方堅稱，對他們來說，這裡比哈德遜灣公司提議的、位於更東邊的地點「還要便利」。這座堡壘被「漂亮的松樹」、白楊樹和白樺樹所圍繞，可以俯瞰整座湖泊。[9]哈德遜灣公司希望利用這個有利的位置，重新奪回加拿大草原河狸貿易的主控權。

偉大的博物學家布豐伯爵喬治路易．勒克萊爾（Georges-Louis LeClerc）曾說過一句名言，認為新世界的生物全都比舊世界的同類物種瘦小，只有河狸例外。他聲稱：新世界的動物「在吝嗇的天空下、在貧瘠的土地上生存，自然很弱小。」美洲原住民族也好不到哪裡，「怯懦膽小」、「毫無活力，沒有發展出任何思想」。他推測，那裡的男人就連「繁衍的器官」也「又小又虛」。但，河狸就不一樣了。在歐洲大部分地

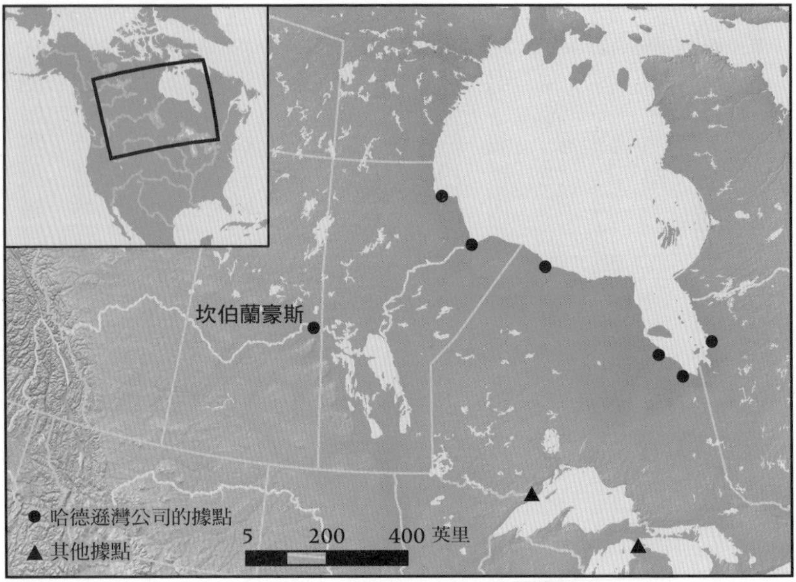

圖十八　坎伯蘭豪斯及其他貿易據點；圖上標示了州省界。

區，河狸早已被獵光，而舊世界少數倖存的河狸都很「分散，是淒絕、膽怯的生物」。美洲的河狸就不是這樣了。確實，在「自然的狀態」下（此指一七五八年布豐伯爵將一隻從加拿大送來的河狸做成標本後，所關進的「監獄」），這種動物總是「陰鬱哀傷」，沒什麼令人驚豔的。可是，他坦承，若是在美洲的自然棲地，河狸卻非常了不起、令人吃驚，「比所有動物還要優越」。[10]

他不是唯一一個欣賞這種動物的歐洲人。河狸勤奮的天性，很容易受到深具事業心的新世界殖民者所喜愛，因此衍生出許多歌頌之詞。為哈德遜灣公司服務多年的僕人安德魯・格雷厄姆（Andrew Graham），便讚美河狸警覺性高、力量強大、謹慎小心、勤勉刻苦。河狸的工程技術令人讚不絕口。牠們建造的水壩幾乎是堅不可摧，牠們的巢穴寬敞堅固，「優秀的工人也建不出來」。一七五〇年出版的一部著作《自然與藝術之妙》（*The Wonders of Nature and Art*），便講到遍及北美洲的河狸「迷你城市」充滿「睿智與美」。[11]

看似階級嚴謹、秩序井然的河狸社會（圖十九），令各種領導人和投資者感到共鳴，因為世世代代的殖民者提倡的自由理念與個人主義，常使他們惋惜不已。自古以來，歐洲的道德家習慣以蜜蜂做為勤奮和分工合作的象徵，但是現在，蜜蜂必須跟動物界另一個體型較大的成員共享這個舞台了。格雷厄姆注意到，辛勤的河狸「無時無刻都在忙碌，儲備冬天的糧食。」他甚至囑咐哈德遜灣公司的僕人要好好效法。就連作業安全也是格雷厄姆稱讚的一點。他說，有一隻河狸會負責保持警戒，在樹倒下之前警告其他河狸。他還讚許地說，在較大型的群落中，受奴役的河狸會被迫做那些辛苦的勞動。維吉尼亞紳士羅伯特・貝佛利（Robert Beverley）認為，河狸的「尋常組織型態」具有特殊的魅力，因為「有點類似君主制」。在這位奴隸主天馬行空的想像

圖十九　赫曼・莫爾（Herman Moll）在一七三一年所著的
《大不列顛國王領土的全新精準地圖》
（*A New and Exact Map of the Dominions of the King of Great Britain*）
裡的一幅插圖〈河狸辛勤造壩擋水圖〉。
類似這樣的滑稽圖像也出現在十八世紀的許多不同文本之中。
Library of Congress, gm 71005441.

裡，會有一位「主管」監督河狸的日常勞動，而在牠們辛辛苦苦扛木材到水壩或巢穴的途中，則有一位「總督」「莊重地」走在牠們身旁，誰扛不動就鞭打誰。[12]

十八世紀末期，哈德遜灣公司的一名員工厭倦地說，那些書寫河狸相關著作的博物學家，彷彿在進行一場「誰最會虛構」的比賽。[13]他特別指明《自然與藝術之妙》這本書，因為此書內容極為誇大。然而，他有所不知的是，這個文類當時剛萌芽，要一直到十九世紀末期才會達到顛峰。在當時出版的鉅著裡，賀拉斯・馬丁（Horace T. Martin）的《河狸學：加拿大河狸的歷史與傳統》（*Castorologia, or the History and Traditions of the Canadian Beaver*）是「一部詳盡的專題著作，寫得極佳。」馬丁解釋，美國河狸當時已經有另一本詳盡的相關著作，因此他才把焦點放在北方。《河狸學》的開頭是加拿大詩人喬治・馬丁（George Martin）所寫的〈河狸之王的問候〉（"Salutation from the King of Beavers"）：

泱泱大國抬舉吾民，
將之納入榮譽名冊。
旨在向全天下證明，

其宏偉之淵源為何。
那是吾民卓越天賦，
正直節廉恆常不絕。[14]

這個主題顯然需要更寬廣的視野，因為在一九一四年，一個名叫拉德克里夫・杜格摩爾（A. Radclyffe Dugmore）的博物學家，出版了《河狸的羅曼史：西半球河狸的歷史》（*The Romance of the Beaver: Being the History of the Beaver in the Western Hemisphere*）。此書的宗旨是：「為該領域貢獻一本無誇大言詞的著作」。身為博物學家兼冒險家的杜格摩爾，從一個河狸家庭的角度敘事。其中，一家之主是隨時小心警惕的「河狸爸爸」，牠總是掛念著自己的「妻子」（「河狸太太」）和三個孩子的安危。沒在工作時，這家人會坐下來「喝杯下午茶」，展開「熱切的」討論。杜格摩爾寫到，河狸的技術超越了人類以外的所有動物，而且他懷疑，「最低階」的人類可能也沒有這麼了不起。[15]

馬丁和杜格摩爾寫書向河狸致敬時，北美洲的河狸數量正值低谷。就像美洲白人悼念印地安人逐漸消失一般，他們也趁河狸銳減之時，稱頌他們親手毀滅的這個物種。杜格摩爾寫到，這些河狸「溫和的眼裡充滿可悲的懇求，牠們把小手舉高過頭，彷彿這樣就能阻擋斧頭或棍棒致命的一擊。」[16]

不管他們多麼欣賞河狸的成就，歐洲人更欣賞牠們的毛皮。在歐洲人出現之前，北美洲估計有六千萬到四億隻的河狸在勤奮地建水壩、造巢穴，但是到了一九〇〇年，牠們幾乎滅絕了。[17] 數世紀以來，將這些半水生的動物變成一頂頂帽子的罪魁禍首之一，就是加拿大委員會。

假如說，在北美大陸的東岸，若華盛頓在聖誕節當晚跨越德拉瓦河、擊潰特倫頓的黑森傭兵時，頭上有戴帽子，那肯定是河狸製成的，更別說華盛頓在一七七三年購買的一頂河狸帽，被形容為「大尺寸上等男性河狸帽。」在十八世紀，每一位有尊嚴的英國紳士都非要有一頂河狸帽不可。不過，不是只有英國人熱愛這種頭飾。西班牙、葡萄牙、西印度、東印度和非洲的男人也都會戴這些帽子。一七七五年，英國出口超過十萬頂的河狸帽（一七六〇年更高達五十萬頂），以及八萬張河狸皮和六百公斤的河狸毛。美洲河狸在經過捕、剝、剃、壓、滾、切、燒、煮、拋等步驟後，以帽子的形式周遊世界各地。[18]

河狸帽是在十七世紀逐漸普及的。十七世紀初，這種帽子還屬於奢侈品，只有立志成為「河狸俠士」的朝臣會戴。漸漸地，河狸變成帽子的代名詞，並帶有高貴的含意。一六〇三年，詹姆斯一世（James I）登基成為英格蘭國王時，便訂購了二十頂河狸帽。[19]在〈傑奇長成紳士〉（"Jockie is growne a gentleman"）這首廣受歡迎的民謠中，詹姆斯以及他虛榮做作的蘇格蘭貴族同胞成為被諷刺的對象。仇外的英格蘭人嘲笑傑奇，因為他丟掉他的藍色蘇格蘭呢帽，「改戴河狸帽和羽飾／哇哈哈」。[20]

詹姆斯一世所戴的帽子，帽頂較高、帽沿較寬。但在詹姆斯一世的兒子遭斬首後，這種炫富的頭飾卻被嚴謹的圓錐形帽子所取代，並逐漸由清教徒發揚光大。查理二世（Charles II）復辟後，在身為紈褲子弟的倫敦騎士之間，則開始流行法國宮廷常見的那種飾有羽毛的寬扁帽。一六六三年，偉大的日記作家塞繆爾・皮普斯（Samuel Pepys），記錄自己買了一頂「新的河狸帽，非常高貴」。他會戴著它上教堂，身上穿著他「最好的黑色西裝，以紅色緞帶飾邊，非常好看」、一件「絲絨條紋的斗篷」，還有黑色的絲織緊身褲。[21]女性偶爾也會戴河狸帽，但是她們更常選擇以稻草、絲綢、亞麻或羊毛製成的帽子。

到了十八世紀，受到軍事頭飾的啟發，樣式浮誇的寬扁帽由大眾化的上翹帽所取代。在革命戰爭時期，三角的上翹帽成為主流，不過有些美國激進份子比較喜歡圓帽，象徵純樸的鄉村生活。注重形象的班傑明．富蘭克林戴的就是圓帽。但，這位公關大師在一七七七年抵達法國後，為了繪製第一幅肖像畫所戴的帽子，卻是更質樸的毛帽（當然又是河狸毛），在巴黎引起不小的轟動。[22]

•
•
•

一七七四年坎伯蘭豪斯建立之初，就遭遇嚴苛的考驗，而在北美大陸東岸，令人無法忍受的魁北克法案等議會法案也在同年制定，促使聖羅倫斯谷以南的英屬殖民地差點被逼到發動叛變。回到西岸，這個地區的原住民族根本就不需要依賴哈德遜灣公司，這使他們的員工感到十分無力。一七七四年夏天，被派遣到內陸建立此據點的塞繆爾．赫恩（Samuel Hearne）便寫道：「我不得不說，看見這麼多印地安人和他們的家人穿戴裝飾美麗的加拿大產品，擁有一切必需用品，看來絲毫不缺任何東西，使我大感不安。」[23]赫恩認為，他們之所以這樣漠視哈德遜灣公司，是因為蒙特婁附近有其他商人存在。但是其實，薩斯喀徹溫的原住民族並不需要依賴任何歐洲商人，無論是加拿大人或哈德遜灣公司的員工。

在十八世紀中葉，安大略邊界以西的廣大地域中，每年固定會跟哈德遜灣公司貿易的印地安人只有五百到八百名左右。雖然這些人當中有一些屬於掮客，會將歐洲商品送到更內陸的地區，跟黑腳人（the Blackfeet）或其他民族進行交易，但貿易的總量相對來說還是少的。舉例來說，一名克里商人每年平均只有購買二點七公斤的火藥和九公斤的子彈，這數量並不足以使他撐過冬季，更遑論是否能夠供應他人。在哈德遜灣公司的服務範圍中，即便是負責服務哈德遜灣到洛磯山脈這塊龐大土地的約克堡，每年平均只有賣出一百六十五把槍，跟當地的數萬人口相比並不成比例。由於槍鎖經常壞掉、槍管在加拿大零下的冬季也時常出錯，這類武器只有一小部分會成功賣給首購買家。即使哈德遜灣公司的僕人所言無誤，印地安人的確「渴望槍枝、刀械、斧頭等」，但顯然沒有這些東西他們也能活得很好。[24]

自認當地居民很依賴他們的歐洲人，現在處於尷尬的情勢之中。在大陸東岸，十三州宣告脫離英國獨立的一週後，約克堡的貿易長不甘願地坦承，其實是他自己依賴印地安人：印地安人「知道……不，他們還直接說了，我們沒有他們不行，且因為印地安人既沒有榮譽感也不慷慨大方，所以他們總是提出不合理的要求。」[25]

哈德遜灣公司的「總長」（負責統領各堡壘的高層長官這樣自稱）之所以會依賴

那些跟他們貿易的印地安酋長，有很多因素。最首要的原因是當地的冬季氣候。凜冽的天氣常常凍死來自英國的旅居者，並使倖存者大為震懾。在舒適的倫敦皇家學會會議室裡，加拿大的冬季是常探討的主題，令科學家感到驚奇與納悶。例如，在一七四二年，紳士們參加了一場學術性演講討論「寒冷的效應」。不久前剛從哈德遜灣嚴寒的冬天回來、在過程中失去數名船員的哈德遜灣公司與皇家海軍的船長克里斯多福．米德爾頓（Christopher Middleton），向眾人報告：「空氣中充滿難以計數的冰粒，個個都非常尖銳、有稜有角，肉眼可清楚看見。瓶裝的濃烈啤酒、白蘭地、滷水、烈酒若放在戶外三、四個小時，就會凍成堅硬的冰塊。」一大早，僕人的臥室會裹上一層霜，必須用斧頭才可以順利清除。[26]

約克堡的總長證實，那裡的確「冷得嚇人」。在北方的邱吉爾（Churchill），「空氣純淨」再加上飲食健康，讓一些人覺得自己是住在全世界最健康的地方。一七七七年冬天，邱吉爾的總長寫道：「有些人認為我們完全沒有變老」，但他也坦承，「我們可能錯了。」是的，他錯了。幾個月後，他的鼻孔後方出現「可怕的潰瘍」，他「吐得」連胃也要一併吐出來。他坦言，這些症狀「非常嚇人」。[27]

更常見的狀況是，酷寒會直接把人凍傷，甚至凍死。儘管穿了三雙襪、一雙鹿皮軟鞋、三雙長襪、三件夾克、一件毛大衣、一頂大號雙層河狸毛帽、手套、及肘的厚手套，工人回到哈德遜灣公司的堡壘時還是經常凍傷。替哈德遜灣公司工作超過二十五年、差點因凍傷失去雙腳的安德魯．格雷厄姆寫道：「臉部、鼻尖、下巴底部、指尖和耳朵凍傷，對我們來說稀鬆平常。」常見的治療方式是「打開」，也就是切開「凍到骨子裡」的腳趾。這個做法讓坎伯蘭豪斯的羅伯特．隆穆爾（Robert Longmoor）有一個半月無法行動。同樣會使哈德遜灣公司的僕人無法工作的雪盲，則完全沒有治療的方法。[28]

有一名商人在橫跨薩斯喀徹溫東部的一條河流時，踏破冰塊掉入河中，弄掉了槍枝、毛毯、鞋子和糧食。他用僅存的大衣裹住自己的腳，並吃掉三雙老舊的馬皮鞋以維生。四天後，他抵達坎伯蘭豪斯，因為天氣異常溫和而僥倖存活。還有另一人離開坎伯蘭豪斯前往大草原，遭到極度的冰寒襲擊。有天早上，他和兩名同伴蓋同一張毛皮睡覺，醒來後發現自己身上覆蓋了三十公分的雪。火堆已經熄滅，但他們設法找到了柴火，歷經重重困難成功再次生火。在接下來的旅程中，他們僅靠開水和一丁點巧克力過活。他們後來撞見一具野狼棄下的麋鹿屍骨，成功免於餓死的命運。[29]

在一七七五到一七七六年之間的那個冬天，約克堡最低溫降到零下四十九度。時值五月，在北美大陸東岸，革命時期的波士頓正從春天轉為夏天之際，而在大陸西岸，有七名印地安婦女在前往位於邱吉爾的威爾斯親王堡途中被凍死，剩下二十人抵達堡壘時，四肢幾乎完全被凍住。同年六月，位於詹姆斯灣的奧巴尼堡（Albany Fort）仍積雪六十公分。一名總長表示：「看見一個人被凍得跟岩塊一樣，是件極為令人震驚恐懼的事。」30

漫長艱難的冬季，意味著哈德遜灣公司的僕人無法餵飽自己。令他們氣餒的是，他們必須仰賴印地安人維生。哈德遜灣的堡壘不像內陸的堡壘那般脆弱，因為沿岸駐守的工人較多，堡壘也可以彼此互相照應。但是即便如此，若是沒有印地安人獵捕鴨鵝，總長們也會不知所措。奧巴尼堡的總長承認，當印地安人離開當地，前往他處度過夏秋兩季後，「我不知道該如何獲取下個冬天的存糧」。31

在內陸，沒有印地安人協助，情勢更是緊迫。坎伯蘭豪斯成立不久後便縮減配給，但即便總長塞繆爾．赫恩不太擔心，他的手下卻非常肯定「饑荒一定會來」。同年冬天，在北方一百六十公里的地方，有個獨立商人靠吃麋鹿皮才存活下來。他有一個或兩個同伴餓死了，另外一位同伴則吃了死去同伴的屍體，因此被一名印地安人射死。或許是這樣的災難讓赫恩相信，他每年冬天必須把下屬分散開來，出去跟印地安人住在一起，以餵養自己。後來，這樣的做法成為常態。縱使如此，他們仍抱怨「自己有時候幾乎就快要餓死」。[32]

這些飢腸轆轆的商人，擁有寶貴卻不能食用的商品，給了克里人和阿西尼波因人一個大好的機會。印地安人會派間諜去評估坎伯蘭豪斯的存糧狀況。一位總長說：「如果他們發現你糧食匱乏，就會提出誇張的要求。」因此他建議後繼者，永遠都要裝出糧食充足的樣子，即使這是一個謊言。坎伯蘭豪斯還得應付競爭對手。他們的競爭對手在一七七六年秋天設想了一個策略，試圖藉由付出極高的價錢來壟斷糧食市場，藉此摧毀該據點。那年冬天，哈德遜灣公司的僕人被迫靠吃魚維生。數年後，克里人和阿西尼波因人又想了另一個法子來剝削內陸據點。據說，他們放火燒了周圍的草原，讓獵物短缺，並從中獲利。[33]

同樣令哈德遜灣公司的員工感到頭痛的是，他們在內陸交通方面「極依賴」印地安人。倘若印地安人不願陪同，這些僕人就無法前進；倘若他們想停下來打獵，僕人就只能跟著浪費時間；倘若他們決意前往不同的目的地，僕人只得跟著去。克里人把皮草從坎伯蘭豪斯運送到約克堡途中，有時候會將每一捆再分成小捆，藉此增加薪資，因為他們是按件計酬的。當他們帶著貨物回到坎伯蘭豪斯，他們會在途中偷拿一些物品。印地安人會在出發和返抵時各要一次酬勞，並否認自己先前就已經拿到錢。除此之外，他們還堅持索取大量禮物。約克堡的總長抗議道：「我覺得這實在太過分，可是卻又不得不從，否則一切都會毀了。」他建議，拿出「男子氣概的果決再加上一點高傲的態度」，可以減緩印地安人對他們的欺壓，但是這個效果有待商榷的建言，並未解決問題的根源：哈德遜灣公司召募的員工來自奧克尼群島（Orkney），而奧克尼群島的人都不會划獨木舟。此外，根據坎伯蘭豪斯的第一任總長塞繆爾・赫恩所說，他們也完全沒有想學的意願。[34]

馬修・柯京（Matthew Cocking）的旅程，很好地描繪了哈德遜灣公司在原住民族的領域失利的情況。一七七四年七月，柯京及另外兩名哈德遜灣公司的僕人離開了約克堡。他們帶了五艘由克里人操縱的獨木舟，上面滿載著建造坎伯蘭豪斯所需的物品。克里人在啟程後不久馬上就開始抱怨貨物太重，而三名哈德遜灣公司的員工又沒辦法幫上任何忙。兩日後，在克里人「不間斷地要求」之下，他們終於說服柯京拋下其中一名員工。在接下來數週，他們仍不停發牢騷，本不該背負任何物品的柯京，「不得不掩飾自己的真實感受」，忍著不告訴他們，他們只是懶惰而已。他只能對自己抱怨：「是他們選擇負荷這些貨物的。」啟程一個月後，他似乎變得意志消沉：

「一想到我們的性命大多掌握在惡人手中，我們的局面又讓我們無法埋怨可能受到的傷害，就令我及其不安。」無能為力的感受，連同克里人逼他在陸上運輸過程中背負的行囊，持續壓在他的肩頭。除了叫他背自己的東西，克里人還強迫柯京背一些他們的東西。他悲慘地寫道：「我們真的變成這些人的可憐奴隸。」[35]

接著，在八月初，克里人拒絕繼續前進。柯京寫道：「我不得不答應」，以免他和他的同伴被拋下，「因為若沒有當地人提供糧食給我們，我們很快就會餓死，尤其是在冬天」。他在一封寫給赫恩的信件裡寫道：「要是印地安人不願意協助我們，我該怎麼做？」印地安人沒有幫忙寄出這封信。到了十月中，也就是他預定跟赫恩碰面、一起建立坎伯蘭豪斯的兩個月後，柯京和他的嚮導來到溫尼伯戈西斯湖（Lake Winnipegosis）西邊的草木地帶，跟他預定的目的地相隔數百公里。他跟克里人一起在阿西尼波因河的上游過了冬。最後，在一七七五年六月底、離開約克堡將近一年後，他又回到起始點，從未抵達坎伯蘭豪斯。他說：「我發現，只要印地安人知道我們沒有他們的幫助就難以生存，他們的要求就永無止盡。」「商人永遠只能遷就他們的想法。」[36]

柯京的悲慘遭遇特別漫長，卻絕不是特例。護送哈德遜灣公司的僕人前往或離開坎伯蘭豪斯的印地安人，幾乎每次都會剝削他們。赫恩抱怨，克里人為了滿足自己「私下的酗酒習慣」，曾有條不紊地從他的小酒桶中吸走一百加侖的白蘭地，再用水補滿。柯京二度前往坎伯蘭豪斯的旅程比較成功，但是在途中，當護送他的印地安人拒絕前進時，他仍被迫打開酒桶，並將槍枝送給他們，雖然他後來有把武器拿回來。在其它例子中，喬瑟夫．韓森（Joseph Hanson）曾在夜裡被嚮導「偷偷」拋下。不過，他比羅伯特．弗拉特（Robert Flatt）幸運，羅伯特．弗拉特被他的嚮導劫掠、被兩名克里人婦女毆打，然後被丟下「自生自滅」。[37]

約克堡的總長漢弗萊．馬騰（Humphrey Marten）以弗拉特的遭遇為由，認為哈德遜灣公司的僕人應該一起集體行動。他寫道：「我們因為不夠強大，不得不乖乖忍受屈辱，忍受惡人，而無法懲戒他們。」可是，搶了弗拉特的印地安人抵達約克堡進行貿易時，馬騰憤慨的決心卻動搖了。馬騰決定不再顧慮這麼多，「和善地利用印地安人」，因為「印地安人在他的國家很有影響力」。這次顏面盡失的經歷，使得馬騰將自己阿諛奉承的態度描繪成是嚴厲的指責，試圖挽救尊嚴。這名印地安人隔年帶著「一包上好的皮草」回來時，欣喜的馬騰大言不慚地說：「這完全顯示了，偶爾來點硬的，是讓當地人謙卑並願意服侍的必要手段。」[38]

•
•
•

若是只看哈德遜灣公司位於泰晤士河附近的雄偉總部，是「一棟非常華美的磚造建築，飾有壁柱和橫樑等」，哈德遜灣公司看起來是個令人生畏的英國企業。它是少數幾家持有皇家特許狀的公司，由英國投資者提供資本，雇用的也是英國籍員工。然而，若是看看北美大陸的薩斯喀徹溫，哈德遜灣公司看起來反而比較像是當地事業。克里人、阿西尼波因人等民族會獵捕（至少有段時間）數量似乎無限增長的河狸，再將皮草賣給備受欺凌的哈德遜灣公司僕人，這些公司僕人拋家棄子、離鄉背井來到此地，彷彿就只為了滿足美洲原住民族的需求。諷刺的是，由於柔軟的皮草比較容易加工製成毛氈，歐洲人常常比較偏好穿了很久、被好幾個月的汗水浸軟的毛皮，但這些油膩膩、平凡無奇的皮草，卻能為當地人換來許多在歐洲耗費大量成本製造、跨洋過海運到美洲的奢侈品和先進器具。十七世紀有一位印地安人開心地說：「這些英國人真奇怪，願意給我們二十把這樣的刀來換一張河狸皮。」很明顯就能看出誰在這場交易中占了便宜。從英國人的角度來看，哈德遜灣公司徽章上的那四隻河狸徹底彰顯了公司的目的，而從印地安人的角度來看，這個徽章畫的如果是白蘭地酒桶和巴西菸草也沒有錯。[39]

加拿大這一邊的商業活動於冬季展開，地點深入薩斯喀徹溫和亞伯達草原（Alberta grassland）的核心，甚至到更北的北方針葉林邊緣。印地安商人很多是來自克里人和阿西尼波因人的家庭，他們會從黑腳人、阿薩巴斯卡人（the Athapaskan）和因紐特人那裡購買麋鹿、狼、貂和河狸的皮草。跟倫敦商業交易一樣，他們有時候會靠信用賒帳。春初，當野雁和天鵝成群飛過頭頂、遷徙到北方的繁衍地點時，印地安商人會開始聚集在某些河川的岸邊。其中一名目擊者寫道：「每天晚上都有盛宴，在盛宴上他們抽菸、跳舞、唱歌。」年輕男子負責狩獵，年輕女子負責宰殺、曬乾獵物，而老年人則開始建造獨木舟。獨木舟的架構完成後，他們會開始收集樺木皮做包層。接近四月底，河冰開始融解之時，印地安家庭就會將皮草包成一捆捆，踏上前往哈德遜灣的漫長旅途。[40]

他們成群結隊、一起行動的獨木舟可能多達七十艘。途中，他們必須抵禦蚊蟲和飢餓。這裡的蚊子多到一次可以打死一大把，若不好好注意，頭還可能被叮得跟「酒桶」一樣腫大。有一個同行的哈德遜灣公司員工認為，這裡的蚊子「比寒冷的天氣更可怕」。印地安人或許也這麼想，有個克里人傳說提到，一名男子因為沒有善待蚊子，整個人遭到吞噬。餓肚子也是旅程中常有的事，因為在北方平原很難狩獵。在路上，當獵物稀少時，印地安人會吃自己的狗維生。[41]

冰塊融解後，河川上會充斥著旅人。他們會停下來跟不想繼續往下游走的人交易，當場購買對方的皮草，或者先拿皮草，之後依照對方囑咐替他們取得特定商品。這些交易帶來的收益可以十分龐大。回程，這些印地安商人會用五十河狸幣的價格賣出一把槍、六到九河狸幣賣出一把斧、二十河狸幣賣出一個鍋子，跟他們在約克堡買進這些商品的價格相比，漲了百分之一百五十到八百。[42]

上路數週後，他們首度接觸到的歐洲人，主要是那些沿著主要貿易路線紮營的小販。印地安商人會用以物易物或信用賒帳的方式獲得酒類、鍋子、毯子等商品，又或是讓小販用商品償還前一年積欠他們的債務。從許多方面來看，這些小販都對當地原住民族很有利。酋長「迫使」他們贈送酒或其他物品，有人顯然還強行取得小販不願意給他們的東西。就連經驗老道的小販也得供應寶貴的禮物給「棘手」的印地安人，包括皮草。一七七三年春天，馬修．柯京的嚮導向他誇耀，印地安人在光天化日之下從一個名叫布魯斯（Bruce）的小販那裡竊取了數樣物品。這次偷盜行為「因為恐懼而被默許」。布魯斯坦承，「由於他們已經拿到那些東西，他只得接受自己的損失。」就連非常成功的商人也多次必須「克制自己的不滿」。[43]

把最好的皮草賣給小販後，印地安商人繼續前進。他們可能有在坎伯蘭豪斯停留，受到鼓勵前往約克堡。接近海灣時，地面從岩床漸漸轉為多沼的低地，急流和瀑布迫使他們背著獨木舟前進，或是冒險航行在危險的水流之中。一七七五年，安東尼・亨戴（Anthony Henday）與數十名商人同行時，他們「划過瀑布、穿梭在石塊之間」，過程中折損數艘獨木舟。隔天，他們拖著剩下的獨木舟和貨物繞過六個瀑布。[44]

最後，出發兩個月後，印地安商人終於抵達約克堡，受到砲聲和總長的歡迎。哈德遜灣公司會讓地位最重要的印地安人，穿著藍色或紅色並飾以花邊的西裝、一件上衣、一雙長襪和一雙鞋，然後再戴上一頂飾有七彩羽毛和絲質手帕的河狸皮帽子。這些領頭的印地安人有麵包和洋李可吃、白蘭地可喝、菸草可抽，全都由總長請客。接著，會由持戟者和掌旗者跟著鼓手的節奏踏步前進，護送隊長到帳篷中。等待儀式完成、度量衡檢查完畢後，貿易室正式開啟。[45]

印地安商人小心翼翼地挑選商品，購買小販那裡買不到的東西。他們特別想要巴西菸草，也就是哈德遜灣公司最吸引人的商品。十八世紀中葉擔任約克和邱吉爾總長的詹姆斯．伊沙姆（James Isham），曾記下一段印地安人和哈德遜灣公司的代理商之間的假想對話。印地安人說：「這菸草有個不好的味道，我不要買。」代理商答道：「我再開另一個。」之後，一個印地安人說：「你的菸草不好，太乾了。」一名哈德遜灣公司的僕人寫到：印地安商人「交易時很高明、不好應付，令我看了好生佩服。」[46]

在這規模龐大、觸及範圍極廣的原住民族商業活動之中，坎伯蘭豪斯雖然可以提供印地安商人地利性，但是當個別歐洲小販划著獨木舟途經此據點、載著數桶酒續往上游前進之時，這項優勢便消失了。赫恩寫到，就連陪同他從約克堡抵達坎伯蘭湖建立新貿易據點的嚮導，都大受蘭姆酒香的誘惑，乃至於小販還在遠處時，他就積極跟了上去。赫恩得知，小販的商品雖然翻漲許多倍，但白蘭地和蘭姆酒仍誘使印地安人與他們交易。[47]

有這麼大的利益可得，印地安商人肯定不覺得有必要省錢或節儉，畢竟皮草似乎永遠取之不盡。因此，哈德遜灣公司的僕人雖然曾暗示這些小販是在占愛喝酒的印地安人的便宜，但印地安人其實只是單純在購買自己想要的商品，而且誠如赫恩所言，他們「在自己家門口」就買得到。順帶一提，哈德遜灣公司的僕人其實也很貪酒。[48]

用哈德遜灣公司制定的貨幣單位來估算，坎伯蘭豪斯在營運的前兩年總共購得約四千五百枚「河狸幣」。[49]隨著時間來到剛進入第三年營運，也就是一七七六年秋天的時候，他們得知殖民地「跟大不列顛處於公開敵對狀態」。坎伯蘭豪斯的總長收到指示，要「嚴密監視」，讓此據點「牢牢站穩腳步」。然而，曾在一七七九年率領一群美國民兵在阿帕拉契山以西對抗英國人的「西北征服者」喬治・克拉克（George Rogers Clark），他所掌控的地區，距離坎伯蘭豪斯約兩千四百公里之遙，故坎伯蘭豪斯真正的威脅，其實是來自在薩斯喀徹溫河沿岸攔截貿易活動的小販。總長怨道：「那些小販很早就行動了，使我只得派我的人自行出發。」[50]

那年冬天，哈德遜灣公司的僕人深入內陸多地，共帶回將近一千張河狸皮，讓坎伯蘭豪斯第三年的總貿易額突破六千河狸幣。然而，這只占了哈德遜灣公司出口量的一小部分，若跟從北美洲出口的河狸皮草總量（十萬張左右）相比，這個數字所占的比例更小。不過，在這場跨越大陸角逐河狸貿易的競賽中，坎伯蘭豪斯依然是哈德遜灣公司所踏出的第一步。小販持續往薩斯喀徹溫河的上游挺進，不出幾年，坎伯蘭豪斯也將在往內陸七百二十五公里處建立一個自己的據點。[51]

河狸貿易以驚人又影響深遠的方式改造了整座大陸。生態學家稱河狸為一種生態系工程師或地形營力，因為牠們會創造、破壞、改變棲息地。一名生態學家表示，一直到相對近代以前（約一萬年前），河狸造成的「地表改變」比人類還多。的確，河狸的活動甚至有辦法抬升整個谷地。[52]

河狸會築壩使周遭環境淹水。這些水壩是由赤楊、白楊、灌木、落葉、泥巴、石頭和其他碎物建成，有的水壩很大，通常可長七十公尺、厚一點八公尺。一個位於蒙大拿的河狸水壩便長達七百公尺，十分驚人。還有一個水壩高達五公尺。在環境適宜的地方，每一點六公里的河段就可能興築多達三十個水壩，而且可能有百分之四十的河流都受到這些阻攔物所改造。[53]

築水壩最直接的影響是，使得湍急的河段出現小瀑布以及間歇出現的池塘。在較平坦的地區，水壩會創造氾濫平原濕地或多線水道。當河狸群落凋亡或遷移數十年後，水壩會崩塌，富含沉積物的池塘在水流光後，便成為肥沃的草地。一個水壩可以淹沒一百公頃的土地，滯留多達六百五十萬公升的沉積物，以現今視角看，約為兩點五個奧運泳池的容積。整個流域內的水壩總共可以攔截比這個數字多出五百倍的沉積物。[54]

明尼蘇達州北部的卡伯托格馬半島（Kabetogama Peninsula），讓生態學家有機會觀察到這些動物是如何改造大地的。河狸在一九二〇年代重新於此地開始繁衍棲息。六十年後，牠們已經成功改造三百平方公里大的土地，半島上百分之十三的土地變成池塘和草地，水生棲地的面積增加四百倍以上，是非常驚人的地理工程壯舉。在濕地保存這方面，牠們扮演的角色比氣溫和降雨量的變動起伏更重要，即使大旱來襲也不會受到影響。[55]

水壩雖然可能過數百年才會崩塌，但是原住民族和他們的殖民貿易夥伴把河狸捕殺殆盡，對北美洲的森林和河流造成至今仍無法充分了解的影響。有一項研究探討了阿第倫達克山脈（Adirondack Mountains）的河狸對環境造成的影響，發現河狸讓草本植物的物種數量增加三分之一以上。牠們對木本植物的影響也很大，一隻河狸每年會吃穿掉近兩百二十棵樹木，在距離其所居住的池塘一百公尺內，河狸群落每年可砍掉超過一噸的木材。河狸摧毀落葉木、留下灌木林，進而改變光線照射到水道的多寡、回歸到土壤中的枯枝落葉品質，以及流入河川的地下水營養物組成成分的好壞。牠們還間接消滅了雲杉和冷杉，因為這些松柏類的樹木生存所需的一種真菌，在泡水的土壤中無法存活。就算池水流光、池塘乾涸，雲杉和冷杉也不會再出現，因為負責散播真菌的紅背田鼠，不喜歡河狸創造的草地。[56]

黑蠅也不喜歡河狸創造的草地，因為牠們偏好水流快速、氧氣充足的水域。在北美洲，黑蠅會傳播病原體給鳥禽和哺乳類動物，尤其是有蹄動物的大敵。在薩斯喀徹溫和亞伯達，黑蠅的數量極多，不僅折磨牛隻，還會減少牛的體重和產乳量，嚴重的話更會死於脫水。人類被攻擊可能會得到黑蠅熱，症狀包括頭痛、發燒、噁心及淋巴腺疼痛腫脹。據說，在一七四〇年代，哈德遜灣四周的黑蠅多到「人會看不清楚」，「很有可能窒息」，而這或許跟印地安人成功藉由陷阱捕抓河狸有關。旅人只有站在營火的煙霧之中，才能遠離惱人的黑蠅。[57]

河狸改變地貌的程度如此之大、影響的物種如此之多，要了解牠們瀕臨絕種所會帶來的後果是不可能的。健康的河狸群落會創造一個同時擁有完好、正在被毀及倒塌水壩的地貌，環境中會充滿池塘，孕育出大量且多樣的魚類；河狸的活動會在水中留下新鮮的赤楊樹葉，是水棲無脊椎動物的重要食物來源；白楊因為被啃倒造壩，使得附近的美國白松容易遭受白松象鼻蟲攻擊；某些小蠹蟲會在河狸水壩周圍的腐木之中興盛繁衍；青蛙和蟾蜍跟蠑螈的下場不同，在河狸的池塘裡能夠快速倍增；無數鳥類都會在河狸池塘中逐步腐敗的樹木上築巢；河狸的水壩和巢穴也為水獺帶來不少好處，而美國近年來水獺數量的增加，可能就是河狸重新茁壯起來的結果；各種鹿科動物都愛吃白楊和樺木的嫩芽，而這些在河狸活躍的地區很常見。在十八世紀加拿大的北方針葉林，河狸幾近滅絕所導致的大小後果，如骨牌倒下般一發不可收拾。[58]

印地安人對酒精、菸草、織品和槍枝的渴望，以及全世界對河狸帽的熱愛，是讓骨牌開始倒下的原因。一七六五到一八〇〇年間，大約有六百萬張河狸皮草從北美洲出口。不久後，印地安獵人開始使用以河狸香做為誘餌的陷阱。河狸香是從河狸的生殖腺體提取的一種香氣，是一種藉由氣味刺激的油性物質。採取這種「絕不出錯」的方法，使印地安和白人獵人繼續往北、往西推進，把整座大陸的河狸一掃而空。在十九世紀中葉、河狸數量出現歷史新低的時期，哈德遜灣公司的一名員工憶道：河狸「是這個國家的金幣」。一八四〇年代，絲織帽開始流行，方使河狸不至於滅絕。[59]

•

•

•

加拿大委員會在紐約咖啡館開始駐紮不久，英格蘭銀行開始擴建位於倫敦針線街的總部，依據帕拉第奧風格設計兩個新的旁側建築。最開始的建物是建於一七三〇年代初，此時因長期資助英國政府頻繁的戰事，已無法容納龐大的業務量。七年戰爭讓銀行家格外忙碌，政府為了應付打仗所需花費的鉅額成本，每一百元就有三十七元是跟銀行借的，其貸款金額之大為英國史上第一。英格蘭銀行的轉帳室，幾乎每天都湧入大批股票經紀人要買賣政府的流通券，而每一筆交易都是由銀行處理。當然，這都是要手續費的。[60]

戰爭期間，利率始終不高，顯示投資者仍然相信英國政府能夠履行自己的義務，但是愈來愈多的公債使財政部負荷沉重。緊急貸款每年都得下來，而災難似乎永遠埋伏在前——至少，對於負責籌措資金的第一財政大臣新堡公爵（Duke of Newcastle）來說是如此。一七五九年，當英國在魁北克取得重大勝利的幾個月前，他曾經苦惱地說：「這場災難的真正原因是，我們的花費遠遠超過自己的能力所及，人們也看不見災禍的盡頭。」財政部延遲繳納較不重要的貸款，揚言要推行無擔保的法案，甚至考慮壟斷市場，全都是為了讓統治這座城市的「富人」做出行動。[61]

新堡公爵擔心貸款拖欠，使得一七六〇年代初擔任英軍在北美的總司令一職的傑佛瑞・阿默斯特（Jeffrey Amherst）有兩項劣勢。第一，他處於縮減開支的壓力之下，還得同時掌控好現在由他所指揮的廣大新領土；第二，他擁有「尚可令人接受」的自大與虛榮。[62]他厭惡美洲人，不管是印地安人或白人。

阿默斯特必須面對節省開銷的必要性，他對印地安人的輕蔑成為他實施計畫的主因。他在一七五九年寫到某件事時表示：「為了替政府和軍需省下不必要的開支，我擺脫了印地安人。」他的印地安人盟友「是前所未見地懶惰、一無是處」。此外，他也削減贈予印地安人的禮物，如果不這樣，將會「沒完沒了」。這項省錢招數，和數百年來在北美洲實行的外交手段背道而馳。除此之外，他也實施一項聰明但有缺陷的邊疆駐防公費縮減計畫，鼓勵殖民者在西部堡壘周圍的土地上蓋農場。一個長期關注印地安事務的人寫道：「這對曾是我們盟友，且我們不曾征服他們任何土地的那些印地安人來說，是很大的打擊。」[63]

阿默斯特的下屬跟他一樣討厭當地族群。他們認為，印地安人「反覆無常、三心二意」，是「野狗」、「雜種」，簡單來說就是「非人類的惡棍」。一七五九年法軍撤退後，皮特堡的指揮官休・梅瑟（Hugh Mercer）用對待法國人的方式對待印地安人。他開心地說：「我們現在可以用適當的方式跟我們的新盟友說話了，因為他們的服務毫無必要。」[64]

一七六三年五月，當德拉瓦人和明哥人在皮特堡的鋸木廠殺死兩名士兵、割下他們的頭皮，並在現場留下一把印地安戰斧時，梅瑟已經不是那裡的指揮官。他的繼任者寫道：「我認為這是在宣戰。」五大湖區南邊的三座英國堡壘，已經落入該地區的印地安人手中，在接下來數週的時間內，還有六座堡壘也會跟著淪陷。阿默斯特有在日記裡記下這些事件。起初他並不以為意，但後來漸漸對印地安人的背信忘義，和下屬對自己的「愚昧信心」深感厭惡。[65]

阿默斯特從未到過紐約州奧斯威戈（Oswego，安大略湖東緣）以西的地方，因此他在位於曼哈頓南端的總部時，自然難以理解俄亥俄州所發生的種種事件。印地安人並不覺得成為喬治三世的臣民是值得感恩的特權，似乎還因專橫的英國人來到自己的領土而感到非常憤怒。渥太華人、塞尼卡人（the Seneca）、德拉瓦人、邁阿密人、奧吉布瓦人（the Ojibwa）、秀尼人和密西沙加人（the Mississauga）有了共同的敵人，聯手起來把這些初來乍到的殖民者逐出自己的家園。秀尼人埋怨，英國人「把我們當狗看」，表達了所有原住民族的心聲。德拉瓦人則表示，他們企圖「成為眾人之王，要把我們殺死。」阿默斯特想將印地安人的不滿怪在法國人頭上，但隨著匹茲堡和格林貝（Green Bay）之間的英國堡壘逐一遭到攻擊，他發現印地安人不滿的對象比他以為的「還要廣泛」。[66]

衝突愈演愈烈，阿默斯特卻因為對原住民族的憎惡而誤判了軍事策略。他寫到，他的對手「比較貼近野獸，而非人類」。他也強調，絕對不要「有任何俘虜」。一名軍官建議用狗獵殺這些「害蟲」，但是阿默斯特認為帶有天花的毯子應該更有效。他敦促道：「使用所有辦法根絕這可憎的種族。」[67]

然而，這位總司令的上級已經對他失去信心，因此他沒有機會見證衝突的結局。一七六三年他受邀返英，同年十一月登上前往倫敦的黃鼠狼號（Weasel），此後再也沒回到美洲。這場戰爭後來以能言善道的渥太華酋長龐帝克之名取作「龐帝克戰爭」（Pontiac's War）。戰爭一直到一七六五年秋天才悄悄畫上句點，且兩隊人馬雖然休戰，卻仍心有疙瘩。[68]龐帝克戰爭的影響將延續到一七七〇年代，觸及遠至黑山的西部地區。

6

大發現

黑山和拉科塔民族

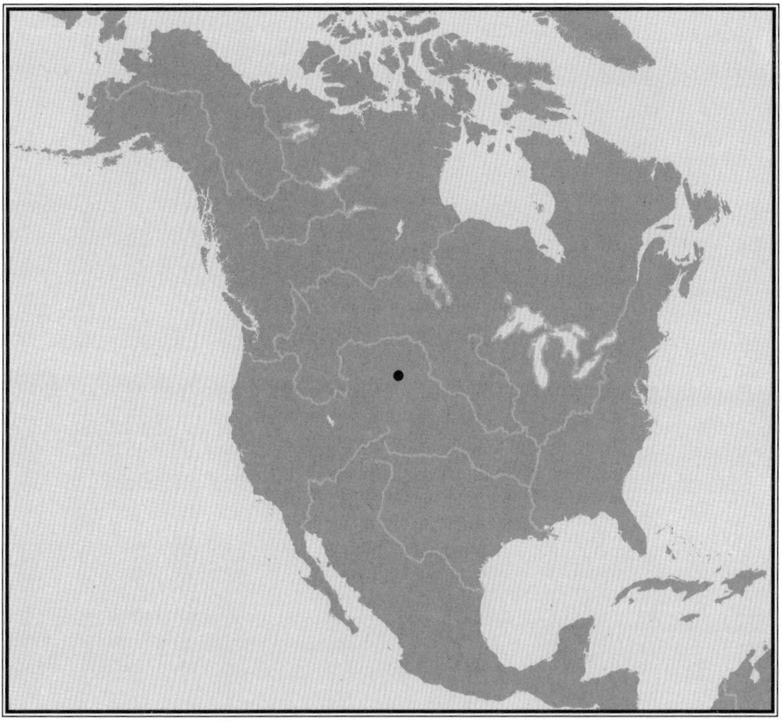

十八世紀時，拉科塔人（the Lakota，官方劃分的蘇族三大支最西邊的一支）從位於現今明尼蘇達州的家鄉往西出發，跨越坡度較緩的草地，抵達密蘇里河（Missouri River）上方的陡峭溪谷、高聳懸崖與尖利山脊。接著，他們橫跨此河，來到半乾旱的密蘇里高原。流水將黑山和洛磯山脈上的砂石、黏土和火山灰，沖刷到南面的平原，遭到侵蝕的地方形成乾燥的斷層崖和孤山，創造出不適合人居的環境，也就是南達科他州的「惡地」。拉科塔人續往西行，最後到達黑山。

黑山矗立在周遭的平原之上，由四個鮮明的地質區塊組成，各區形成一圈圈的同心圓，圍繞著最裡面的核心。最外圈的地勢從草地慢慢升到海拔一千兩百公尺的高度，無數川流切穿此地，創造出山口和長長的峽谷，是進入內圈的途徑。這裡有一個貼切的名稱「豬背嶺」（Hogback Ridge），當地型緩降到一座陡峭的斷層崖後，高度瞬間下降，便會來到一個寬數公里的草原凹地。這處凹地（或稱斷層槽）包圍著黑山，被稱作「紅谷」或是更有意境的「賽道」。「石灰岩高原」（Limestone Plateau）就位於紅谷中，大部分海拔都高達一千八百公尺以上，擁有無數個永久水泉。這裡的懸崖，比黑山最內圈的構造「中央盆地」高兩百五十公尺左右。中央盆地受到深刻侵蝕，由崎嶇的花崗岩山脈以及眾多的尖鋒、圓丘和露頭所組成。其中，黑麋鹿峰

（Harney Peak）歷經風吹日曬雨淋，至今仍是黑山最高聳的山峰，俯瞰周遭地區無窮無盡的景觀。[1]

黑山後來成為拉科塔人的聖山。他們說，黑山是地表上第一個被創造出來的地方，也是拉科塔人誕生之地。在一八七六年，美國政府掌控了黑山，不到十年前簽署的《拉勒米堡條約》（*Treaty of Fort Laramie*），以「方便對印地安人進行絕對徹底、不受干擾的利用與占領」為理由，分裂了這塊土地。簽署這項條約並完成土地轉讓的人，是拉科塔人的首領，年輕的戰士「美國駿馬」（American Horse）。這次轉讓使拉科塔人付出很大的代價，不只心靈出現重大損失，在黑山上的金礦被發現後，也造成他們經濟上的損失。美國駿馬辱罵國會：「唯一一個能讓我們在土裡撿到錢財的地方，卻被你們的人完全占據。」[2]

這起令人悲痛的事件發生一年後，美國駿馬親眼目睹一名士兵在瘋馬（Crazy Horse）背後捅了致命的一刀。瘋馬曾在一八七六年率領族人在小大角戰役（Battle of the Little Bighorn）中對抗美國軍官卡斯特*，但在臨死前卻活在美國軍隊的監控之下。他的父母用一條紅毯包裹兒子的屍首，接著把他帶到內布拉斯加西北部的謝里敦營（Camp Sheridan），葬在一座峭壁的小樹上。一八七九年美國駿馬跟威廉·柯爾布西爾（William Corbusier）一起坐在峭壁的遮蔭之中記錄拉科塔人的冬令載事，那棵埋葬瘋馬的樹周圍的木籬笆說不定還在。[3]

冬令載事是一種紀年方式，把每年一起特殊或難忘的事件畫在獸皮上（後來改用紙張），以資紀念。這個詞是從拉科塔語的「waniyetu wówapi」衍伸而來，指的是今年初雪到來年初雪之間的一年時間長度，同時也指「被標誌的事物」。拉科塔人也將冬令載事稱作「hekta yawapi」，意思是「數回去」，因為只要往回數，就可以算出某個事件是在距離現今多少年的時候所發生。[4]

美國駿馬畫了一個馬車來標誌一八七九年，透過翻譯解釋，這是因為聯邦政府在那年冬天送了馬車給他們。前一年，他畫的是瘋馬被刀刺中、流許多血的圖。就這樣，這位拉科塔領袖記錄了每一年的事件，畫出饑荒、戰亂、致命流行病的出現、氣候異常的時期等，有些瑣碎、有些重大的事件。

柯爾布西爾抄錄完冬令載事後，他或另外的人用數字一到一百零四標示每一張圖，接著再從最後一張、也就是最新的那張圖開始標上年份，一一往後標，直到第一張標完。如圖二十所示，美國駿馬記憶中的歷史之初，是從一七七五到一七七六年的兩次初雪之間展開，而在大陸東岸，華盛頓拿下波士頓、湯瑪斯・潘恩寫下《常

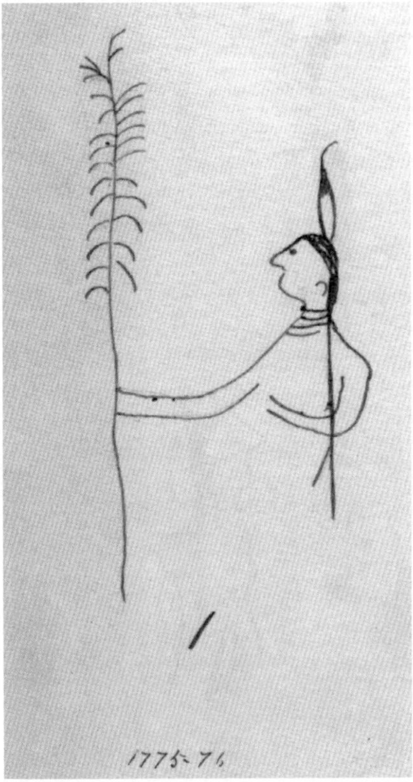

圖二十　根據美國駿馬的冬令載事，站牛在一七七五到一七七六年間發現了黑山。這張圖讓這起事件非常好記，因為站牛手裡握著的西部黃松，生長範圍最東之處就是黑山和鄰近的派恩脊。西部黃松的針葉比拉科塔人所熟知的白松、班克松、赤松還要長上許多，樹皮明顯偏黃且從遠方望去，葉子看起來幾乎是黑色的，因此英文才將拉科塔語的「Paha Sapa」這個名字翻作「黑山」。

American Horse Winter Count (1879). National Anthropological Archives, Smithsonian Institution, inv. 08746923.

＊譯註：指美國軍官喬治・卡斯特（George Armstrong Custer）。他在小大角戰役中遭瘋馬等印地安戰士擊敗身亡。

識》、大陸會議宣布獨立也在這時候發生。美國駿馬說，同一期間，站牛（Standing Bull）發現了黑山。[5] 因此，在一七七六年，共有兩個國家誕生。

• • •

從明尼蘇達河往東觀看龐帝克戰爭，跟由曼哈頓島往西望向這場戰爭，兩者似乎有很大的差異。在阿默斯特看來，這場戰爭是蠻人叛徒對英國威權的挑戰，不可饒恕，但在站牛的族人眼裡，他們看到的卻是自己從事大西洋貿易的活動受到了嚴峻威脅。每年春天，蘇族會在明尼蘇達河的岸邊舉辦盛大的市集（拉科塔人往西遷移後，市集改在南達科他州的詹姆斯河舉行）。一名英國商人在密西西比河上參加了類似的市集後，寫道：「這裡匯聚了各式各樣的娛樂活動。」蘇族集會總是吸引了上千頂帳篷和上萬人到場，「每個人都會帶來不同的東西，看他先前流浪到哪些地方。」原住民族的產品有很多，包含大草原的野牛皮、帳篷套、皮革上衣和緊身褲、明尼蘇達州西南部菸斗泥製成的菸斗，以及南方的桑橙製成的弓。然而，槍枝、火藥、鍋子等英國製品就不常見了。因此，一名英國商人便說，印地安人「缺乏商品」。[6]

商品稀少的部分原因，是因為距離遙遠。在到達蘇族的領土之前，英國商品首先得從哈德遜灣公司送到阿西尼波因人手裡，再送達五大湖區或密蘇里河上游。或者，商品可以經由聖羅倫斯河，送到位於休倫湖和密西根湖交界處的英國據點米奇利麥基諾（Michilimackinac），接著再抵達格林貝。又或者，東西可經由陸上運輸送到匹茲堡，改水上運輸沿俄亥俄河而下，接到密西西比河，然後往上游送抵接近伊利諾伊河（Illinois River）交界處的沙特爾堡（Fort Chartres）。一群商人寫道：「相關的龐大花費時常叫我們暈眩。」即使完成了這一千多公里的迂迴路程，還要看蘇族願不願意跋涉最後的五百公里，從家鄉前來獲取商品。有一份地圖標註：「商人來到這些瀑布後便不會續行。」指的是位於蘇族領土東邊很遠的一個地點。另有一條往密西西比河上游走的路線，因為西班牙人控制了位於東岸的紐奧良而變得不可行。一名英國官員挖苦道：「我認為【《巴黎和約》】的和事佬並不清楚這點。」他還表示：「自由航行密西西比河這件事根本是個笑話。」[7]

然而，造成商品稀少更直接的原因是龐帝克戰爭。在包含七年戰爭在內的一系列阻礙衝突當中，龐帝克戰爭是最先發生的事件，切斷了蘇族的大西洋貿易網絡。一七六三年六月初，英國通往西部的入口米奇利麥基諾堡正逐漸淪陷，奧吉布瓦族的族人，如同長曲棍球選手把球拋過警戒線般，迅速的衝進了堡壘。一名對球賽的激烈程度習以為常的目擊者寫道：「提前緊張並無助於解決問題。」奧吉布瓦人成功進入堡壘後，偷襲駐防的士兵。幾週後，英國人完全沒有反擊，就棄守最西邊的據點——位於格林貝的愛德華奧古斯都堡（Fort Edward Augustus）。即使和平在一七六五年正式降臨，貿易仍恢復得很慢，原住民族持續劫掠英國商人。帝國商人埋怨：當地人「難以管教，總是強取豪奪。」[8]

在離阿默斯特位於紐約的總部十分遙遠的地區，站牛的族人努力承擔這一切的苦果。達科他人（the Dakota，蘇族三大支最東邊的一支）的酋長瓦巴沙（Wabasha），一再慷慨激昂地提及「跟英國人維持暢通的交流之必要性」。這位六十來歲的首領曾被一名友人形容成「充滿朝氣與抱負的天才」。他分別在一七六七年和一七七五年主動與英國人接洽，另外也派遣達科他使節團順著密西西比河而下，前往西班牙統轄的聖路易斯（St. Louis），但是在回程途中，有五個成員不幸病死。[9]

一年後，也就是一七七六年時，商業活動再次被帝國戰爭給打亂，瓦巴沙和五百名左右的印地安人一起來到蒙特婁，要幫助英國人從大陸軍手中奪回皮草貿易重鎮。他們在美國人撤退後才抵達，但是這名達科他酋長心意已決，繼續沿著聖羅倫斯河來到魁北克，希望達成軍事與商業同盟。他在那裡跟當地的總督一起抽菸草、享用了一頓國宴，並接受旗艦伊西斯號（H.M.S. Isis）的八砲禮敬。[10]

達科他人往東前往大西洋那端，從英國人那尋找恢復貿易穩定的辦法，而拉科塔人則是往西尋求解決之道。到了十六世紀，密西西比河以西的原住民族貿易活動已經出現三大中心，在北美洲的西半部構成一個倒三角形。倒三角形的內外存在數個較小型的市集，把整個大陸以中樞和輪輻的結構連接在一起，只是這個系統不像現今是由飛機航線組成，而是由步徑、馬路和河道形成。[11]

倒三角形下方的尖端地區，是普韋布洛人和西班牙人位於西南地區的村莊。動身橫跨科羅拉多高原前不久，弗朗西斯科．多明哥斯曾造訪陶斯（Taos），陶斯是個人口僅四百人左右的小殖民印地安村莊。後來，科曼契人來到這個地方後，此地變成熱鬧的市鎮，槍械、菸草、斧頭、奴隸、牛皮、馬騾、玉米等各類商品在此買賣，有時候一天就能易手多次。[12] 陶斯是這個地區數個市場之一，吸引數百公里以外的人前來。

第二個點位於西北方一千六百公里外的達爾斯（The Dalles），也就是哥倫比亞河在流向太平洋途中，切穿喀斯喀特山脈（Cascade Mountains）的起始地。在綿延數公里的湍流之中，很容易就能獵捕到鮭魚，因此這裡每年可能有產出多達五百噸的魚乾。十九世紀初，梅利韋瑟・路易斯（Meriwether Lewis）與威廉・克拉克（William Clark）＊在淡季期間曾造訪其中一處淺灘，見到五噸的魚乾，被「非常牢固地綁成一大捆一大捆」放在河邊的臺架上。豐富的漁獲量吸引了山脈兩側的人前來，他們會集結在達爾斯，交易魚、皮革、皮草、羽毛、貝殼、根莖類等來自太平洋沿岸和大平原地區的商品。[13]

位於達爾斯正東方一千六百公里，倒三角形的第三個點，引起了蘇族的興趣。這個點以密蘇里河為中心，囊括今日位於南達科他州的阿里卡拉人（the Arikara）村落，以及再往上游走兩百四十公里的曼丹人（the Mandan）和希達察人（the Hidatsa）村莊。這個地區的貿易具有跨陸的規模，來自兩岸以及途間許多地方的商品都會出現在這裡。密蘇里河沿岸的村民所種植的玉米，確保他們在不事務農的游牧民族之間具有一定的商業地位。十八世紀時，村民的貿易額意外提升，因為他們正好位於平原印地安人的馬匹市場東緣，同時又在歐洲槍枝貿易區域的極西點。在這個優越的地點，阿里卡拉人、曼丹人和希達察人掌控了大陸中部最令人垂涎的兩種商品的東西向流動。[14]

拉科塔人受到錢財的匯聚所吸引，成為密蘇里河的常客。到了一八〇四年，阿里卡拉人的領土上，有個區域已有「蘇族道」之稱。那年，威廉·克拉克上岸「要看看這了不起的蘇族道及和平地帶」，地點就在黑山正東方、位於密蘇里河上的一處馬蹄形大彎道的南邊。他沿著密蘇里河陡峭的東岸走，來到一條小溪流，看得出來這裡是一處「使用多年」的蘇族營地。他寫到，在這個地方，「相遇的民族都和平相待」。[15]

然而，拉科塔人的心裡並非時時追求和平共處。根據十八世紀末造訪密蘇里河的商人所說，阿里卡拉人「害怕畏懼」蘇族。探險家讓·特魯托（Jean Baptiste Truteau）觀察到：「光是聽到他們的名字就能引起驚恐，因為他們太常蹂躪、帶走阿里卡拉人的妻兒。」讓·特魯托自己肯定也是十分恐懼，為了躲避「殘暴」的拉科塔人，白天他會躲在洞裡，晚上再跨越平原，徹底避開密蘇里河。直到遠離蘇族常出沒的地帶，他才能夠好好呼吸。[16]

＊譯註：十九世紀初，梅利韋瑟·路易斯與威廉·克拉克完成了首次成功橫越北美大陸抵達太平洋的創舉。這次探險被稱作路易斯與克拉克遠征。

另一位商人皮耶．塔博（Pierre Antoine Tabeau）發現，拉科塔人似乎將阿里卡拉人視為「為他們耕種的奴隸，還把阿里卡拉人當成女人取代。」他說，雙方的利益讓這些敵意無法持久。皮耶．塔博雖然認為阿里卡拉人老是被欺侮，並藐視他們的「軟弱和愚笨」，但是皮耶．塔博的這些評論其實有些諷刺，因為他自己也為了貿易利潤而容忍類似的差勁待遇。阿里卡拉人威脅他的性命、謀劃刺殺他、偷竊他的物品，還跟他要禮物。皮耶．塔博坦言：「一個商人即便再頑強，也不可能逃避時不時就必須送上禮物一把刀、一面鏡子、一盎司硃砂，或是一些火藥和彈丸的命運。漸漸地，這些禮物自然會對本就不多的庫存造成影響。」為了避免滿足阿里卡拉東道主會帶來的氣惱和花費，他最後把自己關在他們土屋裡的一個空間，將門上鎖，獨自一人吃飯。他寫到，他的行為「一開始引起竊竊私語」。[17]

為抵禦拉科塔人和其他民族頻繁的劫掠，密蘇里河的村民在十八世紀中葉開始建造防禦工事（這跟槍枝和馬匹貿易的興起有關，可是兩者之間的關聯性有多大仍有爭議）。這些防禦工事由木樁、又深又寬的壕溝以及「掩護良好」的稜堡所構成，曾令一名歐洲人印象深刻，說這些人「一點也不野蠻」。[18]

然而，從拉森遺址（Larson）的考古挖掘成果就能看出，這些防禦工事無法發揮效用。建有防禦工事的阿里卡拉村莊遺跡，就坐落於密蘇里河東岸一處俯瞰氾濫平原的高臺，大約位在今日南、北達科他州州界南邊八公里的位置。考古學家挖出七十一副骸骨，估計還有數百具屍首安息在未被挖掘出來的屋子裡。這些屍體並沒有被好好埋葬起來，而是被困在起火倒塌後壓在他們身上的屋頂殘骸之中。[19]

倘若頭皮是被利刃割除，通常不會在骨骸上留下證據，但傷口如果是由鈍刃所致，就會在頭顱上留下一條傷疤，即使過了兩百年仍看得清楚。由於組織是被切斷而非整個從頭殼上撕下來，鈍刃亦會在骨頭凸出來的不規則部位留下挫口。拉森遺址出土的四十一個頭骨當中，有十七個出現頭皮遭割除的跡象，另有十三個因損害嚴重而無法判別。至少有八名受害者是女性、七名受害者年齡介於十到十九歲之間，還有一名年約五歲。[20]

有好幾副骸骨遭到斬首，另有一些面部骨骼只看見門牙的根部，顯示攻擊者用棍棒將其牙齒打斷。一名年紀介於十六到二十歲的年輕女子遭殘忍施暴，頭皮被割、一隻手被砍下、右臂被打斷、上半身和下肢有多處劃傷，深到骨頭也留下痕跡。[21] 其他仍掩埋在倒塌屋舍之中的受害者，可能也遭受了類似的命運。

根據某些冬令載事的紀錄，在一七七一到一七七三年間、龐帝克戰爭切斷蘇族的大西洋貿易網絡後不久，拉科塔人燒毀了密蘇里河的一座村莊，或許那就是拉森。[22]假如這些文獻沒有錯誤，拉科塔人在大平原上建立威權統治的時間，正好就是英國殖民者喬裝成印地安人、把茶葉扔進波士頓港的時候。對這兩方人士來說，接下來的幾年都是關鍵。

• • •

龐帝克戰爭絕不是拉科塔人西進的唯一原因。就跟所有的大遷徙事件一樣，這次遷徙也有許多成因，雖然要重建整個故事並不容易。拉科塔人並不像橫跨大西洋的英國殖民者那樣會寫日記記錄。第一個用紙筆描寫黑山的人，是一個名為傑迪戴爾・史密斯（Jedediah Smith）的獵人。半個世紀前拉科塔人遷入這個地區，半個世紀後的一八二三年，傑迪戴爾・史密斯才來到此地（史密斯的經歷很悲慘，因為有一隻灰熊撕下他的頭皮，還打斷他的肋骨）。由於缺乏當時的文字紀錄，遷徙故事只能透過情境證據拼湊出來。

密蘇里河只是遙遠路途的其中一站。到了河的西岸，拉科塔人碰見大群大群的野牛。這裡的野牛數量無窮無盡，不像英國商品那般稀少。據說，野牛受到該地區富含蛋白質的短草所吸引，整整綿延了兩百四十公里，將曼丹人和阿里卡拉人的村落分隔開來。在密蘇里河和黑山之間的地帶，有「數也數不盡」的野牛。[23]

這樣令人驚嘆的豐沛資源，促使拉科塔人轉換經濟焦點，不再獵捕動物到東邊進行貿易，而是改成狩獵西邊的野牛。野牛就像一個靠著牛蹄移動的流浪市集，身上的各個部位可以變成食物、衣著或居所，以及各式各樣的工具和用品。不管怎麼想，這項決定都十分合理。野牛數量眾多，而馬匹能延伸獵人狩獵的範圍，更讓野牛獵之不盡。因此，懂馬術的平原印地安人自然興盛起來。

事實上，到了十九世紀中葉，平原印地安人已經成為全世界有史以來最高大的人種，比血統來自歐洲的美洲人高一點三毫米左右，更比病懨懨的歐陸人高出五到十三公分。其中，夏安人（the Cheyennes）身高最高，跟二十世紀晚期營養良好的美國男子差不多高。他們之所以這麼高大，可歸功於野牛經濟帶來的利益。相形之下，密蘇里河的農夫就沒過得這麼好了。在十八世紀的後半葉，阿里卡拉人飽受愈來愈嚴重的營養不良和疾病所苦，結果可想而知：出生體重低、骨頭脆弱、總體發病率高。在一七三〇年代以前，有百分之四十三左右的人可以活過二十歲；在一七六〇年代以後，這個數字只剩下百分之三十二。[24]而對來西方狩獵的拉科塔人而言，原地務農、經營大西洋貿易或游牧狩獵是比較輕鬆的選擇。

受到龐大野牛群吸引，拉科塔人愈來愈常待在密蘇里河以西的地方。在高低起伏、植披相對稀少的平原上，黑山顯得特別突出，在一片草地中宛如綠洲。砂岩懸崖上那些擁有千年歷史的岩畫，呈現了世世代代的人類都曾震懾於這個古老山脈所呈現的自然之美。但是，對騎馬獵牛的拉科塔人來說，黑山還有一個非常實際的吸引力。降雨量是影響野牛數量的關鍵因素。降雨量多，草就長得多，而且吸收較多水分的草也含有較多蛋白質和磷，因此跟缺水的草相比更有營養。儘管北美大平原的東部草原濕潤，但是那裡的氣候長出的草較長，野牛並不喜歡。降雨豐沛的年份會創造健康的母牛和小牛，進而養育較大的牛群。在降雨量最多的年份，短草平原能產出的草料比降雨量最少的年份多出二十倍，因此可以支持二十倍大的牛群。反之，乾旱也會重創這些有蹄動物。只要一次旱季，就能使野牛數量大減，要花好幾年才會恢復。[25]

整個大平原地區的降雨量由東到西遞減，只有一個例外，如圖二十一所示。黑山的年降雨量明顯比周遭地區高，跟東邊五百公里以外的地區相差無幾。在薩斯喀徹溫南部到德克薩斯州之間的混合與短草平原地帶，黑山是最肥沃的綠洲。黑山的夏季氣

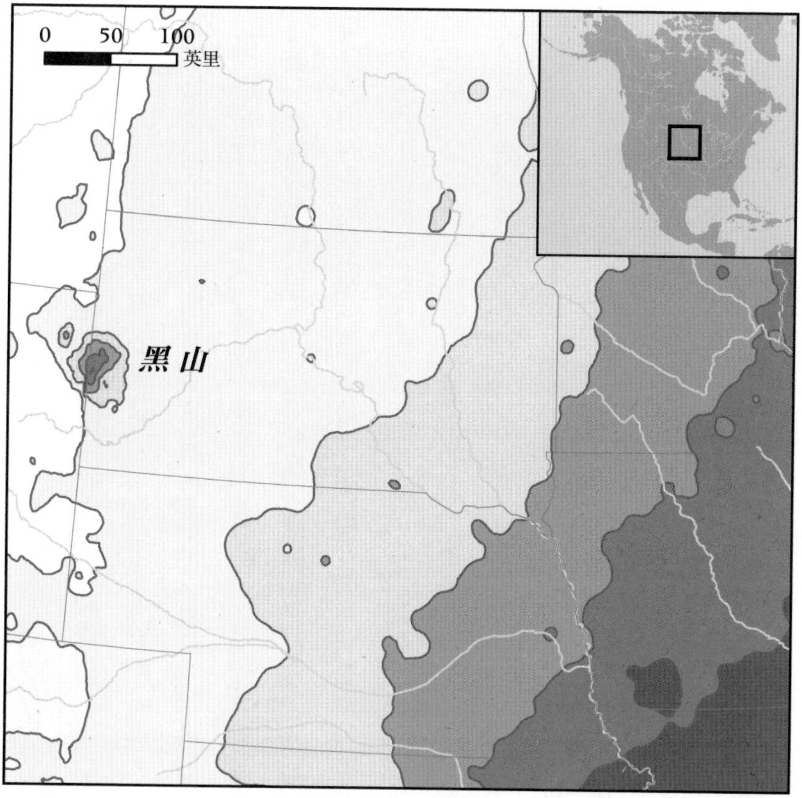

圖二十一

大平原北部的年平均降雨量是由東往西遞減的，
顏色越深表示降雨量越多。
黑山很明顯是座綠洲。

溫涼爽，促進了草原生長，冬季氣溫又比南北達科他州的其他地區還溫和。除此之外，跟易發生乾旱的平原相比，黑山每年的降雨量起伏也較低。[26]

因此，黑山可提供上千頃茂盛的牧地。到了十九世紀晚期，白人牧場主也明白了這一點，因此他們把這些草場看得比這個地區價值極高的礦場還重要，誇說這裡「草根以上能找到的黃金更多」。據說，在黑山北界的貝爾富什河（Belle Fourche River）沿岸，到了十一月草仍然有一公尺這麼高，這裡的谷地是「草浪洶湧的海洋」。[27]乾旱來臨時，黑山的草地是方圓數百公里之內最好的，可為消瘦的牛群補充營養。在嚴峻的冬季，河谷不會形成如周圍地區的厚雪，可以為動物提供庇護所，因為當堅硬的冰雪覆蓋平原，野牛會用自己的口鼻用力鑽，留下一灘灘的血；要是牠們吃不到被雪掩埋的草，就會活活餓死。

這些讓野牛棲息的條件，同樣也適用於馬匹。在原住民族部落，冬天缺乏可餵養坐騎的糧食，因此他們必須砍伐、截斷、運送、解凍楊木，接著將樹皮剝下、軟化，用這個來餵養馬匹。有個人曾說，要在冬天找到草，「會讓婦女精疲力盡、馬兒飢腸轆轆」。難怪拉科塔人說黑山是「一塊肥肉」。[28]

間接證據顯示，黑山在一七七〇年代可能在拉科塔人眼裡格外珍貴。根據某次樹木年輪重建，拉科塔人傳統上位於明尼蘇達和南達科他州州界的家園，在一七七二年經歷了三百年來最嚴重的單年乾旱，同時也是十八世紀最嚴重的一場乾旱。在這次災害發生以前，一七五〇年代已經出現過一連串乾季，時間長度更勝一九三〇年代的黑色風暴乾旱。黑山地區大體上似乎安然度過了一七七二年的乾旱，但卻沒有逃過一七五〇年代的旱災。倘若真是如此，站牛在一七七五到一七七六年間應該會在這個地區遇見無數野牛，跟當時密蘇里河以東的情況相反。[29]

有一個極其壯觀的證據可以證實黑山的富饒，就藏在一個口徑約三十公尺、深達十五公尺左右的圓形石灰天坑。考古學家估計，天坑底部共躺了一萬到兩萬具的野牛屍骨。有些骨頭被埋藏在超過三點五公尺深的地方。這裡被稱作沃爾遺址（The Vore Site），位在今天懷俄明州紅谷的西北部。紅谷寬數公里，是一片開闊的草地，降雨量比鄰近地區還多，且還有流水以及有林木掩護的坡面，因此是野牛的天堂。自從一五〇〇年，印地安人（應該不是蘇族，因為他們當時還沒住在這裡）就開始用這個天坑抓野牛抓了三百年，從四百公尺甚至更遠的地方把牠們趕到坑裡。這裡可能為印地安人帶來了多達四百五十萬公斤的野牛肉。這個數字非常驚人，尤其是當我們考量到在短短兩百年間，大部分的野牛就遭到捕殺的這個事實。[30]

對當地居民來說，野牛就像是從土裡冒出來的一樣。他們相信，冬天過後，這些動物會從地底洞穴現身。拉德洛穴（Ludlow Cave）便被視為來源之一，它位於黑山正北方約一百一十公里處。這個洞穴位於紅谷地上方，正對一個長兩公尺的古老岩刻作品，描繪了象徵多產豐饒的野牛母牛與小牛圖，在拉德洛穴中曾一度刻滿各種圖像，描繪了各種獻祭行為，但一八七四年卡斯特的手下摧毀那些古老的雕刻，褻瀆了此地。在充斥洞穴的黑山地區，可以找到無數畫有動物行跡和人類陰部的岩畫，將女性的生育神話和野牛的瓜瓞綿綿相互連結。這些藝術作品的創作年代約在西元五〇〇到一八〇〇年之間，且經常出現在集體狩獵野牛的遺跡附近。[31]

然而，即使是最勤奮的平原獵人，也只有百分之八十到九十的糧食是來自狩獵。狩獵誠然是他們飲食的重要來源，卻也必須補充其他糧食。人類若完全只靠瘦肉維生，是會餓死的。這或許令人驚訝，但卻是平原印地安人在極嚴寒的冬季裡可能遭遇過的事情。在這種情況下，人類必須靠植物加強飲食。夏安人會吃四十種左右的野生植物，盜取齧齒類動物藏匿的種子，並耕種小塊玉米田。拉科塔人可以透過跟密蘇里河的農夫交易來取得這些必需食物，但他們肯定也有善加利用黑山多樣的植物資源。黑山是數個生態分區的交界點，因此植物多樣性高。其中一份研究曾做過計算，估計黑山和鄰近的保德河（Powder River）盆地孕育的植物大約有六百種，可以產出大量的種子、塊莖、花粉、豆莢、花瓣等各種可食資源，讓原住民族得以好好利用。相較之下，周圍的平原生態同質性高，孕育的草類人類又無法食用。[32]黑山擁有高聳的尖峰、險峻的懸崖、極深的洞穴和無數的泉源，令拉科塔人讚嘆的同時，也為這些騎馬的獵人提供了物資方面的優勢。

•　•　•

美國駿馬的友人曾形容他「奸巧」、「睿智」、「難以預測」。另有一人回憶起美國駿馬曾尖酸評論當時很流行的一首靈歌。友人說：「他有時候會非常刻薄地評論那些戴雙重面具的白人。」據說，美國駿馬曾表示：「如果進入白人的天堂非得穿金鞋子不可，沒有印地安人能進得去，因為白人奪走了黑山和裡面所有的黃金。」[33]

這些特質或許可以說明，他為何會將蘇族發現黑山和美國獨立這兩件事放在同一年慶祝。兩者在時間上的巧合，可能是這位蘇族酋長為了將拉科塔民族和美國放在同等地位所使出的聰明招數。畢竟，我們無法證實發現黑山的確切日期，它也有可能發生在前後數十年間的任一年。同樣地，他可能是故意用了「發現」一詞（「discovery」），暗指拉科塔人和美國人宣示土地主權的理由是一樣的：黑山被站牛發現，而美洲被哥倫布發現。將冬令載事抄錄下來的軍官威廉・柯爾布西爾，認為不能讓這樣的說法繼續存在。他在第一條載事上如此註記：蘇族「最近這幾年宣示了對黑山的主權，可能是因為他們認為自己在一七七五到一七七六年發現了該地，但是克羅人（the Crow）先前就曾擁有這片土地。」[34]

柯爾布西爾說得沒錯，但是他大概忘了，美國在北美大陸上宣示的每一塊土地主權，跟蘇族宣稱擁有黑山一樣，都是相同的謬誤。人類知道黑山的存在至少一萬年了。在一七七〇年代，克羅人、基奧瓦人（the Kiowa）、基奧瓦－阿帕契人、阿拉帕霍人（the Arapaho）和夏安人或許全都曾經隨著季節變遷造訪過這些山巒。密蘇里河的村民似乎偶爾也會來這裡狩獵、蒐集製作工具的材料。拉科塔人稱黑山的古老居民為「島丘民族」，並將這些先人的神聖傳統習俗挪為己用。比方說，熊居孤山（Bears' Lodge Butte，現在又稱為魔鬼塔）原本是基奧瓦人、夏安人、阿里卡拉人和阿拉帕霍人的聖地，後來才被拉科塔人拿來跟自己的文化英雄「墜星」（Fallen Star）聯想在一起，並開始每年在這個具代表性的特殊岩石構造前，跳起紀念的太陽舞。[35]

從那些現存至今、刻繪在砂岩峭壁上的黑山岩畫來看，拉科塔人和黑山地區的其他居民擁有共同的藝術與文化傳統，並會互相挪用。動物行跡和人類陰部的圖像，不僅遍及黑山，也出現在大平原北部到伊利湖（Lake Erie）南岸的廣大地帶。這些圖像跟使用阿爾岡昆語（Algonquian）和蘇語的民族有關，顯示他們都相信女性的生育力和出現大量的獵物有關。有些岩壁畫中，繪有持盾牌的戰士（通常只是用圓圈代表盾牌、直線代表手腳，再加上一顆小小的頭所繪成的簡圖），可能是源自洛磯山脈以西大盆地地區的休休尼人（the Shoshone）的傳統。從盾牌上的各個紋章可以清楚區分出蘇族、克羅人、夏安人，以及可能是黑腳人的象徵，顯示有相當多的民族都沿用了這項繪畫傳統。[36]

黑山地區還有一個存在了五千年的傳統，那就是把神聖的異象記錄在石灰岩岩壁上。早期追尋異象者所記錄的抽象圖案，都是一些弧形、波浪、圓圈、點點、螺旋、放射狀等，類似處於意識不穩狀態下的人所看見的影像。到了十八世紀，這些圖案已經出現變化，但是記錄異象的傳統依然存在。夏安河上方的一個砂岩岩洞刻有一名高舉雙手、眼睛分岔如閃電的人，有可能是尋求異象的拉科塔人或克羅人所畫。[37]

黑山居民固然會採用彼此的傳統，但拉科塔人來到此地後卻展開了入侵活動。我們所能得到最貼切的紀錄，就是黑山及鄰近峭壁上刻畫的那些暴力場景圖像。夏安河附近的一塊岩畫，描繪了一名男子站在一個頭下腳上的女子旁邊，女子胸部插有一個矛形圖案。在平原印地安人的圖像傳統中，這種栽跟斗的姿勢經常象徵死亡。[38]然而，殺了這名女子的兇手是誰、當中又有什麼來龍去脈，種種資訊已經消失在歷史的長河。

在北方一百一十公里的地方，有一塊內容跟北洞穴山（Cave Hills）的軍事事蹟有關的岩畫，上頭描繪了戰士觸碰女子的生殖器。這是「計算擊敵壯舉」（即透過擊打敵人來展現個人的勇猛）的形式之一，可能也象徵了性暴力。北洞穴山的另一幅圖畫則捕捉了馬匹被引進之後、槍枝被引入之前的暴力事蹟。圖中，兩名手持長矛的騎士（也有可能是同一名騎士畫了兩次），攻擊了一名被箭刺中的克羅女子。馬畫得很粗糙、騎士坐在馬上的姿勢也很不自然，顯示他們仍不熟悉騎馬打仗的方式。此外，馬兒似乎披有皮革盔甲，顯示這些攻擊者可能是休休尼人。有個學者把這幅圖畫定年在一七三〇到一七六〇年之間，也就是拉科塔人來到這個地區的不久前。[39]

蘇族是北方平原最早開始、也最擅長使用馬匹的民族，因此跟步行的敵人相比，蘇族具有速度方面的優勢。有一篇骨骸報告描述了騎著馬的休休尼人攻擊從未看過馬匹的人，說到他們「衝向」敵人，「敲擊他們的頭部」。後來，生還者（黑腳人）尋找這些奇珍異獸，最後找到了一匹死掉的馬，好好檢視了一番。[40]但，這份文獻和那些岩畫，都未能成功描繪一個人第一次遭騎著馬的戰士居高臨下攻擊時，所感受到的那股恐懼。

黑山上所刻畫的暴力事件，對施暴者和受害者來說顯然代表著不同的意義。在位於今日卡斯特縣（Custer County）境內的一塊岩壁，拉科塔人便利用繪畫慶祝自己戰勝敵人。以紅色顏料印出的五個手印，可能表示在空手赤拳的戰鬥中獲勝的意思，而這塊岩壁上同樣的紅色色塊，則象徵著敵人之死，至於兩個十字則是用來紀念在戰鬥中拯救的朋友。[41]拉科塔人在這塊岩石和別的地方上，宣示了黑山是屬於他們的。

在一九二六年，也就是拉科塔人發現黑山的一百五十周年，有三個人將一部絞車拖上拉什莫爾山（Mount Rushmore）的山頂、嵌入花崗岩之中，接著開始把各種工具從一百二十公尺下方的谷地裡拉上來，準備在山壁上雕刻四個巨像。這項計畫背後的藝術家谷松．博格勒姆（Gutzon Borglum）解釋道：「岩塊將會使用氣鑽進行鑽孔、刻出絲紋和切割。」他承諾：「我不會使用任何爆裂物進行雕刻。」結果，一年後，工人開始在山壁上鑿孔，在孔洞中填入炸藥，炸開四十萬噸的石頭。[42]

博格勒姆偏愛龐大的藝術作品和誇大的宣言。他表示：「紀念碑的大小，應取決於所紀念之事為文明帶來的重要性有多大。」在黑山，他找到了實現自己帝國主義野心的完美機會。首先，這些山脈很大，適合用來紀念具有世界性重要地位的主題，他指的是美國的建國與西部「開發」；其次，這些山脈就位於「這個偉大的合眾國的中心、美洲的中心，並標誌了從殖民式保育到大陸統治的第一步。」最後，這些山脈的地理位置偏遠，可以避免未來被可能會出現「自私貪婪的文明」所侵擾。博格勒姆說：「你也知道那些破壞古人墳塚、摧毀歷史文獻的人，是如何假借文明的名義行惡。」這位支持三K黨的反猶份子還說道：「要是它沒有成功變成第一座在西半球頌揚盎格魯撒克遜民族的雄偉紀念碑，那就表示我們自己很失敗。」43

在博格勒姆忙著炸黑山的花崗岩時，蘇族則忙著告美國政府偷竊黑山。從拉科塔人遷徙至黑山的那一年開始，黑山就變成這個民族的傳說誕生地，相當於蘇族的《獨立宣言》。一名部落公民表示：黑山「是我們『母親的心跳與脈搏』，擁有永不破滅的神話。」另一人說：這些山脈是「我們家園的心，我們內心的家。」又有一人說：黑山是「地球的心臟，也是我們起源故事、靈性歷史與聖地的核心所在。」一九八〇年，最高法院宣判蘇族勝利，下令聯邦政府為偷竊黑山一事賠償一億零兩百萬美元。

蘇族拒收這筆錢，因此它就這樣安安靜靜放在一個有利息的戶頭，到了二〇一一年已經成長到十三億美元。直到今日，站牛的後裔還在等待他一七七六年發現的土地，重新回到他們手中。[44]

•　•　•

在一七六〇年代，曼哈頓南端的喬治堡（Fort George）周圍，成為當地最時尚的區域。這裡道路寬闊，擁有宜人的水景，整座城市最富有的人家、最繁忙的商業街道，和最受人敬重的協會機構皆薈萃於此。不過幾個街區的範圍，居民就能在交易街購物、在商人咖啡館享受一杯咖啡、在弗朗薩斯客棧跟上流階級的同儕交際。曾經，華爾街最東邊的末端有一個奴隸市場，擋住東河的「優美景色」，但是一七六二年的請願，成功把這「礙眼」的建築給移除。[45]

在這個高級社區的中心，有一個位於百老匯末端的灰色石造建築——「國王徽章客棧」（King's Arms Tavern）。這是一棟「寬敞的房子」，有著「附庸風雅的房間」。阿默斯特在一七六三年十一月搭乘黃鼠狼號離開的兩天前，英國新任命的北美總司令湯瑪斯·蓋奇（Thomas Gage）從蒙特婁抵達，在這間客棧暫時住了下來。蓋奇雖然是個能幹老實的行政長官，個性卻謹慎地無可救藥。沒多久，士兵就給他取了個綽號「老女人」，而他那位美國出生、思想獨立的妻子瑪格麗特·蓋奇（Margaret Kemble Gage）則被戲稱為真正的一家之主。[46]

國王徽章客棧有一個圓頂，裡面添了一張桌子、多個座位和一支很好的望遠鏡。在這裡，蓋奇可以毫無阻礙地看見東河、曼哈頓北區和紐約港。[47]轉向西邊，蓋奇可以看到哈德遜河對岸的紐澤西，但卻看不見紛擾的西部，也就是鄰近密西西比河東岸的地方。不聽話的新英格蘭和北美西部，在一七六〇年代晚期占據了他的心思。

蓋奇在一七七〇年說道：「各國在異邦建立殖民地時所會出現的優勢，這裡幾乎完全沒有。」問題並不在這片土地本身的價值，而在於密西西比河創造的邊界。在紙上，這條河似乎可以分隔西班牙和英國的臣民，但實際上，它卻讓兩國人民有了更頻繁的接觸，造成經濟糾紛與政治詭謀。蓋奇認為，只要這座大陸最大條的幹道持續分隔這兩個帝國，西班牙和英國都會「各自努力跟每一個無論遠近的印地安民族建立友誼。」[48]

令蓋奇感到不悅（或許還很驚訝）的是，原住民族，也就是他口中的「蠻人」，竟然對雙方的政治利益有著「極為透澈」的了解。他們知道，「打開門戶歡迎另一個強國，跟他們貿易」，對自己有好處。更叫人氣憤的是，歐洲軍隊根本不是這座大陸的原住民族的對手。考量到這些嚴峻的現實因素之後，蓋奇鼓勵英國放棄西部據點。他說：「就讓蠻人靜靜地享受他們的荒煙漫草吧。」[49]

在密西西比河西岸的西班牙人，也面臨了同樣的窘境。帝國氣勢凌人的大話，像是「殲滅」奧沙吉人（the Osage）的決心等等，總是屈服於現實。西班牙人只靠五百名左右的士兵巡邏整個路易斯安那州，然而這個地區占地約一百三十萬平方公里，幾乎是現今德州的兩倍。假使士兵的數量沒有因為疾病或棄逃而減少，也僅有十二名士兵負責維護整個阿肯色州的治安，而阿肯色州以北的廣大地域，也僅由三十八名士兵負責。由於帝國足跡如此稀少，密西西比河這條邊界又充滿疏漏，原住民族可以非常輕易地避開西班牙的統治。[50]

不過，一七七六年三月底，當約瑟夫・米蘭達（Joseph de la Miranda）在阿肯色河順流而下時，心裡大概從未想過這些將北美洲沿著密西西比河一分為二的歐洲外交官。他身旁躺了一顆被砍下的頭顱和兩具同伴的屍體。原來，包含米蘭達在內的二十個獵人，在這條河附近的平原紮營時，遭到一群奧沙吉人攻擊。奧沙吉人是密蘇里河的居民，一七七〇年代時愈來愈常造訪南邊的阿肯色河。根據米蘭達的計算，他們殺了四名並傷了十名奧沙吉人，同時取下其中一名戰士的頭顱做為戰利品。這血腥的戰利品和面無血色的屍體，肯定讓他順流而下的旅程很不舒服，但米蘭達決心要把屍首埋得遠遠的，不讓奧沙吉人得到夥伴的頭皮。這給了他一點小小的慰藉，因為他的親生兒子也在攻擊中受到重傷。[51]

密西西比河邊界帶給奧沙吉人的利益，比這個地區的其他民族得到的還多。奧沙吉族總共有五千人，控制了整座大陸中央約二十五萬平方公里的地區，包括今日的密蘇里州和阿肯色州。西班牙人眼裡的奧沙吉人非常「殘酷和邪惡」，喜歡「極為血腥的惡意行徑和毫無止盡的強取豪奪」。[52]但是從奧沙吉人的觀點來看，他們只不過是在把握《巴黎和約》為他們帶來的良機。

7

惡人入侵

奧沙吉人的家園

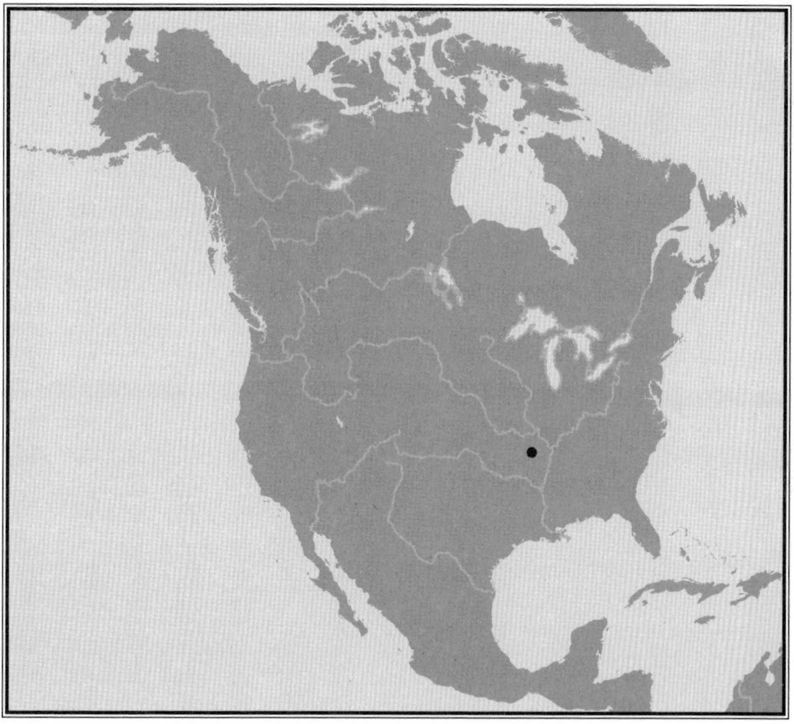

約瑟夫・歐利耶塔（Joseph Orieta）雖然憑藉著最尊貴萬能的親王，西班牙與西印度群島國王卡洛斯三世之名，負責指揮阿肯色據點，但是他的職責其實一點也不光鮮亮麗。這個據點位於阿肯色河河口上游十五公里左右的氾濫平原，看起來跟廢墟沒有兩樣，木樁腐朽敗壞、營房沒了屋頂、大砲毫無用處。一七七六年四月，約瑟夫・米蘭達來到此處，將一顆奧沙吉人的頭顱獻給歐利耶塔時，這座堡壘正泡在及膝的臭水之中。這份恐怖的禮物，應該也無法讓他的心情好到哪裡去。更不光彩的是，歐利耶塔兩個月後過世，屍體因為實在太臭而被匆匆下葬，沒有舉辦任何儀式。一名官員表示，阿肯色據點是「宇宙間最不討喜的坑」。[1]

從帝國行政長官的觀點來看，《巴黎和約》簽署後的密西西比河中部非常混亂。數十名士兵和軍官分散在少少幾個孤立又人手不足的要塞，要負責維持整個地區的秩序。這些要塞雖然都建在河邊具有戰略意義的位置，但是要塞與要塞之間的距離太大，要約束當地居民根本不可能。

和阿肯色據點距離最近的西班牙人掌控地，是西屬路易斯安那菸葉與藍染植物莊園，而兩者相距四百八十公里，而從阿肯色據點開始，要往北再奮力划行九百五十公里，才能抵達下一個殖民據點聖吉納維芙（Ste. Genevieve）。這座村莊的主保聖人跟巴黎一樣，都是聖吉納維芙，但是這兩個地方除了這點相同，其他各方面都截然不同。聖吉納維芙的七百名居民當中，有百分之四十是奴隸，因此這個地方被以「悲慘」來形容。若從此地續往上游走約八十公里，則會來到位於河岸同一側的聖路易斯。這個據點雖然坐落在可俯瞰密西西比河的高聳石灰岩堤岸上，卻也得到了一個貶損的稱號：「麵包匱乏」。[2]

英國在這個地區唯一的駐防地，是聖吉納維芙對岸的沙特爾堡。一位訪客曾興高采烈地形容這裡是「北美最寬敞、建得最好的堡壘」。然而，這座牆壁厚達六十毫米的要塞，其實就快要被全數沖刷到密西西比河裡。英國士兵使用泥土和柴捆努力強化堤岸，但卻徒勞無功。短短一年，河川就侵蝕了七十公尺的土地，迫使英國在一七七二年放棄這個據點。沒多久，南牆便倒塌了。[3]

沙特爾堡還有其他更嚴重的問題。堡壘四周被「無數」靜滯的水窪環繞，容易產生致命的「夏季蒸氣」，因此，曾有一名不滿的英國官員便很納悶，法國人為什麼會選擇一個「被周圍的邪惡如此詛咒」的地方？在這裡誕生的殖民者沒有任何人活到五十歲，活過四十歲的人也極為少數。[4]

新來的人受到的打擊尤其大，像是一七六八年抵達沙特爾堡的英國軍團。一名幸運存活下來的目擊者寫道：「堡壘內只聽得見病人的呻吟與哀號。」一個名叫喬治．巴崔克（George Butricke）的官員詳細描述了症狀，可以確定那是瘧疾。一天晚上，巴崔克突然「一陣熱」，隔天醒來出現間歇性發燒。一天後，他又出現「極度嚴重」的高燒，使他完全無法活動。他忽冷忽熱了六天，最後在一次劇烈的顫抖結束之後，才終於解除症狀。但是這些症狀後來仍有週期性復發，跟典型的瘧疾一樣。巴崔克還算幸運，有數十人都「在鬼門關前走過一遭……虛弱、無力、憔悴的可憐靈魂」。每天，軍團都得運走四、五具屍體，總共可能有超過百人死於這場流行病。[5]

當孤立無援的軍官努力維護龐大轄區的治安時，有一群原住民族抓住了一七六〇和一七七〇年代帝國騷亂時所創造的機會。他們是奧沙吉人，十七世紀晚期就已定居在密蘇里州的中部和西部，他們可能是從俄亥俄河遷徙過來的。他們在新的家園曾短暫享受過法國人給他們的殊榮，但是在一七四〇年代，商人開始提供武器給奧沙吉人以西的原住民族，一連串可想而知的事件展開了：奧沙吉人變得不再重要，可以犧牲；歐洲人反過來對付他們；對歐洲製品產生依賴性的奧沙吉人，這時候已無法抵禦侵略的歐洲人和見機行事的其它原住民族。[6] 北美東岸已經有無數民族遭遇過同樣的處境。有些民族向比較強大的部落求助，有些在殖民地邊緣勉強維生，有些則是完全消失。然而，由於《巴黎和約》無心插柳所帶來的結果，奧沙吉人將逃過這種不幸的命運。

• • •

時間回到一七二五年，奧沙吉人此時仍因法國商人給予他們特別多的關注而獲利。這一年，他們的一位領袖跟另外六名印地安人一起造訪巴黎，其中包括一個印地安奴隸和一個被稱為「密蘇里公主」的女性。這次的旅程是由一名法國探險家兼企業家所企劃，旨在獲取北美原住民族的欽佩，讓他們離不開法國人。於是，他們造訪了巴黎最令人驚嘆的景點，如巴黎歌劇院、法蘭西喜劇院和凡爾賽宮。在專門治療、收容傷兵的傷兵院，他們看見陽春版的義肢，大感驚奇。其中一人在回到家鄉後，告訴一群不怎麼相信的同胞：「在法國，你要是缺手、缺腿、缺眼睛、缺牙齒、缺乳房，他們都有辦法給你一個新的，讓人看不出你有任何缺陷。」覲見法王時，他們可能很訝異風采奪人的路易十五，竟然只是個乳臭未乾的十五歲少年。他們告訴這位剛大婚的國王，期盼他多子多孫、永保健康。國王取消了預定會見王后的行程，因為這些印地安人「穿著野蠻怪異」。有一份報導更明確地說：「這意思是」，除了一塊腰布，他們都「全裸」。[7]

到了一七六〇年代，這些輕狂的歲月早已逝去。奧沙吉人雖然因很早引入火器，曾經擁有比其他敵對的印地安人還大的優勢，但是現在，他們已經不再是這個地區唯一擁有歐洲科技的民族了。同一時期，由於他們跟舊世界的疾病接觸愈來愈頻繁，人口也跟著驟減，從十八世紀初一萬八千人左右的高點，降到五千人出頭。在人口愈來愈少的聚落裡，仍流傳著令人讚嘆的巴黎傳說。據說，巴黎的法國人就跟森林裡的樹葉一樣多。難以置信的印地安人則主張，去了巴黎的那些人肯定是被蒙了。說不定，法國人只是讓他們反覆看見同一群人罷了。就連其中一名曾參加旅程的人，也開始懷疑自己的記憶大概是隨著年紀出現了問題。[8]

沒錯，歐洲帝國的人口確實比北美原住民族還多上許多。在《巴黎和約》後，自詡成為路易斯安那的統治國的西班牙，擁有九百萬左右的人口；統治密西西比河東岸的英國，則住了超過六百萬人。對方人口如此龐大，奧沙吉人應該很容易就被歐洲帝國控制。然而，奧沙吉人擁有一項幸運的優勢：歐洲人要抵達這座大陸的中心極為困難。[9]

西班牙和英國官員在籌畫該如何控制密西西比河的中部時，所面臨的第一項挑戰就是這條河本身。從紐奧良到聖路易斯的旅程可能需要耗費三到五個月，比橫跨大西洋的航程多出兩倍以上的時間，而且被派往上游的士兵，必須面臨疲累又危險的考驗：連續數週逆流而上。為了避開河中央強大的水流，他們會靠向左右兩側，尋找逆流和渦流。但是，這樣做又有可能被坍塌的河岸吞沒。後來的一名旅人寫道，在坍方過後，密西西比河的「整個廣大河面」會變成「黑壓壓的，漂浮著腐木、斷枝和巨樹」，而這些障礙物全都有可能撞破船艇。10

這條河數以百計的彎道，每一個都是難關。由於靠外側的水流比較湍急，小艇會被沖到內側，每次跨越河道就會倒退滑行數百公尺。即便是經驗豐富的划手，仍估計從紐奧良到聖路易斯，他們總共要跨越密西西比河的河道三百九十次，為旅途增加將近五百公里的路程。由於彎道太過密集，在某一個河段，士兵們雖然划了八十七公里，實際上才前進八公里；而在另一個河段，他們則是划了四十八公里，結果才前進二點四公里。一名軍官對上級說：「這個過程中的艱辛與巨大的困難」是「閣下您無法想像的」。11

即使帶著經驗豐富的嚮導，部隊仍得困難重重地前進。若是沒有嚮導，他們根本前進不了。一名剛來到這裡的士兵說：「由於這條大河上的眾多島嶼會形成許多河道，我們無法判斷走哪一條最方便。」有一群士兵因為要對抗水流、繞過無數根半泡在水中的倒木，平均每四個小時前進不到一點五公里，讓指揮官簡直「快要抓狂」。有一人說，這是「我所經歷過最危險又累人的旅程」。[12]

由於密西西比河冬季會結冰、春天會有大水，殖民者被迫只能在夏末航行，而這正是蚊子最兇猛、太陽最酷烈的時候。有一支隊伍雖然凌晨三點就開始划行，並在最熱的時候休息，仍有四十名士兵中暑、一人死亡。他們可能也無法逼自己喝下河水，因為據說密西西比河混濁到「不可能飲用」。一名水手後來寫到，密西西比河是「美洲西部的大水溝」。[13]

精疲力盡的士兵最怕遭受印地安人攻擊，因此他們非常綁手綁腳。要是他們放下船槳、拿起武器，小船就會往下游衝去，暈頭轉向的士兵反而會成為隱蔽的印地安槍手的絕佳目標；要是他們繼續往上游划，命運一樣悲慘。一七六五年，有八十到三百五十名士兵在上級命令他們前往沙特爾堡後，便決定成為逃兵，不願面對這些危難。[14]

這個地區雖然一直是各種投機事業的目標，帝國卻始終無法掌控。在一七七〇年代，西班牙人的聖路易斯、聖吉納維芙和阿肯色據點，總共只住了一千四百名自由人與奴隸人，密西西比河另一側的英國殖民者更是少數。一名負責在印地安人的家園實施帝國政策的英國軍官，在一封寫給上級的信中提到「這裡的我們遠離了全世界」，總結了那深沉的孤絕感。[15]

• • •

密西西比河的中部與新西班牙的中心距離遙遠，因此在《巴黎和約》簽署後那幾年，奧沙吉人的勢力仍十分龐大。在「國王陛下的領土」（西班牙人喜歡這樣稱呼路易斯安那），奧沙吉人同時駕馭了原住民族和其他族群，不僅支配了密蘇里河和阿肯色河之間的地區，還往南擴張到紅河（Red River，今日德州北邊的州界）。一名西班牙軍官說，他們「傲慢」又自大。另一人說，他們「壞透了」，是「狂暴兇殘」出了名的「邪惡」民族。[16] 簡單來說，奧沙吉人跟帝國主義者一樣。

在位於紅河下游的納契托什（Natchitoches），阿塔納瑟．梅濟耶爾（Athanase de Mézières）親眼目睹了奧沙吉人的擴張。他在路易斯安那服務將近四十年，對於奧沙吉人向營利頗豐的菸草產業聚落所發動的攻擊感到十分憤慨。他在一七七〇年寫道：「突然之間，這個地區儼然成為上演可憎劫盜和血腥暴力的悲劇舞台。」奧沙吉人在攻擊後帶走印地安婦女、綁架孩童、偷竊馬騾。[17]

梅濟耶爾雖然拜託聖路易斯的指揮官佩德羅．皮爾納斯（Pedro Piernas）幫忙遏止奧沙吉人，但是皮爾納斯也無計可施。一七七二年，皮爾納斯寫信給上級長官時，大話說得很足，表示要展開一場滅族之戰，但真的到了奧沙吉人跟前，氣焰就可沒這麼旺盛了。他寫道：「我好好訓斥了他們一番，指責他們不肯合作、態度充滿敵意、做事傲慢、無法和平相處或理性相待。」在阿肯色據點，費南多．萊巴（Fernando de Leyba）建議可以鼓勵誇帕人（the Quapaw）殺害奧沙吉人，每帶回一個屍首，就以子彈、火藥和六披索（peso）獎賞之，但是總督路易斯．翁扎加（Luis de Unzaga）不接受這項提議，而是命令他「和善地針對他們糟糕的信仰」加以「斥責」即可。當時，人口不到一千的誇帕人就住在阿肯色據點旁邊。[18]

在一七七二年的夏天，一群奧沙吉和密蘇里人闖入密蘇里河上的聖卡洛斯堡，擊敗了只由五名士兵組成的駐防軍。他們偷走堡壘的軍火和糧食後，轉向突襲附近的聖路易斯，並在聚落中央插上一面英國旗幟。這厚顏無恥的攻擊行動，促使翁扎加疾呼要「殲滅」奧沙吉人。然而，他坦言自己沒資金、沒士兵、也沒盟友可支持這樣的野心，不知這種「可悲的解決之道」，能否在「不付出代價」的情況下達成。[19]

梅濟耶爾在信中用帶有威勢的語氣向翁扎加保證，這目標不但「可行」，而且「恰當」，同時充滿自信地寫出達成目標的方法。奧沙吉家族每年冬天都會拔營狩獵，夏天時再度回到密蘇里河和奧沙吉河河邊的村落，由婦女照料龐大的玉米田。在一八〇六年，紐澤西特倫頓（Trenton）的一個當地人造訪這個地區時曾說道：「他們的城鎮容納的人數，比我在同樣大的地方所看見的人還多。」奧沙吉人的房屋是由柱子和蘆葦蓋成，可達三十公尺長，是「非常舒適宜人的夏日居所」。梅濟耶爾認為這些令人讚賞的特性同時也是弱點。這些村落人口眾多稠密，很容易就可以包圍。攻擊方可以靠外圍的玉米田維生，而村民則會變得「極度饑渴」。然而，無論這是空想的殺人計畫，或是巧妙的謀略計策，最後這個計畫並沒有付諸實踐。翁扎加只建議要違法亂紀者賠償損失。[20]

倘若是在不同的情況下，西班牙人可以切斷奧沙吉人獲得歐洲製品的管道，藉以彌補人數不足難以攻陷的問題。一名路易斯安那州的總督說，透過禁止通商這個簡單的舉動，依賴成性的印地安人就會活在「缺乏武器及餓死」的風險中。但是，當皮爾納斯拿這個策略威脅奧沙吉人時，他發現「他們似乎很有信心自己就算沒有我們的協助和幫忙，也可以過得很好。」[21]

根據他的觀察，問題在於奧沙吉人跟英國人「離得很近」，而旨在隔開兩個帝國的那條邊界，對住在附近的所有人來說，有跟沒有一樣。[22]密西西比河的流域面積逾兩百五十萬平方公里，是法國、西班牙和英國本土面積加總的兩倍以上。數百年來，這條河向來無法把人分開，而是讓人產生連結。當年由不曾踏上北美大陸的人，在法國首都所簽訂的和約，根本不可能降低這條河對周遭人群的吸引力。這個和約也沒辦法精確定義出這條蜿蜒曲折、時時變化的河道（圖二十二），正如尼羅河、亞馬遜河、長江等類似的大川，也都是各國的重要航道，難以成為國家邊界。

有一個誇帕人便嘲笑以密西西比河做為邊界的想法。他說：「印地安人只要一支菸斗，就能把他想要的一切變成同一片土地。」這裡的菸斗指的是傳統上做為和平象徵的菸斗。他說，只要遵循原住民族的標準做法，他想跟誰結盟都可以。就算只是匆匆造訪當地，也可以發現住在密西西比河「屬於國王陛下那一側」的原住民族，和另一側的原住民族之間擁有「強大的連結」。[23]

奧沙吉人幾乎是從一開始就充分利用了住在密西西比河東岸的英國人。一七六八

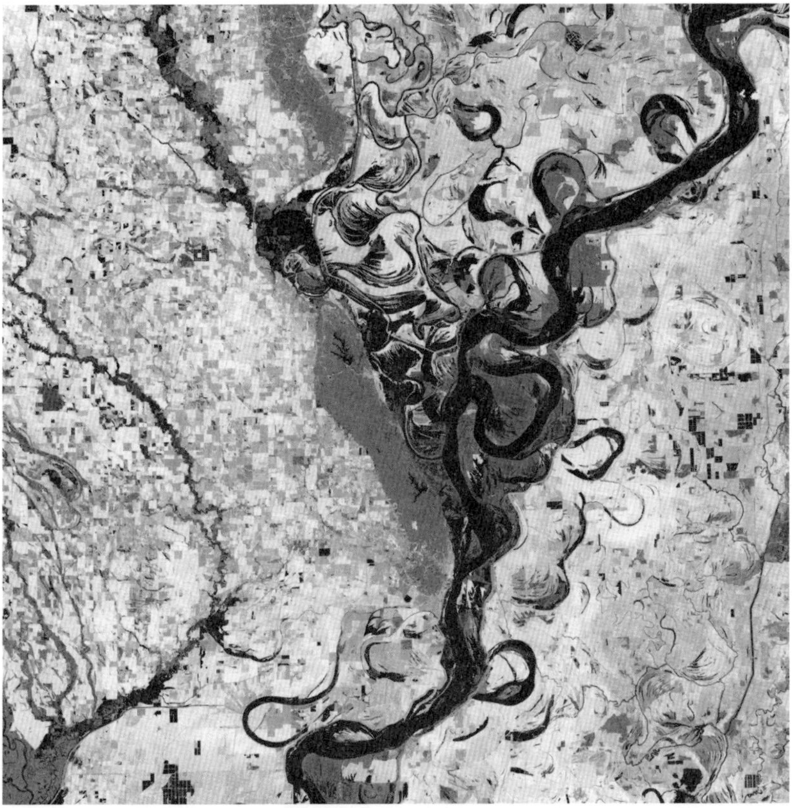

圖二十二　馬克吐溫在歐洲貴族使用密西西比河
將北美大陸一分為二的一百二十年後說道：
「一個曲流遭到截斷，就會使州界和轄區大亂。」
Twain, Life on the Mississippi, 24.
Image credit: NASA's Goddard Space Flight Center/USGS.

年，他們帶著英國旗幟經過西班牙屬的聖路易斯。抵達沙特爾堡之後，奧沙吉人承諾一名滿懷希望的商人，他們「日後」將會「來這個地方貿易」。為了「商業目的」，英國人「非常大方地」向奧沙吉人獻了好幾年的殷勤。英國人的行為，促使奧沙吉人在其中一個村落升起英國國旗，公然藐視西班牙王室。24

即使不過河，奧沙吉人的家園也充斥著走私商人，他們願意跟任何擁有鹿皮的人進行交易。在西班牙官員眼裡，這些走私商人都是「逃兵」和「罪犯」，「無疑是整個西印度群島最可惡的一類人」。梅濟耶爾寫到，這些「作惡者」全都「十分墮落、劣質無比」，「沒有法紀，只依循自己的意念」。他們的性關係特別令他反感。這位土生土長的巴黎人寫到，他們與受奴役的印地安婦女「公開同居」，並且把「他們厭倦的女子」借給工人，「除了答應平息他們的淫慾之外，完全沒有支薪」給工人。然而，梅濟耶爾的兒子後來跟父親的一個奴隸生了七個小孩，完全違反父親為了抑制黑人婦女「丟臉放蕩」行為，所訂下懲罰「無法戒掉無恥娼妓習慣的墮落白人」的法令。25

買到皮草後，英國商人有兩個選擇。他們可以耗費數週時間進行疲累又花錢的旅程——划船運送笨重的貨物到俄亥俄河上游的皮特堡，再利用陸路把它們運到費城。或者，他們可以用最少的力氣沿著密西西比河順流而下，在西班牙的屬地紐奧良，違法將商品高價售出。他們的選擇當然是後者。英國在北美的軍方總司令湯瑪斯・蓋奇也坦承：「貿易會跟著河流走。」一份紀錄寫到，一七六四年有大約七十萬張皮草，便是依循這條「通往大海最迅捷的路線」成功售出。到了一七七六年，路易斯安那的貿易活動中，估計有超過百分之九十七的貿易是經由非法管道進行。[26]

奧沙吉人雖然不在乎自己的產品是運往密西西比河的上游或下游，但是這條走私之河，實際上消除了和約中藉由國界賦予西班牙的河西貿易壟斷權。不意外，禁止商人「私自越界」的命令是一點用也沒有。一名挫敗的西班牙官員責怪密西西比河兩岸「靠得太近」——那些協議和約的歐洲人不知怎地，竟忽略了這條河的這項特點。[27]

鼓勵走私的不只有密西西比河本身，它的每一條支流也吸引商人航行其間，尋找皮草的下落。在英國剛獲得的領土裡，伊利諾伊河、卡斯卡斯基亞河（Kaskaskia River）和俄亥俄河，對來自西班牙屬路易斯安那的法國走私商人而言，是難以抵擋的誘惑。一名負責印地安事務的英國代表說到，這些商人是「擁有氣魄、才幹，且對世界充分理解的人」，印地安人很喜歡他們，他們也能接納印地安習俗，而相較之下，英國人是一群「立意良好但陰沉的人」。[28]更重要的是，走私商人還有經驗上的優勢，因為他們在這個地區活動了幾十年，已跟當地居民發展出密切的連結。

伊利諾伊州的走私貿易規模「非常龐大」。一名挫敗的官員表示：將自己「禁錮」在沙特爾堡的英國人非常「愚蠢」，根本沒有辦法「支配這個地方」。據說，西班牙和法國走私商人總是在沙特爾堡的槍砲底下「隨心所欲」通行往返，而英國指揮官常常是睜一隻眼、閉一隻眼。蓋奇雖然下令駐防士兵乘著武裝小船「搜遍」各條河川，將擅闖者抓起來監禁，自己卻沒什麼信心可以成功。他說：「密西西比河的貿易活動，不太可能為英國帶來多少好處。」[29]

在更南邊的地區，英國人則在阿肯色河、懷特河和聖弗朗西斯河等西班牙的領土進行走私活動，這些河流的流域包括今日阿肯色州的整個北半部。阿肯色據點的指揮官寫道：「你絕不會相信這裡的人有多土匪、多不服從、多放蕩。」據說光是在一七七六年的頭幾個月，走私者就獵到或買到一萬兩千張鹿皮，以及兩千七百公斤的河狸皮。梅濟耶爾斥責，這個地區逃兵、搶匪、強暴犯與殺人犯「肆虐」，他們會跟任何人貿易，因而讓當地居民不需要仰賴西班牙人，讓奧沙吉人得以往紅河擴張。[30]

在鬧水災的阿肯色要塞裡，約瑟夫．歐利耶塔推測只要在懷特河的河口駐紮六十名士兵和兩座大砲，就能攔截絕大部分的非法交易，但是這跟提議在密西西比河上築壩一樣不可行。阿肯色據點只有幾十個士兵，而且這些駐防軍連要保住自己的據點都很吃力了，遑論擴大巡守範圍。因此，歐利耶塔和他的後繼者巴薩扎・維利耶爾（Balthazar de Villiers）不得不去拜託誇帕人協助他們。不意外地，誇帕人並不想要替西班牙人巡邏河川。維利耶爾坦承：他們「只遵循自己的心意，完全不聽從我的意志。」[31]

•••

就連比較負有聲譽的殖民者也認為，密西西比河中部距離帝國殖民的核心過於遙遠，導致這個地區跟母國之間的連結十分薄弱。《巴黎和約》簽署後，東岸的政權從信奉天主教的法國轉為信奉新教的英國，西岸則從法國轉由西班牙統治。政權的更迭，使人民的忠誠度降得更低。[32]儘管各地都陷入混亂，但是為奧沙吉人帶來最多好處的莫過於聖路易斯。

法國在喪失對密西西比河東岸的統治權之時，該國商人在一七六四年初建立了聖路易斯，他們相信聖路易斯能成為第二個新法蘭西的入口，因為聖路易斯不僅位於西部，而且還可享受這個地區龐大的皮草貿易活動。然而，才剛開始興建第一批建築沒多久，就聽聞這個以法國國王路易十五為名的殖民地，現在變成屬於西班牙國王卡洛斯三世。自此以後，當地居民對自己商業活動的忠誠度，更甚於他們對西班牙王室的忠誠度。[33]

聖路易斯的富裕全仰賴奧沙吉人，因為他們獵到的皮草比該地區的其他民族都還要多。在一七七六年，奧沙吉人狩獵的皮草，占了這座城鎮總貿易量的百分之四十到六十之間，這裡的商人每一季都會提供印地安獵人大筆額度的借貸。債權人寧願無視奧沙吉人對西班牙其他據點的攻擊，也不願停止跟他們的貿易，因為這樣做可能損害自己的利益，甚至讓自己破產。謠傳（這其中或許具有一定的真實度），聖路易斯的商人為捍衛自己的市場占有率，甚至鼓勵奧沙吉人攻擊阿肯色商人。阿肯色商人雖然也是西班牙的臣民，跟他們一樣擁有法裔血統，但仍是競爭對手。因此，梅濟耶爾表示：「受到貪婪支配的人非常多。」[34]

王室官員自己也會追逐利益，使他們的行為有時候會違背帝國政策。在密西西比河中部任職既是詛咒，也是福氣。這些堡壘雖然地處偏遠、不宜人居，還充斥著不友善的居民和會帶來瘧疾的蚊蟲，但至少能為他們帶來跟印地安人貿易的優勢。費南多．萊巴在擔任負責指揮阿肯色據點數十名士兵的指揮官以前，曾擔任百名步兵的連長。他抵達這座堡壘時，「健康狀況極差」，使他不認為自己能活下去，而且他的意志也極為低落，覺得自己無法付出任何心力來改善現況。他說，這座堡壘的破洞比駐防士兵的手指還多，大砲也沒有砲架和砲台。[35]

萊巴力求苦中作樂，帶了大量商品前來，打算壟斷印地安貿易。他在一七七八年調到聖路易斯之後，絲毫不在乎自己前一個指揮的據點。為了在新地點維持巨大的利潤，他完全無視奧沙吉人在阿肯色河進行的掠奪行為。萊巴的上司說，奧沙吉人在聖路易斯拿了國王的贈禮後，又到阿肯色「對國王的子民做出殘酷的行徑」，這樣是不對的，但是他只建議跟鎮民協商，共同想辦法阻止「這樣的惡行」。[36]

在阿肯色據點，繼任萊巴的巴薩扎．維利耶爾想了一個很有野心，但合法性存疑的計畫：他要跟來自英屬納奇茲（Natchez）的一位瑞士商人合夥。他還開展阿肯色據點與奧沙吉人之間的貿易活動，誇自己在一場「極盡浮華之能事」的儀式中，讓那些「野蠻人」好好開開眼界。然而，印地安貿易習慣上是由聖路易斯獨占的，且他的做法同時激怒了納契托什和聖路易斯的指揮官，使他被正式斥責了一番。[37]

維利耶爾經常吹牛地說，要是他有更多兵力，而且不是住在這麼破爛、被人數眾多的走私者和誇帕人包圍的堡壘，他一定會做出一番成就。他寫給上級：「我什麼也不怕，但是我要請求您為了讓我好好服務國王陛下，把我放在更好的條件中，以便掌控這些無賴，甚至是那些蠻人。」他警告，要是不遏止這些英國商人，墨西哥的安危也會出現風險。儘管他如此嚴厲警告了，非法貿易依舊持續。因此路易斯安那州的總督期盼英屬十三州的叛變能夠挫挫英國人的銳氣，終結他們的「不遜和自大」。[38]

有了取得走私貨物的管道，奧沙吉人不斷往西、往南推進，將威契托人（the Wichita）趕到德克薩斯州深處，還打擊了紅河沿岸的卡多人（the Caddo），導致他們面目全非。一七七八年，五年前曾表示應該可以殲滅奧沙吉人的梅濟耶爾寫到：他們非常「不屈不撓」。[39]在十八世紀後半葉，奧沙吉人的帝國領土整整成長一倍，增加了二十六萬平方公里左右的土地面積，相當於同一時間大陸東岸十三州與美國的擴張速度。

．．．

在一八〇四年五月，路易斯與克拉克從聖路易斯啟程，在他們踏上探索西部的史詩旅程的幾天之後，奧沙吉人當中有十二名男子和兩個男孩也從這個城市出發，朝另一個方向前往華盛頓特區。這群人之中有一位名叫帕胡斯卡（Pawhuska，圖二十三）的長者。在一七九一年發生於俄亥俄州的千殺之役中，帕胡斯卡曾對抗亞瑟・聖克萊（Arthur St. Clair），而這場戰役至今仍是美軍史上最慘烈的敗戰之一——為數一千三百名的士兵與軍官，在戰後共有逾八百人傷亡，比例超過百分之六十。相較之下，在小大角戰役中，卡斯特的第七騎兵團約莫有半數傷亡。[40]

奧沙吉代表團一路上使用駁船和馬匹移動，最終在七月中抵達美國首都。身高一百八十八公分的湯瑪斯・傑佛遜（圖二十四）在迎接這群貴賓之後說：他們「無疑是我們所見過最高大的人。」有個人得意地說，歐洲製造的「肥胖英國佬和瘦弱法國人絕對比不上這些人。」跟傑佛遜進行完正式的商討後，奧沙吉人在義大利樂隊的伴奏下為總統、內閣官員以及「一大群女士和紳士」表演了戰舞。[41]

傑佛遜跟先前的法王路易十五一樣，希望讓奧沙吉人見識「我們人口稠密的城市」。這群總統的賓客，參觀了華盛頓的海軍工廠和大砲鑄造廠。一名政治黨人表示，法國和英國的巡防艦雖然正在干擾美國海運，但是美國海軍仍安穩地停泊在波托馬克（Potomac），而且「會一直停在那裡，直到奧沙吉印地安人的好奇心獲得滿足為止。」。他們途經繁榮的港都巴爾的摩和費城，最後來到紐約，而在前不久，紐約才

圖二十三　大奧沙吉人的酋長帕胡斯卡在一八〇四年（也就是跟湯瑪斯・傑佛遜見面的同一年）的畫像。由查爾斯・聖梅蒙（Charles Balthazar Julien Févret de Saint-Mémin）所繪。Acc. no. 1860.92, Collection of the New-York Historical Society.

剛超越費城，成為共和國人口最多的大都會。他們下榻於近日興建完成的「城市飯店」，距離南邊的國王徽章客棧只相差幾個街區，而前面曾提過，英國在北美的總司令湯瑪斯・蓋奇，在四十年前曾在國王徽章客棧遠眺西部。城市飯店是一棟巨大的磚造建築，擁有宏偉的舞廳、酒吧、商店、辦公室以及全國最大的圖書館，是紐約政經人才會面的場所。[42]

這些西部人在加弗納斯島（Governors Island）接受大砲迎賓禮，又在曼哈頓島南端的

圖二十四　湯瑪斯・傑佛遜在一八〇四年跟帕胡斯卡見面不久前的畫像。
由查爾斯・聖梅蒙所繪。
麻州伍斯特藝術博物館（Worcester Art Museum）館藏。

巴特里公園觀賞閱兵。但，最令他們難忘的活動，或許是在百老匯附近的遊樂花園（一種公共娛樂表演空間）的節目。這些節目是由曾當過糕點製造師和蒸餾酒製造商，之後成為文藝表演主辦人的雅克・德拉克羅瓦（Jacques Delacroix）所安排。在奧沙吉人的配合之下，德拉克羅瓦舉辦了一場「宏偉的慶典」，節目包括：由火炬照亮的美國和奧沙吉旗幟遊行；印地安戰舞（使用奧沙吉人「自己的蠻族樂器」伴奏）；賓客齊發的火焰之箭；

以及尾聲的煙火秀。[43]

這些演出雖然精彩絕倫，但是有一個評論家看完後卻深信美國的優越地位已確立。他憐憫奧沙吉人，因為他們對文明生活一無所知，不曉得自己終將衰亡，也不懂將美國白人提升到跟上帝「幾乎平起平坐」的那些「原則和觀念」。他寫到，當觀眾散發智慧的光芒，奧沙吉人卻有著「空洞的眼神與殘酷的面貌」。最後他表示，他很慶幸自己不是奧沙吉人。[44]

然而，這位紐約客絲毫不清楚西部事務的現況。傑佛遜在寫給海軍部長的信件中坦言：奧沙吉人「是密蘇里以南的一個偉大國族。」他說，連同蘇族，「我們一定要站穩腳步，因為在他們的地盤上我們弱得可憐。」[45]在一七六三年，位於巴黎的貴族們在紙上畫出不切實際的密西西比河界線；在四十年後，傑佛遜嚐到了苦果。

然而，人口變遷不久便終結了奧沙吉人的優越地位。帕胡斯卡在一八〇四年離開家園前往華盛頓時，密蘇里州約有一萬名殖民者和六千名奧沙吉人。五年後，殖民人口倍增，很快就會突破六萬大關。帕胡斯卡在一八〇九年逝世之前，已經看出奧沙吉人的局勢已經翻轉。他將傑佛遜先前做出的評論倒置，說這位總統「很強大」，而「他們則是弱小可憐」。[46]

在一八六五年，奧沙吉人用僅存的領土換來六千平方公里的印地安領地，就位於今日奧克拉荷馬州。他們運氣很好，印地安保留區就位在柏本克（Burbank）、阿范特（Avant）與巴特爾斯維爾－杜威（Bartlesville-Dewey）油田上方，這些油田曾經是全美產油最多的地區。但，奧沙吉人花了很多年才從中獲利。一八九六年，內政部代表奧沙吉人將鑽油權租賃給單一公司，不考慮其他任何投標。美國官員和奧沙吉政治家在強大利益誘惑的情況下，很難去廢除這個欠缺深謀遠慮的合約。雖然如此，奧沙吉人仍持續反對這個「地毯式租約」長達二十年（即便不是所有人都達成統一陣線）。當聯邦政府在一九〇六年廢除他們的保留區時（永久解散印地安國族的一部分行動），抗議行動使他們成功保住所有的地下礦產共有權，創造了至今仍然存在，在美國其他地區都沒有的地下保留區。[47]

當地毯式租約終於在一九一六年到期後，奧沙吉人的礦區使用費飆漲。每年，石油商會四度湧入奧克拉荷馬州帕胡斯卡的康斯坦丁劇院（Constantine Theater），競標爭取在奧沙吉人的土地上鑽油的權利。奧沙吉人有時一天就能淨賺六百萬美元，根據一份文獻，他們在地毯式租約到期後的頭三年，賺了約兩千五百萬美元。[48]即使鑽了一百年，奧沙吉礦產區在二〇一〇年仍靠使用費獲得七千三百萬美元的收益。[49]

在一七七〇年代，奧沙吉人可以如此興旺，是因為他們跟許多英國和西班牙的商人保持聯繫，進而確保沒有任何帝國在自己的家園單方面壟斷貿易。現在，殖民者的角色改由法人擔任，奧沙吉人則努力爭取石油商來競標，如同十八世紀的帝國競爭。《華爾街日報》在一九一八年表示：「就奧克拉荷馬州的奧沙吉部族來說，可憐的印地安人宛如只存在於虛構世界。」[50] 奧沙吉人還沒忘記十八世紀的教訓。

•••

從弗朗索瓦．梅納德（François Ménard）的醫藥櫃內容判斷，他幾乎可以被視為是個成功的商人，但並不是優秀的醫生。在他的櫃子中，西班牙斑蝥、蛇粉、螯蝦眼這些東西雖然沒有療效，但至少應該無害，可是汞就不一樣了，它曾經導致至少一名病患發瘋。在一七七五年，梅納德早已放棄醫學生涯，改行當個收入較高的商人，成為阿肯色據點最富有的居民。就在這一年，他成功拿到一份合約，負責供應古巴哈瓦那的海軍船塢四千五百公斤的牛油脂。[51]

密西西比河原住民族製造牛油脂的歷史十分悠久。每年六、七月，公野牛「蓄滿脂肪」，平均可以產出三十五公斤的牛油脂，而梅納德要履行合約會需要一百五十隻左右的野牛。獵到野牛之後，宰殺和抽脂的任務便落在原住民族女性身上。她們會將野牛剝皮、大卸八塊，接著將牛板油倒入銅鍋煮，最後把煮出來的牛油脂做成塊狀。在歐洲商人之間，牛油脂非常受歡迎，後來（一七七〇年代可能已經如此），原住民族宰殺野牛純粹是為了牛油脂，數百隻野牛屍首則任其散落遍地，任由屍體逐漸腐爛。[52]

牛油脂被打包成箱後，就會沿著密西西比河順流而下（梅納德曾在一七八〇年的一場船難中損失了四千公斤牛油脂），接著跨越墨西哥灣，抵達哈瓦那的海軍船塢。這座船塢就位在圍繞市中心的石牆外頭，是西班牙帝國數一數二的船塢。在一七六〇年代，船塢經歷重大升級，建了四個新的滑道，並將一條淡水運河改道，以便提供動力給一座先進的巨大鋸木機及其一點五公尺長的雙刀片。船塢裡的四百名工人，光在一七七〇年代就製造了二十二艘船，其中包括六艘裝有大砲的龐大戰鬥線艦，它們曾在十八世紀的海戰中大顯威風。[53]

戰鬥線艦的下水儀式非常重要，往往能吸引大批人潮。船師示意可以敲掉墊木、割斷繩索後，新船就會沿著滑道進入水中，整個過程約耗時三分鐘。一名目擊者寫到，戰艦下水儀式所帶來的歡騰氣氛難以言喻，就連最不感性的人也會為之動容。[54] 在這整個儀式中，由北美洲核心地區的原住民族製造、販售的牛油脂，扮演了很重要的角色。滑道上會塗抹厚厚的牛油脂，讓重達兩千噸、比半個足球場還要長的船隻可以輕鬆滑進哈瓦那灣。

在一七七五年的四月初，有一支來自美國深南部的代表團正在哈瓦那，參與了有著六十座大砲、長約五十五公尺的聖拉蒙號的下水儀式。代表團其中一名年長的成員艾斯庫查普（Escuchape）來自考維塔（Coweta，位於喬治亞州，臨查特胡奇河，靠近今天的哥倫布），是克里克族少數極重要的城鎮之一。跟在《巴黎和約》簽訂後貿易對象倍增的奧沙吉人不一樣，克里克人面臨的處境恰恰相反，本來的三國商業夥伴只剩下一國。被英國人包圍的他們來到哈瓦那，希望打破英國人在東南部的壟斷局面。

8

圍困

深南部內陸

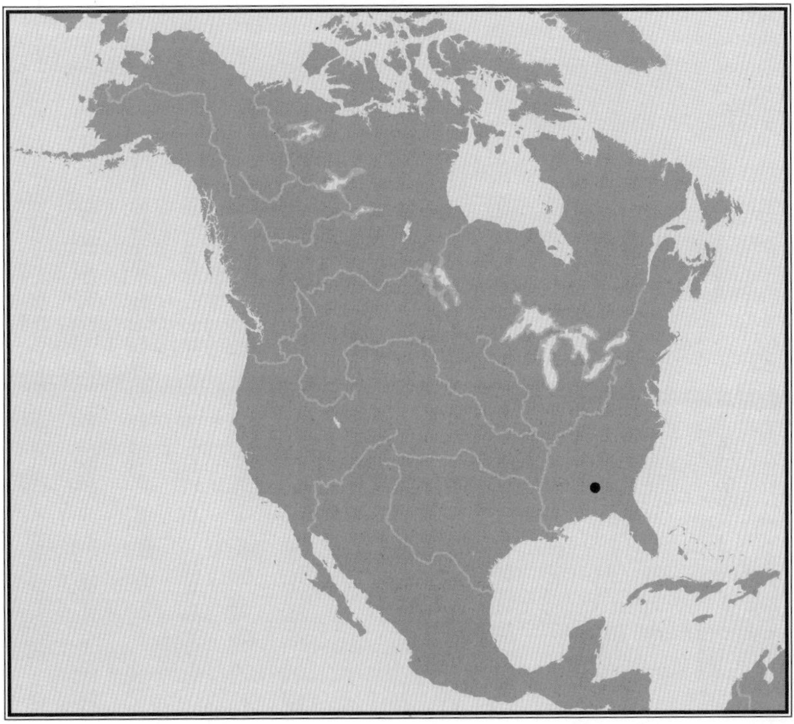

一七七五年二月，艾斯庫查普跟妻子和其他十二名同伴從坦帕灣（Tampa Bay）啟程前往哈瓦那，當時哈瓦那這座古巴港口可能是全世界防禦設施最嚴密的城市。一行人找到了一艘西班牙的漁船帶他們跨越海灣。當他們接近加勒比海的目的地時，他們第一眼會看到莫羅城堡（Castillo de los Tres Reyes del Morro），因為它矗立在海港入口處的一個岬角上，即使在八百公尺外都看得見它。經過莫羅城堡、進入將港灣與大海分隔開來的水道之後，他們會通過俗稱「小屋」，但是其實十分巨大的聖卡洛斯城堡（La Cabaña）（圖二十五）。這座城堡設有一百七十八座大砲，近日才剛落成，是一七六二年七年戰爭期間哈瓦那向英軍投降後，西班牙為加強「新世界之鑰」（Key to the New World）所做出的一連串建設之一。載著克里克一行人的漁船轉向右舷，向最近剛建好的王家會計處對面的碼頭前進，因為當地規定所有的漁船都必須在此靠岸。[1]

克里克人踏上哈瓦那的土地，這裡人口約莫四萬，是新西班牙第三大的城市（圖二十六）。若加上毗鄰的鄉村地帶，人口則逼近八萬，而相較之下，英屬殖民地人口最多的費城只有三萬左右的居民。哈瓦那城中地區呈棋盤式街道規畫，四周由厚約一點八公尺、高約四點二公尺的城牆圍繞，裡頭有無數建築，像是營房、監獄、海關建築以及屋頂鋪有瓦片的三層樓石屋，這些是克里克人的城鎮所沒有的。但，狹窄、未經鋪設又骯髒的街道，完全抹滅了城鎮中任何秩序感。普魯士的科學家兼旅行家亞歷山大·洪保德寫道：「我居住在西班牙屬美洲的期間，幾乎不曾看過有這麼令人作嘔的城市。」洪保德特別抱怨乾牛肉條這種「醃肉的臭味，在許多房子內都聞得到，就連一些較不通風的街道亦然。」當一名曾參與一七六二年圍城的英國軍官造訪哈瓦那時，他抗議的不是街道的氣味，而是這裡的「普通人」。他們是「卑劣狡猾奸詐又愛說謊偷竊的一群人，西班牙人任意跟黑人、混血兒等通婚，生出可能是世界上最糟糕的雜種民族。」[2]

在克里克人的城鎮中，人口也很多

圖二十五　進入哈瓦那灣，可見左手邊的「小屋」。

Joseph F. W. Des Barres, "The Harbour and Part of the Town of Havannah." Library of Congress, Prints & Photographs Division, reproduction no. LC- USZ62- 46052.

圖二十五　克里克人抵達古巴後，踏上了一座熱鬧的城市。
Joseph F. W. Des Barres, "The Harbour and Part of the Town of Havannah." Library of Congress, Prints & Photographs Division, reproduction no. LC- USZ62- 46052.

元，包括逃亡奴隸和蘇格蘭商人，但跟哈瓦那這座古巴大城一比，他們的聚落簡直就是鄉野田園。美國深南部大約有三十座這樣的城鎮，位在山巒與海岸平原之間的過渡地帶，動植物極為豐富。每一個克里克城鎮的人口少則數十人、多達近千人，都會擁有一座中央廣場、一棟地方議會，和眾多由柱子、木條和泥巴建成的住屋。河岸有廣大的玉米田，再遠一點則有松木森林。克里克人總人口數不到一萬五千。[3]而在今天，喬治亞州的哥倫布和阿拉巴馬州的蒙哥馬利占據了這個地區。

克里克人從哈瓦那的會計處下船之後，只要走一小段路穿越武器廣場（Plaza de Armas），就會來到興建於十六世紀的王軍城堡（Castillo de la Real Fuerza），也就是古巴元帥拉托雷侯爵（Marqués de la Torre）的官邸。這座受到厚重牆壁包圍的堡壘，俯瞰著港灣，對岸就是小屋。克里克人在裡面向侯爵發表了一些言論，但是含糊的翻譯顯然沒有表達出克里克人流利的口才，因為這位元帥表示，他們的演說「冗長又令人疲累」。[4]

艾斯庫查普抵達哈瓦那兩週後，又有一艘漁船來到此地，使當地的克里克人多了三位。三天後，又有十個克里克人抵達，接著再過兩天，又有十人在王家會計處對面下船，使得造訪哈瓦那的克里克訪客總數來到三十七位。侯爵為了這些惱人的克里克人花了不少錢，但是他萬萬不能疏遠他們。首先，他不希望危及佛羅里達州外海的古巴漁業貿易。此外，他也希望將來王室若有一天從英國人手中拿回佛羅里達，與克里克人的交情會有利於他們殖民。因此，他慷慨地送禮物給貴賓們：上衣、剪刀、刀具、絲緞、布料、香菸、酒、河狸帽，還有兩百四十公斤的牛肉、三百五十公斤的白米，以及超過四百五十公斤的玉米。另外，侯爵也送了這群人將近一千八百公升的蔗糖烈酒。在他造訪的二十七天，艾斯庫查普等人開心地享受元帥的款待，並住在常常到坦帕灣外海捕魚的一名漁夫的父親安東尼奧．廉恩迪安（Antonio Lendian）家中。[5]

儘管有這些源源不絕的烈酒和寶貴的贈禮，艾斯庫查普和他的同伴來到古巴並不是為了享受旅程的愉悅與刺激。元帥總結了他們此次來訪的目的：「抱怨英國人，並向我們的君主請求保護，無論是要求他們開戰或是跟他們索求禮物。」[6]在簽訂《巴黎和約》時，歐洲帝國強權拿克里克人的家園交換給英國人。導致英國人對北美洲，尤其是佛羅里達州進行侵占，威脅了克里克人的獨立地位，甚至是他們的生存。

• • •

針對《巴黎和約》，克里克人沒什麼好話可說。克里克人的酋長尖刻地告訴喬治亞州總督，「我們很訝異這些人為什麼可以把不屬於他們的土地送給別人」。他們堅稱這些土地只是租借給西班牙人和法國人而已，應該要還給克里克人。他們承認，西班牙國王的確是靠武力征服了佛羅里達，但是「我們從該世紀初開始，也以同樣的方式一點一點奪回了這片土地」。因此，除了彭薩科拉（Pensacola）、聖奧古斯丁（St. Augustine）以及兩地中間的聖馬可斯堡（Fort San Marcos）這幾個有殖民地的小塊土地之外，西班牙君主「不能這樣把地隨意割讓給別人」。就連替補阿默斯特的湯瑪斯・蓋奇也不得不坦承：「印地安人非常清楚知道西班牙在割讓土地之時，所實際持有的土地有哪些。」但，英國王室並沒有耐性去爭論這些。殖民地大臣希爾斯堡公爵毅然決然地說，這些印地安人「基於《巴黎和約》的精神與條款，隸屬於大英帝國，而他們的土地也因此為帝國所持有。」[7]

東南部印地安人之所以抗議英國在該地區剛獲得的統治地位，原因有很多。英國人掌控佛羅里達州並將它分成兩個省份時，殖民人口很少。在一七六三年年底，西佛羅里達只有一百二十個白人和五百個黑人，然而不到兩年，人口增加到三千人，且還持續在劇增。而東佛羅里達在最高峰的時候也有三千人口。這些數字其實都不算多，但仍令人震驚，因為在一七五〇年代，東南部的印地安人就已在喬治亞州簡樸的聚落，親眼見識過驚人的人口增長。在那十年，喬治亞州的人口增加一倍，接著在一七六〇到一七七五年間又增加三倍以上，達到三萬三千人。同一期間，殖民地從印地安人手中沒收超過兩百二十萬公頃的土地。一名克里克人在一七六三年時回想，喬治亞人曾經同意不擴張到奧古斯塔（Augusta）以外的地方。可是，這個地方現在「整個森林都住滿人類和牛馬」。結果，因為「水牛、野鹿和熊都被驅趕獵殺」，克里克獵人無法供養自己的家庭。所以，克里克人知道他們在佛羅里達必須保持警戒，以防貪圖土地的英國殖民者從墨西哥灣沿岸地區進行侵占。[8]

西班牙人和法國人離開，也帶來別的問題。克里克人是商人。一七六五年一名克里克人說：「以前，我們對白人的習俗完全陌生，但是自從他們來到我們的土地，我們就開始跟他們穿一樣的衣服、適應他們的做法，時至今日，我們變成一定要得到貨物的供應不可。」每年，他們會出口近二十萬張鹿皮以及少量的熊、山核桃油和藥用的根莖與草本植物。進口的商品則包括布料、鍋子、珠子、線、鏡子、步槍等物品。在十八世紀的考古遺址中，處處可見克里克人進口貿易的痕跡。就算沒有這些歐洲製品，克里克人應該也能生存，但是他們並不希望這樣。他們明白，如果不參與地區性和大西洋的經濟圈，自己的民族就不會有茁壯的未來。[9]

數十年來，他們因為同時與西班牙、法國和英國貿易而獲得很多好處（圖二十七）。西班牙的彭薩科拉總督在離開這個城鎮不久前曾寫道：「他們無法忍受只跟一個國家貿易的狀況。」他們的不滿源自兩層顧慮。第一，英國人十分吝嗇。西班

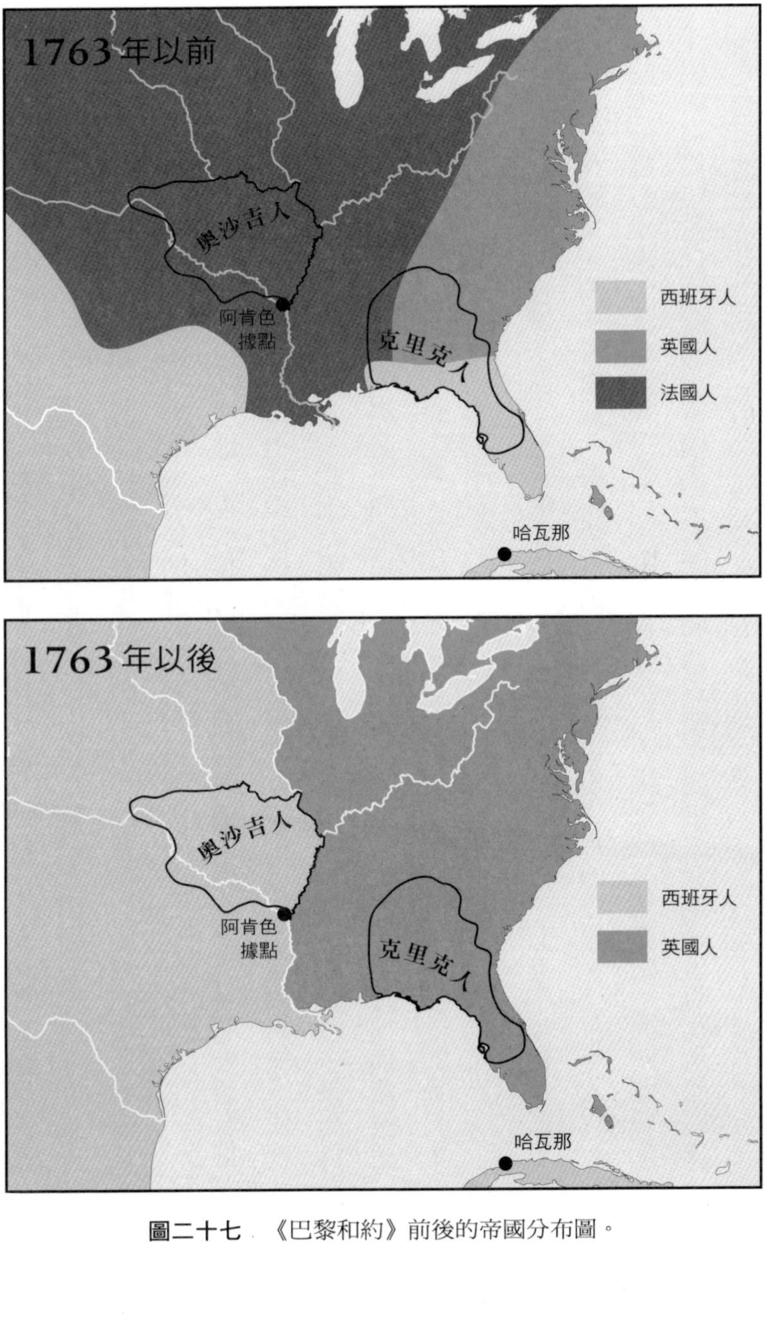

圖二十七 《巴黎和約》前後的帝國分布圖。

牙人和法國人習慣大方地贈予印地安人菸酒、食物等貿易商品，因為他們知道這些禮物是在印地安地區做生意、維繫盟友的必要成本，即使這個成本很高。然而，英國人高傲地決定省去這項開銷。英國的西佛羅里達總督表示：「在他們認知到我們的優越地位和他們對我們的依賴之前，要打破贈送禮物的習慣很困難。」[10]

小氣的英國造成的不信任感，也引起另一層相關的顧慮：英國有能力完全切斷貿易。英國人剛占領東、西佛羅里達不久後，曾跟克里克人發生了一次邊境衝突，使一些英國官員建議應該切斷貿易。總司令蓋奇認為，下令禁止貿易等同於宣戰，因此這個建議很明智地未被採納。可是，叫克里克人大為不滿的是，英國人開始把武器送給喬克托人（the Choctaw）和契卡索人（the Chickasaw）。蓋奇回報，透過有效的管理，「其他民族就能受到激勵」對抗克里克人。[11]

隨著英國人持續深入克里克人的家園，雙方關係迅速惡化。一七七〇年代初期，在喬治亞州和東、西佛羅里達，英國人真的禁止了與克里克人的貿易。克里克人說，英國人的野心太大，決心要摧毀他們。有一群克里克人出發前往紐奧良，要向西班牙人索取武器，但是卻受到由英國人提供武裝的喬克托人襲擊。[12]或許，哈瓦那能解決他們的困境。

•
•
•

在佛羅里達的蓋恩斯維爾（Gainesville）附近，挖掘出一把史前時代的西印地安人斧頭，從此可以看出，早在克里克人自一七六〇年代開始造訪哈瓦那之前，古巴和佛羅里達之間的交流就已經出現了。然而，考古紀錄看不出來交流的規模和頻率，一部分原因是，在該地區潮濕的氣候和酸性的土壤之中，有機物質製成的物品分解得很快。不過，原住民族很可能有利用這個地區常見的巨大獨木舟，偶爾或頻繁地往來於佛羅里達和古巴之間。十六世紀西班牙人入侵古巴時，兩地之間長久的連結可能鼓勵了一些古巴人逃難到佛羅里達。殖民滿一百年之時，西班牙船隻已經有定期往返哈瓦那與聖奧古斯丁，在哈瓦那這座古巴首都中，也住了無數佛羅里達原住民族，替前往美洲大陸的探險隊擔任翻譯。[13]

佛羅里達印地安人會乘坐大型獨木舟，從礁島群花二十四小時抵達哈瓦那，跟西班牙屬的古巴展開利潤豐厚的貿易，以樹皮、水果、獸皮交換剪刀、刀子、斧頭、魚鉤和香菸。一八九八年，一個在哈瓦那旅行的旅人描寫礁島原住民族坐船抵達港口的景象。他寫道：「他們主要的商品有魚、岸邊找到的一些琥珀小玩意兒、龜殼，還有關在籠子裡的一種鮮紅色鳥類，因其顏色而被稱作紅雀。」他驚訝地看著準備返回西班牙的水手們，向一群印地安人買了超過兩千隻的紅雀，讓印地安人賺了一萬八千披索，這價錢足以購買超過兩千件上衣或大約六千四百公升的蔗糖酒。[14]

十七世紀，在哈瓦那與塔拉哈西（Tallahassee）南部，此地和東部的阿帕拉契之間，也有活躍的貿易關係。西班牙人在那裡建立了數個傳教站，因此傳教士會出口牛、獸皮、鹿皮等商品到古巴首都。直到十八世紀初，克里克人和暫時結盟的英國盟友把傳教站毀了，交流才停止。同一時間，克里克人開始到半島南部攻擊礁島群的印地安人，把那裡的貿易活動也打亂。部分受害者逃到了哈瓦那，接受洗禮，然後定居在被城牆圍繞的城市對岸；部分受害者繼續留在礁島群，透過捕魚、搜尋船難殘骸、與古巴漁夫貿易維生；還有一些人被抓走，融入克里克人的家族，特別是婦孺，因為他們擁有跟古巴貿易的第一手知識，因此可能促進了克里克人和古巴人的交流。[15]

在一七六三年和一七七六年年底之間，克里克人至少前往哈瓦那十九次，人數少則一人、多則二十四人。他們通常是從坦帕灣啟程，因為這裡每年八月到三月間都會有三十艘左右的西班牙漁船在此作業。哈瓦那主要從佛羅里達外海取得漁獲，用來餵飽這座城市愈來愈多的人口，同時在基督教大齋期等宗教齋戒期間，供給信徒糧食。撒下漁網，將石首魚、鰹魚和鯡魚撈上來之後，漁夫會到岸邊乾燥、醃製魚肉。可想而知，漁夫和當地居民之間開始出現小型貿易，就如兩百年前北美原住民族和歐洲人初次接觸後，在聖羅倫斯灣形成的貿易往來。[16]

克里克人要說服古巴漁夫載他們一程並不困難。有時，他們會給漁夫看佛羅里達總督發下來的委派文件。有些文件其實是長達四十年前的東西，但他們小心保留了下來。這些信件讓沒上過學、應該也不識大字的船長相信，這些特使「可能是重要人物」。雙方時常無法理解彼此，這個情況對克里克人來說或許是個優勢。一名官員負責詢問船長弗朗西斯科・佩拉埃斯（Francisco Pelaez）事情經過後，官員寫道：「他完全聽不懂他們的語言，而他們也不會說西班牙語。」有時，克里克人會透過善意讓漁夫願意載他們一程。他們會歡喜迎接漁夫的到來，並贈送熊油給他們。在這樣的情況下，接受印地安人的請求似乎非常合理。長期來看，克里克人具有三項優勢：漁夫的人數通常比較少；漁夫不想疏遠當地居民，危及自己的生計；西班牙王室會補償漁夫運送印地安旅客的開支。[17]

拜訪完哈瓦那之後，克里克人會回到家鄉，表達自己因為得到如此的「殷勤好意而感到的千萬驚嘆」。他們描述了在古巴首都短暫享受到的醇酒、香菸和美食，並向同胞展示元帥的贈禮。一名因為旅人身上「昂貴華麗」的服裝而心生不平的英國商人表示：他們「穿著西班牙服飾看起來非常華麗」。雖然有一個人觀察到，這些衣服很快就變得又破又髒，看不出來原先的質料和顏色。[18]

克里克旅人也描述了有時並不順利的海上航程，尤其他們本就是不習慣大海的民族。這些專門獵鹿的獵人和農夫，跟住在遙遠阿拉斯加的阿留申人完全不一樣。啟程前，艾斯庫查普從兒子那裡聽說「大海就像高山，船會從山頂快速掉到非常深的谷底。」然而，「他們之中有些女性也跨越過這些海域，身為一個男人他當然不害怕。此外，他很老了，要是溺死，所有的煩惱都將結束。」也有一些克里克人說到航程的魅力。乘客有時候會有自己的鋪位，並能在船長的餐桌上享用早餐、午餐和晚餐。有一群人得意地說：「酒杯永遠斟滿潘趣酒（punch）。」[19]

克里克人在一七六〇年代零星造訪古巴，希望獲得援助以對抗英國人，但到了一七七三年，情況變得更危急了。那年二月，知名的戰士埃斯提瑪斯雷契（Estimaslayche）率領一支代表團來到古巴首都。他說，他的手下正在巡邏整個佛羅里達海灣海岸，隨時準備攻擊任何英國漁夫和殖民者。他說，克里克人打算在春天向英國宣戰。他們會憑著決心與毅力戰鬥，沒有完全摧毀敵人就不會罷休。他們需要西班牙人提供武器、火藥和鉛彈，結果卻拿到一堆帽子、鏡子、縫線，還有「父愛般的善意」。西班牙人告訴埃斯提瑪斯雷契，任何軍事協助都會摧毀西班牙與英國之間「偉大的和平與友誼」，雖然卡洛斯三世其實很想為七年戰爭遭受的損失報一箭之仇。[20]

根據一份卓越的紀錄，埃斯提瑪斯雷契聽見這令人失望的回應後，站起身來謝謝他們在哈瓦那向他和他的同伴表達的好客之情和贈予的禮物。接著，他使用「既深切又傲氣」的言詞稱頌「偉大的西班牙國王」：

世上眾國都在他的強大與威力之前顫抖降服。這是蒙特蘇馬原先的帝國所組成的廣大各省的印地安人說的，因為他們只曾被西班牙打敗。

埃斯提瑪斯雷契說，卡洛斯三世只要想要，要將英國逐出佛羅里達州不成難事。最後，這位克里克使節希望把他的懇求轉交給國王知道，因為他有信心陛下絕對會「實現不拋棄他們的許多諾言」。[21]

克里克人在一七七四年又造訪哈瓦那兩次，但拉托雷侯爵已經開始感到厭煩，懷疑這些貴賓千里迢迢前來，只是想要利用他的好客之道。他強烈喝止漁夫讓印地安人上船，禮物也給得愈來愈吝嗇，但是卻沒有用。[22]造訪的次數更加頻繁，結盟的請求也更為迫切。

• • •

到了一七七五年年初，北美十三州和喬治三世之間日漸升溫的衝突情勢，已經影響到克里克人的家園。雙方發動的經濟戰爭導致鹿皮貿易嘎然而止，英國製品在深南部變得稀少。[23]西北方一千六百公里之遙的地區也面臨同樣的處境，促使達科塔酋長瓦巴沙出發前往蒙特婁，克里克人則更加努力在哈瓦那尋求幫助。在一七七五年二月到一七七六年三月的這十三個月之間，共有十二個代表團前往古巴首都，艾斯庫查普一行人只是其中之一。

艾斯庫查普雖然沒有在大海上航行過，但他長期擔任克里克人的外交使節，在南部的旅行經驗十分豐富，並且跟西班牙人建立了長久的關係。在一七四〇年代，佛羅里達總督曼努埃爾・蒙蒂亞諾（Manuel de Montiano）任命他為「印地安士兵統帥」。這個榮譽軍銜標誌了他在西班牙殖民者之間的地位。十年後，艾斯庫查普跟蒙蒂亞諾的繼任者見面，確立了克里克人與西班牙的盟友關係。不久後，他讓兒子在佛羅里達州的首府受洗，獲得跟西班牙國王名字一樣的教名費南多（Fermando）。然而，兩年後，少年已記不得這個名字。一七五九年，艾斯庫查普拜訪了莫比爾（Mobile）的法國人、阿帕拉契山脈的契羅基人、南卡羅來納州山麓地區的卡托巴人（the Catawba），以及查爾斯頓（Charleston）和奧古斯塔的英國人。這趟旅程長達兩千四百公里，令即將討伐契羅基人的英國人覺得「很可疑」。幾年後，在西班牙人撤離佛羅里達州不久前，聖奧古斯丁的總督在一封以自己的紋章為緘的信件中，再次確立艾斯庫查普「印地安士兵統帥」的頭銜。[24]

英國人占據彭薩科拉時，艾斯庫查普是數名跟他們簽訂租地條約的克里克人之一，但他很快就對這些新的承租人感到挫敗。條約簽訂五個月後，他派他的兒子到皮科拉塔（Picolata，靠近聖奧古斯丁），向負責印地安事務的英國代表表達不滿：商人不尊重條約中的訂價表，殖民者也在侵占他們的土地。艾斯庫查普的兒子表示，「如果整片土地都被拓居，他們就只能獵到老鼠和兔子，而白人不會願意拿商品交換這些動物的皮。」他說：野鹿「愈來愈少」，且「白人都出高價販售自己的東西。」一七七〇年發生了一起事件，使得艾斯庫查普確定了英國人對他們心懷惡意：艾斯庫查普在巡視薩凡納河（Savannah River）上游附近克里克人與喬治亞州之間的界線時，他去了一家酒館。一群人跑來跟他搭話、羞辱他，企圖奪走他的槍。他逃跑時，那些人還朝他開了幾槍。[25]

即便如此，直到一七七三年艾斯庫查普簽署《奧古斯塔條約》後，才確實跟英國人斷了關係。因為喬治亞州不斷索求更多土地，他們最後得到克里克人占地八千平方公里的珍貴獵場，幾乎讓這個擁有四十年歷史的殖民地面積倍增。讓出這片「品質最豐最棒」的土地，名義上是要償還克里克人的債務。艾斯庫查普表示：「我們希望……商人可以放我們自由。」一七七四年，一名南方人在有條有理地分析，「他有機會在我們的商品之中拿走他們想要的物品，並用他們想要的價格將他們的商品賣給我們」，能達到這些目的的商人，自然是交易中占上風的一方。[26]說出這番話的人是不久後成為革命分子的蘭登．卡特（Landon Carter），因為他很不滿英國的商業政策對像他一樣的維吉尼亞莊園主所造成的影響。艾斯庫查普和他的克里克同胞發現，自己跟英國商人的關係也處於同樣不利的局面。

在一七七四年年底，艾斯庫查普乘獨木舟出發前往坦帕灣，接著再跟十三個同伴搭漁船前往哈瓦那。艾斯庫查普跟古巴元帥見面，描述了克里克家園的困境。英國人已經實行通商禁令，向他們宣戰了，導致原住民族與殖民者之間爆發衝突。艾斯庫查普向西班牙王室宣誓效忠，希望獲得援助以對抗英國人。這些要求很耳熟，但是他還有一個更不尋常、更有創意的提議，那就是在坦帕灣建立聚落，方便西班牙跟古巴維持「獸皮、馬匹等商品的互惠交易」。簡單來說，就是自由貿易區。侯爵對此提案興趣缺缺。他說他會把請願傳達給王室，接著謝謝他們的忠心，要他們別再來了。[27]

離開哈瓦那三週後，他們再次來到古巴首都，堅持要得到正面的回覆。侯爵很不高興地接見他們，給他們少少的補給，並告訴他們如果再回來，他們就必須自行負擔糧食開銷。克里克人沒有退卻。帶艾斯庫查普回到佛羅里達州的漁船，又帶了一位獨自前來、顯然很有說服力的使節到哈瓦那。這位大使憑著「成效絕佳」的口才，提議元帥給克里克人一艘船，讓深南部跟古巴之間可以經常進行交易。他們願意用貿易獲得的利潤支付船隻的費用。他也建議，西班牙應該開放古巴商人與克里克人之間的貿易。[28]

當時，卡洛斯三世正忙著重整成為西班牙累贅的商業規範，抑制壟斷專賣情形、開通港口、改革稅務政策等，目的都是將西班牙帝國現代化。[29]在規模上，艾斯庫查普的提議雖然比不上卡洛斯三世的大臣在推動的改革，但是在精神上卻比他們想到的任何東西還更理性大膽——用那時的話來說，就是更「啟蒙」。這項提議假定了克里克族擁有完全的獨立主權，能夠不顧英國在東南部的主權宣示，自行與外國建交。此外，這項提議也描繪了克里克人與古巴之間的互惠貿易，一個不受任何保護主義措施所限制的願景。

古巴元帥肯定覺得一群印地安人駕駛帆船往來坦帕灣和哈瓦那的這個概念很愚蠢，因為他當場就拒絕了這個提議（然而克里克人覺得這個點子很棒，在一七八三年又再次提出）。可是，他也無法瀟灑地放棄跟克里克人貿易的可能性。他的殖民地迫切需要克里克人所能提供的商品：牛肉、馬匹、玉米、醃魚和鹿皮。

做為交換，克里克人想要得到織品、斧頭、鋤頭、槍枝、火藥和鉛彈。他們解釋，除了透過貿易，他們沒有其他辦法可以獲得衣物、工具和武器。他們大有理由相信哈瓦那的商人可以滿足這些的需求。在英國短暫占領哈瓦那之前，每年平均只有五艘西班牙船來此，但是到了一七七〇年代，這個數字已經增加十四倍，來到七十艘。同一期間，進口商品的價格也漲了五百倍。相較之下，英屬的聖奧古斯丁和彭薩科拉好像還在沉睡。在克里克人知道的南方城市之中，只有查爾斯頓這座港口能與哈瓦那匹敵。除此之外，南部的都市跟古巴首都相比簡直迷你極了。[31]

因此，哈瓦那看起來是個購買商品的好地方，而它龐大的軍事實力也意味著這裡能夠取得武器和軍火。在一七六三年，英國把自己的獎品哈瓦那割讓給西班牙後，這座城市的武力著實成長。近四千名常備軍駐紮在此，另外有五千到六千個來自當地居民的民兵，克里克人停留期間便曾親眼目睹民兵每週日的操練。巨大的堡壘、廣闊的兵營、高聳的城牆以及無數的大砲，讓所有訪客印象深刻。[32]

元帥每次的款待，讓克里克人獲得各式各樣哈瓦那所能供應的商品。例如，埃斯提瑪斯雷契一行人便拿到了上衣、絲質手帕、帽子、剪刀、鏡子、刀子、打火石、象牙梳子、馬銜、鐵製馬刺、鐵鋤、鑿子、釘子、鎖等數十件物品。[33]這算是比較豐厚的贈禮，之後前來的訪客得到的禮物沒有這麼多。然而，這樣就足以讓克里克人想要尋求貿易關係了。

•
•
•

我們很容易就會假定（但這或許並不正確），克里克人抵達古巴時，只是湊巧遇到了各種幸運的機緣，他們其實並不了解經濟或古巴，無法像熟悉市場的商人那樣思考。然而，自從一七六三年英國將哈瓦那歸還西班牙之後，他們已經認識這座城市兩年了。他們親眼目睹了兩個具有歷史意義的劇烈變遷的開端。

第一個變遷是人為的。當時，古巴剛要成為全世界最會賺錢又最會壓榨工人的奴隸殖民地。自從一七六三年克里克人開始造訪古巴之後，哈瓦那和古巴西半部的人口已增加將近一倍。同一期間，製糖產業也已生根，在一七六〇年代成長一倍，一七七〇和一七七五年之間又再度成長幾近一倍。要種植、加工蔗糖，古巴人需要仰賴強迫勞動。一七六三年之後的二十五年間，古巴進口了五萬九千名奴隸，相當於一七六三年以前的兩百五十年間的進口數量。[34]雖然跟十九世紀的數量相比，這個數字還算少，但是已經可以看出趨勢走向。

增長的人口、龐大的駐防軍、製糖產業的擴張，都讓這座島嶼出現嚴重的食物短缺。到了一七六〇年代晚期，古巴已經開始從墨西哥進口乾牛肉條、醃魚、玉米、牛皮和鹿皮，而這些商品克里克人都可以提供。需求的速度總是大於供應，尤其是當莊園主忙著將牧場改成甘蔗田的時候。[35]

第二個變遷是天然的。從十四世紀開始為期五百年的小冰河期，這時候正要結束，氣候非常混亂。一七六〇年代起，嚴重的氣候不穩定重創了加勒比海地區數十年之久，帶來一連串後果慘烈的乾旱與毀滅性的颶風。一七六八年十月，一場強大的颶風襲擊古巴南岸，掃過整座島嶼，留下一條五百公里寬的荒蕪地帶。哈瓦那出現四點五公尺的風暴潮，淹沒了整座城市，摧毀港內五十五艘船當中的五十三艘。島嶼的主要作物也被狂風暴雨打扁。在接下來幾年，災害接二連三出現：颶風（一七七一年）、乾旱（一七七二年）、颶風（一七七二年）、颶風（一七七三年）、乾旱（一七七三年）、颶風（一七七四年）。36

年紀輕輕的亞歷山大．漢彌爾頓（Alexander Hamilton）在一七七二年親身經歷了一場颶風，這場颶風將他身處的聖克羅伊島（St. Croix）夷為平地，他寫道：「大自然彷彿在全面的瓦解。」那種「恐怖與毀滅」是不可能描寫或想像的。颶風過後，面目全非的屍體散落在街道上，家家戶戶焦急尋找棲身之所，生病的人則暴露在戶外。儘管古巴沒有遭遇這場颶風最可怕的一面，哈瓦那的房屋、商店和營房仍損害嚴重。更慘的是，當地的糧食作物全毀，加勒比海地區沒有任何地方能夠提供援助。饑荒威脅了整個地區。37

簡言之，機會在招手。由於這些天災顯而易見，克里克人可能不用任何協助，就能看出未來的經濟前景對他們有利。即使他們需要有人幫忙提點，他們在古巴首都的許多朋友，也肯定有告訴他們食物短缺的情況。安東尼奧及胡安・廉恩迪安父子每年會接待克里克訪客好幾個星期，也有不少佛羅里達州的印地安人長期住在這座城市，和這些克里克人接觸過。[38]他們的對話內容是什麼，我們只能臆測，因為西班牙官員沒有在場，也就沒有紀錄留下。

因此，艾斯庫查普精心設想的提議正中古巴的迫切需求，而且還有另外一個吸引人的地方——克里克人不僅可以為莊園的勞力提供糧食，也能夠吸收這些莊園的副產品，糖蜜蒸餾製成的蔗糖酒。由於蔗糖酒會跟西班牙本土製造的葡萄酒競爭，所以西班牙王室已經禁止生產這種酒幾十年了。然而，早在一七三〇年代，古巴的製糖業者便已開始向王室請願，希望獲得准許，將蔗糖酒賣給佛羅里達州的印地安人。為了達成目的，他們想了許多機智的論點：這是征服印地安人最好的辦法；印地安人認為西班牙和加那利群島產的蔗糖酒很難喝；最天才的論點或許是，禁蔗糖酒會干預佛羅里達礁島群船難殘骸的收復，因為沒有蔗糖酒的幫助，印地安潛水夫無法待在水下太久，找到沉入海底的貨物。一七五一年，佛羅里達總督承認蔗糖酒是目前最能吸引印地安人的東西。他寫道：「我帶著驚懼之心討論這個議題，因為這件事本身就令人驚懼。但是此刻，我暫時把心思放在它對國家的用途上。」[39]

雖然有這些請願聲浪，但是，直到一七六四年王室才廢止禁止生產蔗糖酒的禁令。即使如此，出口禁令依然存在，古巴人開始強烈要求讓他們在猶加敦半島（Península de Yucatán）和路易斯安那州販售這個產品，說他們願意支付用來養活哈瓦那龐大軍隊的稅金。在一七六八年，他們終於爭取到將蔗糖酒輸入路易斯安那州的權利，讓他們成功接觸到渴望已久的印地安客群，但是鄰近的佛羅里達市場依舊沒有開放。[40]

簡言之，艾斯庫查普的提議有好幾項優勢：乾牛肉條可以餵飽有時極度饑餓的人口；蔗糖酒的新市場可以讓莊園主的口袋滿滿；貿易交流將會終結克里克使節定期造訪所帶來的龐大開銷。[41]

起初還沒看見這些優點的元帥，最後總算熱切地接受了艾斯庫查普的提議。他讚揚這項提議能帶來的好處，沒有理會某位官員的擔憂——這位官員認為，開放前往佛羅里達州，會成為他們與英國人之間非法交易的掩護。元帥寫到，得知艾斯庫查普的提議後，要求獲准前往佛羅里達海灣沿岸的哈瓦那人不計其數。一七七五年九月，他寫信給年邁保守的西印度群島大臣胡利安．阿里亞加（Julián de Arriaga），希望了解他的意見，接著耐心等候他的回覆。[42]

終於，等到又有四組克里克人來來去去，而阿里亞加也過世了之後，新任的西印度群島大臣、同時也熱愛改革的荷西．加爾維斯（負責監督西班牙將邊境擴張到上加州的人也是他），總算在一七七六年七月底批准了古巴元帥和艾斯庫查普的要求，同意讓「幾艘船」協助古巴和克里克人進行貿易。[43]然而，這個時候已經太遲，掌握繁榮經濟的機會早已溜走了。

• • •

多年來，胡安．廉恩迪安用自己的漁船運送無數印地安人往返哈瓦那與坦帕灣，因此變得十分精通克里克語。到了哈瓦那，許多乘客會住在他父親安東尼奧的家中，因此安東尼奧被親切地稱作「el Campechano」，意思是純樸、好客、熱情的人。一七七六年秋天，三名克里克男子和他們的妻子坐上廉恩迪安的船，要回去佛羅里達。途中，廉恩迪安和乘客開始喝起蔗糖酒。結果，雙方打了起來（一份文獻說是為了女人），廉恩迪安將三名男子刺死。抵達坦帕灣後，廉恩迪安將克里克女子放下船，接著就跑到礁島群躲起來。[44]

在關係緊密的克里克小社群裡，外人殺害自己人，某種程度上來說跟國際事件一樣。家族成員會嚷著要復仇，哀悼的親友們除非得到某種慰藉，否則兩國之間的關係也無法恢復正常。至少，這是西班牙人的認知，而他們想的也沒有錯。古巴漁夫不敢再去坦帕灣，害怕會被憤怒的克里克人傷害。然而，克里克人的觀點並沒有狹隘到去忽視更大的利益，因為他們很清楚定期與哈瓦那接觸的必要性。由於雙方互不信任、互相恐懼，彼此的溝通十分緩慢。但最終，在一七七七年十二月，一支克里克代表團通知元帥，受害者的家屬已經原諒胡安·廉恩迪安，因為他的父親安東尼奧多年來接待了他們無數次。而在當時，代表團也正受到他的接待。[45]雙方得以恢復貿易。

然而，因為北美十三州正在打仗，元帥的利益已經轉變。這時，他正在擬訂計畫入侵東佛羅里達，需要克里克人做為情報來源，而非商業夥伴。[46]西班牙最後在一七七九年五月加入戰局。一七八三年，又有一個《巴黎和約》結束了戰爭，而且跟一七六三年的《巴黎和約》一樣，它也將北美加以分割，但卻沒有提及大陸上的原住民族。克里克人受到喬治亞州和新成立的美國聯邦政府施壓，加上他們虧欠英國和美國商人許多債務，因此很快地喪失了大片土地給北美洲的新統治力量。

假使在新世界，克里克人成為快速成長的奴隸殖民的供應者，會怎麼樣呢？他們是否能在經濟方面發揮影響力，不至於在一八三〇年代被遷移，反而能夠保住自己的家園？他們有沒有可能以某種形式成為美利堅合眾國的一份子，比方說做為其中的一個州，和老南部一樣大力投資奴隸制？這樣一來，南部和美國的歷史會出現什麼轉變？

• • •

在一七七六年的七月十二日，決心號（Resolution）起錨，從泰晤士河溜入英吉利海峽。同一天，在北美大陸東岸，喬治．華盛頓在曼哈頓的總部向大陸會議報告，有兩艘英籍砲艦沿著哈德遜河航行，不斷測試美國毫無效用的防禦。大陸軍「沉重不間斷的連續砲擊」，毫無殺傷力地落入水中，不過倒是有一發在砲管中爆炸，炸死六個人。屍體被葬在曼哈頓南端的一個小公園「滾球綠地」裡。[47]

相較之下，詹姆斯．庫克指揮的決心號有一個更明確的意圖。英國海軍部派庫克前往美洲西北海岸，欲探查一條傳說中將大西洋和太平洋連接起來的路線。班傑明・富蘭克林之後在一七七九年寫到，此舉「真正值得嘉許」，因此下令所有的美國船長和司令要讓這位大名鼎鼎的英國航海家安全通過，即便這是在戰爭時期。富蘭克林表示，「地理知識的增進」最後可以促進「全體人類的福祉」。[48]

決心號和陪同船艦的發現號（Discovery）往南繞過非洲的好望角，接著往東前往紐西蘭，再往北跨越太平洋，抵達「新阿爾比恩」（New Albion），也就是在將近兩百年前，法蘭西斯・德瑞克為加州沿岸地區所取的名稱。一七七八年一月十八日破曉時分，陸地赫然出現在海平面上，此地距離庫克造訪的最後一座有人居住的島嶼波拉波拉島（Bora Bora），已約超過四千公里。他看見的是海拔一千兩百公尺的歐胡島（Oahu）。在那天以前，夏威夷人（the Hawaiian）已經過了數百年幾乎完全與世隔絕的生活，他們的生命即將被徹底打亂。

後記

我們不知道在歐胡島上第一個注意到海平面上那兩艘船的人是誰。有一份紀錄寫到，這兩艘船就好比兩塊從天而降的土地，砸破了那面支撐穹頂的遙遠的牆。兩艘船從南方靠近時，划著獨木舟的當地居民到外海數公里處迎接他們，希望交換釘子和鐵製品。從過去被沖上岸的日籍船艦殘骸中，他們得知了這些東西的存在。好奇的居民聚在岸邊或爬上瞭望點，觀察這群陌生人。一天後，幾個很有冒險心的人登上船艦。詹姆斯．庫克寫道：「我從來沒看過印地安人對船隻的到來這麼驚訝的。他們不斷東張西望，狂亂的眼神和行為，充分表達出他們對眼前所見的一些新事物的驚奇與訝異。」[1]

在大陸西岸，革命未竟之地，北美原住民族的生命受到半個地球以外發生的事件所顛覆。各種困難與機會跟庫克的船艦一樣從天而降。在恰克圖，商人將皮草輾轉賣到了位在北京的中國朝廷，帶來廣大深遠的影響。為了供應市場，皮草捕獵交易人跨越白令海峽，到阿留申群島尋找海獺，促使西班牙官員慌忙前去殖民加州沿岸，並間接開闢了一條連結聖塔菲和蒙特雷的路徑。俄羅斯和西班牙對於太平洋沿岸地區的知識乏善可陳，殖民者連原住民族的語言也不會說，自然對途中遇見的印地安人了解甚少。同樣地，阿留申人、庫米亞人、科斯塔諾人和猶他人也無法理解這些新來的俄羅斯人和西班牙人，更無法自信地回應他們帶來的各種複雜又變化快速的變遷為何。

同一時間，人在巴黎的歐洲貴族在北美大陸中央劃了一條界線，將北美洲一分為二。他們完全不曉得這條線對原住民族以及自己的國家會有何等影響。在加拿大的草原上，這條新界線讓這個地區湧入大量皮草貿易商；在南方，它引起了龐帝克戰爭，而這場衝突波及的範圍遠至西邊的黑山地區；在更南方，這條界線為奧沙吉人帶來新的商機；但在東南部，原有的商機反而遭到破壞，對克里克人造成嚴重的後果。

庫克在夏威夷登陸，也造成了同樣深遠的影響。這位航海家突如其來從海的另一頭出現之後，夏威夷群島上的二十七萬五千個居民很快地開始劇烈減少。其中一個船員在十五年後再度回到這裡，發現有些地區的人口「少了至少三分之二」，有些地區則「完全被遺棄」。梅毒和淋病直接或間接地害死當地人，降低女性生育力、增加嬰兒死亡率。流感、肺結核、傷寒、麻疹、百日咳和痢疾也害死了數千人。不到五十年，群島居民只剩一半。再過五十年，人口創歷史新低，來到五萬四千人，衰退程度非常驚人。[2]

決心號和發現號離開夏威夷群島、抵達北美大陸之後，繼續沿著西岸而上，沿途跟海岸居民接觸。一七七八年六月底，他們在烏納拉斯卡島北面的撒姆古努達灣（Samgunuda Harbor，今天的英吉利灣）下錨——索洛維夫幾年前就在這座島上凌虐了當地居民。木匠忙著拆掉兩艘船的包層、修復漏水的接合點時，發現號的師傅湯瑪斯．埃德加（Thomas Edgar）趁這一個月的空檔探索了島嶼的內陸，並造訪阿留申人和新來的俄羅斯人。埃德加發現，俄羅斯商人責罵「美洲原住民族」是「野蠻又可悲的傢伙，為了保衛自己，把入侵者趕走，保障自己的自由」。埃德加忍不住嘲弄自己的英國同胞：「從這裡就可以看出，爭取自由的努力不完全局限在大陸東岸。」[3]

從阿留申群島到密西西比河（當然還有包括大西洋沿岸的北美十三州），十八世紀的美洲原住民族面臨了變革性的挑戰。這些挑戰擴散到各地，但卻威力十足、難以駕馭，使得參與其中的人常常不能理解。一直到二十一世紀，它們的影響仍迴盪不去。美國的建國先人在一七七六年勇敢地宣告獨立了，但是今天我們知道，我們其實永遠彼此牽絆、沒有完全獨立，就跟北美洲的那些祖先一樣：我們的財富會受到遙遠的市場牽絆；我們的健康會受到大量的微生物相牽絆；我們的食物會受到氣候變遷牽絆。這些以及其他無數的力量，透過深遠、難以預測的方式形塑我們的人生。把規模放大來看，我們今日面臨的一切，正是一七七〇年代革命未竟之地的北美原住民族，在他們的家園上面臨的一切。他們的世界已經變成我們的世界。

謝辭

我要謝謝道格拉斯・諾斯魯普（Douglas Northrup）、瑪琳娜・多布洛諾夫斯卡亞（Marina Dobronovskaya）、傑夫・哈斯（Jeff Hass）、烏麗亞娜・賈巴拉（Uliana Gabara）與羅德克・賈巴拉（Vlodek Gabara）協助取得莫斯科和聖彼得堡的文獻，並要謝謝歐嘉・湯瑪森（Olga Thomason）翻譯伊萬・索洛維夫的報告。另外，我也要感謝約翰・沃斯（John Worth）跟我分享有關古巴克里克人的參考資料。G・英格利斯（G. Douglas Inglis），幫助我取得塞維亞西印度群島綜合檔案館的信件文本，我沒有預料到能夠獲得他不可或缺的協助，也因此特別感恩他的慷慨。約書亞・黑尼斯（Joshua Haynes）聯繫了全國、甚至是位於大西洋對岸的各大圖書館與檔案館，取得本書收錄的所有插圖，因此我要謝謝他在忙著完成論文之際，依然替我完成這項任務。我很感激彼得・伍德，因為自從我在一九九〇年結識他之後，他便啟發並鼓勵我研究早期的美洲大陸史。我也要謝謝美國哲學會、喬治亞大學的威爾森人文藝術中心以及理查・羅素基金會贊助我的研究。

我要謝謝Garamond經紀公司的麗莎・亞當斯（Lisa Adams）很早就看出本書草稿的潛力，有耐心地幫助我寫出極具說服力的提案。感謝出版商W・諾頓的湯姆・梅爾（Tom Mayer），他跟我一樣來自北加州，小時候也跟我一樣對於俄羅斯河充滿不解，因此了解這樣一本書出版的必要性，很熱情地接下出書計畫。他處處為我提供充滿洞見的編輯建議。

一如往常，我要感謝寶蕾特・龍（Paulette Long）。自從一九七六年的兩百周年慶，她和我一起去過許多地方。我要謝謝瑞秋・賈巴拉（Rachel Gabara）成為我的北極星，帶我走過困頓與美好。本書要獻給我的兩位小小巨人里歐（Leo）和米洛（Milo）。

引用書目縮寫

AGI　Archivo General de Indias, Seville, Spain. 西班牙塞維亞的西印度群島綜合檔案館。

CRNC　*Colonial Records of North Carolina*. Edited by William L. Saunders. 10 vols. Raleigh: Josephus Daniels, 1886–1890. 《北卡羅來納殖民紀錄》，威廉・桑德斯編。十冊。羅里：Josephus Daniels，1886–1890年。

DEJ　Silvestre Vélez de Escalante. *The Domínguez-Escalante Journal: Their Expedition through Colorado, Utah, Arizona, and New Mexico in 1776*. Edited by Ted J. Warner. Translated by Fray Angelico Chavez. Salt Lake City: University of Utah Press, 1995. 西爾維斯特雷・埃斯卡蘭特，《多明哥斯與埃斯卡蘭特日誌：他們在一七七六年穿越科羅拉多、猶他、亞利桑那和新墨西哥的探險遠征》，泰德・華納編。福瑞・查維茲譯。鹽湖城：猶他大學出版社，1995年。

HBCA　Hudson's Bay Company Archives, Archives of Manitoba. 哈德遜灣公司檔案，曼尼托巴檔案館。

HEB　Herbert Eugene Bolton Papers, Bancroft Library, University of California, Berkeley. 赫伯特・博爾頓文件，班克羅夫特圖書館，加利福尼亞大學柏克萊分校。

PapC　Papeles de Cuba. 古巴文件。

PapSD　Papeles de Santo Domingo. 聖多明哥文件。

PKY P. K. Yonge Library of Florida History, University of Florida, Gainesville. 佛羅里達史P・楊格圖書館，佛羅里達大學，蓋恩斯維爾。

WJS *Writings of Junípero Serra*. Edited by Antonine Tibesar. 4 vols. Washington, DC: Academy of American Franciscan History, 1955–1966.《胡尼佩羅・塞拉手稿》，安托寧・蒂貝薩編。四冊。華盛頓：美國方濟各歷史學院，1955–1966年。

注釋

導論

1. Thomas Paine, *Common Sense*, 4th ed. (Lancaster, PA: Francis Bailey, 1776), 29, 21; James D. Drake, "Appropriating a Continent: Geographical Categories, Scientific Metaphors, and the Construction of Nationalism in British North America and Mexico," *Journal of World History* 15, no. 3 (2004): 346（「地球四個角落的一角」）。
2. 另一份紀錄寫到，庫斯科夫是在一八一一年放置銅匾的。George P. Taylor, "Spanish-Russian Rivalry in the Pacific, 1769–1820," *Americas* 15, no. 2 (1958): 115, 115n16。
3. Adolph (Steve) Volk, *Culinary Olympics 1976/84/88: With Pulled and Blown Sugar* (Bloomington, IN: AuthorHouse, 2005), 2–3。
4. 有興趣了解學者如何議論早期美國歷史主題範圍的讀者，可以參考：Michael Witgen, "The Native New World and Western North America," *Western Historical Quarterly* 43, no. 2 (2012): 292–99; Claudio Saunt, "Go West: Mapping Early American Historiography," *William and Mary Quarterly* 65, no. 4 (2008): 745–78; Peter H. Wood, "From Atlantic History to a Continental Approach," in *Atlantic History: A Critical Appraisal*, ed. Jack P. Greene and Philip D. Morgan (New York: Oxford Ue9niversity Press, 2008), 279–98; Elizabeth A. Fenn, "Whither the Rest of the Continent?" *Journal of the Early Republic* 24, no. 2 (2004):

167–75; Alan Taylor, "Continental Crossings," *Journal of the Early Republic* 24, no. 2 (2004): 182–88; Joyce E. Chaplin, "Expansion and Exceptionalism in Early American History," *Journal of American History* 89, no. 4 (2003): 1431–55; Nicholas Canny, "Writing Atlantic History; or, Reconfiguring the History of Colonial British America," *Journal of American History* 86, no. 3 (1999): 1093–1114; Ian Tyrrell, "Making Nations/Making States: American Historians in the Context of Empire," *Journal of American History* 86, no. 3 (1999): 1015–44; Gordon S. Wood, "A Century of Writing Early American History: Then and Now Compared; Or How Henry Adams Got It Wrong," *American Historical Review* 100, no. 3 (1995): 678–96; James A. Hijiya, "Why the West Is Lost," *William and Mary Quarterly* 51, no. 2 (1994): 266–92; Joyce Appleby, "A Different Kind of Independence: The Postwar Restructuring of the Historical Study of Early America," *William and Mary Quarterly* 50, no. 2 (1993): 245–67; Ian Tyrrell, "American Exceptionalism in an Age of International History," *American Historical Review* 96, no. 4 (1991): 1031–55; and James Axtell, "A North American Perspective for Colonial History," *History Teacher* 12, no. 4 (1979): 549–63。關於美洲大陸這個概念的學術批判討論，請見：Martin W. Lewis and Kären E. Wigen, *The Myth of Continents: A Critique of Metageography* (Berkeley: University of California Press, 1997)。

5. Joan Evans, "The Embassy of the 4th Duke of Bedford to Paris, 1762–1763," *Archaeological Journal* 113 (1956): 141; Richard Neville to the Duke of Bedford, 16 February 1763, in *Correspondence of John, Fourth Duke of Bedford*, ed. Lord John Russell (London: Longman, Brown, Green, and Longmans, 1846), 3:200–203. On the Treaty of Paris in North America, see the excellent introduction by Colin G. Calloway: *The Scratch of a Pen: 1763 and the Transformation of North America* (New York: Oxford University Press, 2006)。

序言　西部投機：亨德森的外西凡尼亞殖民地

1. Louisa Company, Draper Manuscripts, Wisconsin Historical Society, Madison, 1CC2（「山脈的西邊」）; minutes of the Transylvania House of Delegates, 23–27 May 1775, in *CRNC* 9:1267–79. 該名敬佩不已的人是J・史密斯（J. F. D. Smyth）: *A Tour in the United States of America* (London: G. Robinson, 1784), 1:126.
2. Thomas Walker, "Journal," in *First Explorations of Kentucky*, ed. J. Stoddard Johnston (Louisville, KY: John P. Morton, 1898), 49.
3. William Calk, "Journal," 3 April 1775, Digital Collections, Special Collections and Archives, Kentucky Historical Society; Richard Henderson, "Journal," 30 March 1775, Draper Manuscripts, 1CC21-130; deposition of William Cocke, in Samuel C. Williams, "Henderson and Company's Purchase within the Limits of Tennessee," *Tennessee Historical Magazine* 5, no. 1 (1919): 13n12.
4. Henderson, "Journal," 30 March 1775; Henderson to proprietors, 12 June 1775, in George W. Ranck, *Boonesborough*, Filson Club Publications 16 (Louisville, KY: John P. Morton, 1901), 186; Williams, "Henderson and Company's Purchase," 14.
5. Bethabara Diary, 1776, in *Records of the Moravians in North Carolina*, ed. Adelaide L. Fries (Raleigh, NC: Edwards and Broughton, 1922–1969), 3:1096（「新大地」）.
6. 理查・亨德森的家庭背景：Draper Manuscripts, 2CC44, p. 19; Francis Nash, *Hillsboro, Colonial and Revolutionary* (Raleigh, NC: Edwards and Broughton, 1903), 7; William Few, "Autobiography of Col. William Few of Georgia," *Magazine of American History* 7 (1881): 344（「大都市」）.
7. Few, "Autobiography," 344（「那些地方…」）：理查・亨德森的家庭背景：Draper Manuscripts,

2CC44. 理論上，准許擁有的土地大小是以六百五十英畝為限，但是只要透過第三方購置，很容易就能累積持有面積。Thornton W. Mitchell, “The Granville District and Its Land Records,” *North Carolina Historical Review* 70, no. 2 (1993): 103–29.

8. John Mack Faragher, *Daniel Boone: The Life and Legend of an American Pioneer* (New York: Holt, 1992), 68–72; Brent Altsheler, “The Long Hunters and James Knox Their Leader,” *Filson Club History Quarterly* 5, no. 4 (1931): 173. 最詳盡的調節者運動專著為：Marjoleine Kars, *Breaking Loose Together: The Regulator Rebellion in Pre-Revolutionary North Carolina* (Chapel Hill: University of North Carolina Press, 2002).

9. 華盛頓在一七六四年九月二十一日致威廉・克勞福德（William Crawford）：*Correspondence between George Washington and William Crawford from 1767 to 1781, concerning Western Lands*, ed. C. W. Butterfield (Cincinnati, OH: Robert Clark, 1877), 1–5.

10. 威廉・胡珀在一七七四年四月二十六日致詹姆斯・艾爾德爾（James Iredell）：*CRNC* 9:983–86; Louisa Company, Draper Manuscripts, 1CC2; Hugh T. Lefler and William S. Powell, *Colonial North Carolina: A History* (New York: Scribner’s, 1973), 259–63.

11. 納撒尼爾・哈特在一八三九年四月二十七日致威爾金斯・坦內希爾（Wilkins Tannenhill）：*United States Commercial and Statistical Register* 3, no. 1 (1 July 1840): 10–12. 哈特的兒子在這起事件發生的六十五年後所寫的紀述是以當時在他手中的外西凡尼亞公司紀錄為依據。由於這是唯一一份寫到其父前往契羅基人的地區了解購地之可能性的文獻，秋季的那趟旅程很有可能是唯一的一趟。一七七四年貝薩巴拉日記：*Records of the Moravians in North Carolina*, 2:835–36；一七七五年貝薩巴拉日記：*Records of the Moravians*, 2:900；一七七五年貝薩巴拉日記：*Records of the Moravians*, 2:908. 另一份紀錄寫到，貨品是在克羅斯溪（Cross Creek，北卡羅來納州的費貝特維）所購，不是在威廉斯堡。Archibald Henderson, *The Star of Empire: Phases of the Westward Movement in the Old Southwest* (Durham, NC: Seeman, 1919), 53.

12. 約西亞・馬丁（Josiah Martin）在一七七五年二月十日寫下的文字：*CRNC* 9:1122–25；理查・亨德森和外西凡尼亞公司在一七七四年十二月二十五日的宣傳：*CRNC* 9:1129–31; *Virginia Gazette*, supplement, 10 March 1775, p. 2；塞勒姆會眾在一七七五年的日記：*Records of the Moravians*, 2:863；一七七五年貝薩尼亞日記：*Records of the Moravians*, 2:908（「這在整個地區⋯」）；"Sketches and Anecdotes of the Family of Brown," *American Historical Magazine* 7 (October 1902), 362–72（一群遷往外地的移民）；Felix Walker, "The First Settlement of Kentucky: Narrative of an Adventure in Kentucky in the Year 1775," *Debow's Review* 16, no. 2 (1854): 150（一名參與者）.

13. 萊曼・德萊普（Lyman C. Draper）寫到這片土地花了亨德森一萬英鎊，但是這個數字有待商榷。合約本身清楚記載契羅基人收到兩千英鎊，而另一份較小的合約「道路契約」上則記載契羅基人收到七百英鎊左右。還有一份文獻來源聲稱契羅基人收到價值四千英鎊的貨品。請參見：Ranck, *Boonesborough*, 151（兩千英鎊）；*Calendar of Virginia State Papers*, ed. William P. Palmer (Richmond: McRae, Sherwin, and others, 1875–1893), 1:287, 292, 306（道路契約）；一七七四年貝薩巴拉日記：*Records of the Moravians in North Carolina*, 2:835–36（四千英鎊）；Lyman C. Draper, *The Life of Daniel Boone*, ed. Ted Franklin Belue (Mechanicsburg, PA: Stackpole), 333; and 約翰・理德（John Reid）在一七七七年四月十六日所做的證詞：*Calendar of Virginia State Papers*, 1:285（不滿的旁觀者）.

14. 威廉・特賴恩在一七七一年三月十一日致偉斯・希爾（Wills Hill）：*CRNC* 8:524–25；亞齊柏德・尼爾森（Archibald Neilson）在一七七五年一月二十八日致安德魯・米勒（Andrew Miller）：*CRNC* 9:1116–17.

15. Thomas Perkins Abernethy, *Western Lands and the American Revolution* (New York: Russell and Russell,

1959); George E. Lewis, *The Indiana Company, 1763–1798: A Study in Eighteenth Century Frontier Land Speculation and Business Venture* (Glendale, CA: Arthur H. Clark, 1941); Clarence Walworth Alvord, *The Mississippi Valley in British Politics*, 2 vols. (Cleveland, OH: Arthur H. Clark, 1916).

16. Lewis, *Indiana Company*, 88.

17. Chad Wozniak, "The New Western Colony Schemes: A Preview of the United States Territorial System," *Indiana Magazine of History*, 68, no. 4 (1972): 291n30（「不是這世上最適合…」）。George Henry Alden, *New Governments West of the Alleghenies before 1780* (Madison: University of Wisconsin Press, 1897), 7–11（「謙遜地申請」引自第八頁）.

18. Abernethy, *Western Lands*, 2.

19. Paul Semonin, *American Monster: How the Nation's First Prehistoric Creature Became a Symbol of National Identity* (New York: New York University Press, 2000), 84–161.

20. Barnet Schecter, *George Washington's America: A Biography through His Maps* (New York: Walker, 2010), 22, 24–25; John Mitchell, *A Map of the British and French Dominions in North America* ([London]: Andrew Millar, 1755); Thomas Hutchins, *A New Map of the Western Parts of Virginia, Pennsylvania, Maryland and North Carolina* (London: T. Hutchins, 1778). 在一七七六年年底，有位可能跟外西凡尼亞公司有關係的無名製圖師手繪了一幅資訊豐富的外西凡尼亞地圖。Elizabeth Fraas, "An Unusual Map of the Early West," *Register of the Kentucky Historical Society* 73, no. 1 (1975): 61–69.

21. Alden, *New Governments*, 7.

22. 一七七六年十二月十七日的北卡羅來納州權利宣言，*CRNC* 10:1004，查理二世一六六三年三月二十四日頒發的特許狀，*CRNC* 1:21. 關於測繪一條緯線有多困難，請參考：Thornton W. Mitchell, "Granville District," 103–29.

23. Williams, "Henderson and Company's Purchase," 9; Charles C. Royce, "The Cherokee Nation of Indians: A Narrative of Their Official Relations with the Colonial and Federal Governments," in *Fifth Annual Report of the Bureau of Ethnology* (Washington, DC: Government Printing Office, 1887), 148–49.
24. "John Williams' Report (January 3, 1776) of Transylvania Affairs to the Proprietors in North Carolina," in Ranck, *Boonesborough*, 234（「充斥著土地商人」）；Richard Henderson, "Journal," 7 May 1775（「把每一塊⋯」）；James Nourse, "Journey to Kentucky in 1775," *Journal of American History* 19, no. 4 (1925): 352; "James Nourse of Virginia," *Virginia Magazine of History and Biography* 8, no. 2 (1900): 199.
25. 亨德森和約翰・呂特雷爾（John Luttrell）在一七七五年七月十八日致合夥人：Draper Manuscripts, 1CC195-97.
26. Diaries of John Adams, 25 October 1775, Adams Family Papers: An Electronic Resource, Massachusetts Historical Society; Henry Stuart to John Stuart, 25 August 1776, in *CRNC* 10:778.
27. 傑佛遜在一七七六年八月十三日致愛德蒙・彭德爾頓（Edmund Pendleton）：Founders Online, National Archives (http://founders.archives.gov/documents/Jefferson/01-01-02-0205, ver. 2013-06-26)；威廉・胡珀、約瑟夫・華斯（Joseph Hewes）和約翰・潘（John Penn）在一七七六年八月七日致北卡羅來納州安全委員會：*CRNC* 10:730–32；拉瑟福在一七七六年七月五日致北卡羅來納州安全委員會：*CRNC* 10:652；拉瑟福在一七七六年七月五日致威廉・克里斯蒂安：*CRNC* 10:651.
28. Thomas Cook, *Captain Thomas Cook (1752–1841) a Soldier of the Revolution*, ed. William M. Sweeny ([New York?]: n.p., 1909), 4.
29. 克里斯蒂安在一七七六年十月二十三日致亨利："Virginia Legislative Papers (Continued)," *Virginia Magazine of History and Biography*, 17, no. 1 (1909): 64; deposition of Arthur Campbell, October 1778, in *Calendar of Virginia State Papers*, 1:303–04（「買一小塊」）；Jerry C. Cashion, "Griffith Rutherford,"

in *Dictionary of North Carolina Biography*, ed. William Stevens Powell (Chapel Hill: University of North Carolina Press, 1986), 5:275–76; A. P. Whitaker, "The Muscle Shoals Speculation, 1783–1789," *Mississippi Valley Historical Review* 13, no. 3 (1926): 365–86.

30. "Transylvania Purchase Declared Void," 4 November 1778, in Ranck, *Boonesborough*, 253：「一七八五年荷普威爾條約」：*American State Papers: Indian Affairs* (Washington, DC: Gales and Seaton, 1832), 1:42.

PART 1
俄羅斯人來了

1. Pedro Font, *With Anza to California, 1775–1776: The Journal of Pedro Font, O.F.M.*, trans. and ed. Alan K. Brown (Norman, OK: Arthur H. Clark, 2011), 293（「極大的恐懼」）：Juan Bautista de Anza, "Anza's Diary of the Second Anza Expedition, 1775–1776," in *Anza's California Expeditions*, ed. Herbert Eugene Bolton (New York: Russell and Russell, 1930), 3:136（「倒在那裡…」及「完全不曉得」）.
2. Anza, "Anza's Diary," 3:136.
3. Bill Mason, "The Garrisons of San Diego Presidio: 1770–1794," *Journal of San Diego History* 24 (Fall 1978). 這座堡壘的確切配置並不清楚，但是當代有人嘗試描述之，請參見：Francisco Palóu, *Historical Memoirs of New California*, ed. Herbert Eugene Bancroft (1926; reprint, New York: Russell and Russell, 1966), 3:214–15. 庫米亞人又有卡米亞人（the Kamia）、迪亞古諾人（the Diegueño）、堤派人（the Tipai）、依派人（the Ipai）等名稱，但是今天這些民族全都稱自己為庫米亞人。M. Steven Shackley, "The Kumeyaay Paradise," in *The Early Ethnography of the Kumeyaay*, ed. Shackley (Berkeley,

CA: Phoebe Hearst Museum of Anthropology, 2004), 2–4. 同參：Katharine Luomala, "Tipai and Ipai," in *Handbook of North American Indians: California*, ed. Robert F. Heizer (Washington, DC: Smithsonian Institution, 1978), 8:592–610.

4. *DEJ*, 66–69.

5. Hans Jakob Fries, *A Siberian Journey: The Journal of Hans Jakob Fries*, 1774–1776, ed. And trans. Walther Kirchner (London: Frank Cass, 1974), 127.

第一章　軟金：阿拉斯加的阿留申人與俄羅斯人

1. 我把日期從儒略曆換算成格里曆了。Roza G. Liapunova, *Essays on the Ethnography of the Aleuts*, trans. Jerry Shelest (1975; reprint, Fairbanks: University of Alaska Press, 1996), 88–89（海洋哺乳動物育雛）；Ivan Solov'ev, "Report," fol. 259, file 539/4110, pp. 246v–47r, 248r–48v, Rossiiskii Gosudarstvennyi Arkhiv Drevnikh Aktov (RGADA) [Russian State Archive of Ancient Acts], Moscow. 關於聖保羅號，請參見：Vasilii Nikolaevich Berkh, *A Chronological History of the Discovery of the Aleutian Islands or the Exploits of Russian Merchants*, ed. Richard A. Pierce, trans. Dmitri Krenov (1823; reprint, Kingston, ON: Limestone Press, 1974), 42; and Thomas Edgar, "Journal," in *The Journals of Captain James Cook on His Voyages of Discovery*, ed. J. C. Beaglehole, vol. 3, pt. 2, *The Voyage of the* Resolution *and* Discovery, 1776–1780 (Cambridge: Cambridge University Press, 1967), 1355（「強壯笨拙」）。埃德加雖然沒有提及船隻的名稱，但是他在日記裡詳細描述的船絕對是聖保羅號。庫克在阿留申群島只有遇見兩名船長，一個是繼索洛維夫擔任聖保羅號船長的格拉西姆．伊茲邁洛夫，另一個是率領*Evpl*號的雅科夫．薩波

茲尼科夫（遇見他的英國人稱他雅各・伊瓦諾維奇）。根據查爾斯・克萊爾克（Charles Clerke），*Evpl*號當時正在烏姆納克島休息。Clerke, "Remarks &c at Samgoonoodha, October 1778," in *Journals of Captain James Cook*, 3(pt. 2):1336; Johann Georg Gmelin, "Voyage de Gmelin en Sibérie," in *Abrégé de l'histoire générale des voyages*, ed. J. F. LaHarpe (Paris: Ménard et Desenne, 1825), 9:355–56（「悽慘的木屋」）；Martin Sauer, *An Account of a Geographical and Astronomical Expedition to the Northern Parts of Russia* (London: T. Cadell, 1802), 40–41; James R. Gibson, *Feeding the Russian Fur Trade: Provisionment of the Okhotsk Seaboard and the Kamchatka Peninsula, 1639–1856* (Madison: University of Wisconsin Press, 1969), 126–27.

2. William Coxe, *Account of the Russian Discoveries between Asia and America*, 3rd ed. (London: T. Cadell, 1787), 349–50; Gibson, *Feeding the Russian Fur Trade*, 120–22; Varlam Shalamov, *Kolyma Tales*, trans. John Glad (New York: Norton, 1982), 46.

3. Solov'ev, "Report," 237r–37v; John Ledyard, "Siberian Journal," in *The Last Voyage of Captain Cook: The Collected Writings of John Ledyard*, ed. James Zug (Washington, DC: National Geographic Adventure Classics, 2005), 172, 176（「總是瀰漫著雪花」）；Ian R. Christie, *The Benthams in Russia*, 1780–1791 (Oxford: Berg, 1991), 84.

4. Sauer, *Account*, 14–15（伊爾庫次克的描述）；"Report of the Sea Voyage . . . under the Command of Captain Krenitsin and Lieutenant Levashev," in *Bering's Successors, 1745–1780*, ed. James R. Masterson and Helen Brower (Seattle: University of Washington Press, 1948), 58; "Report of a Four-Year Voyage . . . under the Command of the Peredovshik Dmitri Bragin," in *Bering's Successors*, 68–71（阿留申聚落的描述）。在和歐洲人接觸以前，阿留申人的聚落比較大一些，但是從未超過幾百人的規模。Brian W. Hoffman, "Agayadan Village: Household Archaeology on Unimak Island, Alaska," *Journal of*

Field Archaeology 26, no. 2 (1999): 147–61. 阿留申人口：Margaret Lantis, "Aleut," in *Handbook of North American Indians: Arctic*, ed. David Damas and William C. Sturtevant (Washington, DC: Smithsonian Institution, 1984), 5:163. 恰克圖貿易：Coxe, *Account of the Russian Discoveries*, 347–50.

5. Clifford M. Foust, *Muscovite and Mandarin: Russia's Trade with China and Its Setting, 1727–1805* (Chapel Hill: University of North Carolina Press, 1969), 24–67, 164–84, 232; W. Bruce Lincoln, *The Conquest of a Continent: Siberia and the Russians* (New York: Random House, 1994), 143–49; Hans Jakob Fries, *A Siberian Journey: The Journal of Hans Jakob Fries, 1774–1776*, ed. and trans. Walther Kirchner (London: Frank Cass, 1974), 133; Peter Simon Pallas, *Voyages du Professeur Pallas* (Paris: Maradan, 1794), 5:319–24.

6. 恰克圖和價格：Foust, *Muscovite and Mandarin*, 340, 350–51; James R. Gibson, "Russian Expansion in Siberia and America," *Geographical Review* 70, no. 2 (1980): 130; and Valery M. Garrett, *Chinese Dress: From the Qing Dynasty to the Present* (Tokyo: Tuttle, 2007), 12–14. 莉蒂亞・布萊克（Lydia T. Black）表示，阿拉斯加的黑狐狸皮草在恰克圖的價格是海獺皮草的兩倍，但是這跟十八世紀晚期的紀錄相左：Peter S. Pallas. Pallas, *Voyages*, 5:281–84; Black, *Russians in Alaska*, 1732–1867 (Fairbanks: University of Alaska, 2004), 69. On otter: M. L. Riedman and J. A. Estes, *The Sea Otter* (Enhydra lutris): *Behavior, Ecology, and Natural History*, Biological Report 90-14 (Washington, DC: US Dept. of the Interior, Fish and Wildlife Service, 1990), 20; and Jeffrey P. Cohn, "Understanding Sea Otters," *BioScience* 48, no. 3 (1998): 151. Georg Wilhelm Steller, *Journal of a Voyage with Bering, 1741–1742*, ed. O. W. Frost, trans. Margritt A. Engel (Stanford, CA: Stanford University Press, 1993), 147（引文）.

7. Coxe, *Account of the Russian Discoveries*, 337–38; Foust, *Muscovite and Mandarin*, 350; E. E. Rich, "Russia and the Colonial Fur Trade," *Economic History Review*, 7, no. 3 (1955): 307–28. 駱駝和牛隻：M. S. Bentham, *The Life of Brigadier General Sir Samuel Bentham* (London: Longman, Green, Longman, and

Roberts, 1862), 55.

8. 阿留申人的認知：*Coxe, Account of the Russian Discoveries*, 272. 船隻數量：Raisa V. Makarova, *Russians on the Pacific, 1743–1799*, trans. Richard A. Pierce and Alton S. Donnelly (Kingston, ON: Limestone, 1975), 212–13. 托波爾斯克：Lincoln, *Conquest of a Continent*, 59–60. 如果沒有另外註明，接下來有關聖保羅號旅程的描述都是來自：Solov'ev, "Report." 這份文獻是抄自伊萬・索洛維夫所敘述的第一人稱紀錄，比彼得・帕拉斯（Peter Simon Pallas）在一七八一年對這趟旅程所做的摘要更詳盡。彼得・帕拉斯摘要的譯本：*Bering's Successors*, 77–85. 兩份文獻若有互相衝突的地方，我會參考年份更久遠、非摘要敘述的RGADA文獻（參見注釋1）.

9. 貢品和人質：Raymond H. Fisher, *The Russian Fur Trade, 1550–1700* (Berkeley: University of California Press, 1943), 53–61; James Forsyth, *A History of the Peoples of Siberia: Russia's North Asian colony, 1581–1990* (New York: Cambridge University Press, 1992), 38–42, 57–66, 75–79, 87–98, 131–39; Yuri Slezkine, *Arctic Mirrors: Russia and the Small Peoples of the North* (Ithaca, NY: Cornell University Press, 1994), 60–71; and Makarova, *Russians on the Pacific*, 140–44. Quotations: Mark Bassin, "Inventing Siberia: Visions of the Russian East in the Early Nineteenth Century," *American Historical Review* 96, no. 3 (1991): 768–70.

10. 早期的阿留申群島探險：Gibson, "Russian Expansion," 127–36; A. I. Alekseev, *The Destiny of Russian America, 1741–1867*, trans. Marina Ramsay (Kingston, ON: Limestone, 1990); Makarova, *Russians on the Pacific; and Coxe, Account of the Russian Discoveries*.

11. 在一七六三年，還有另一艘船尼古拉號（Nikolai）造訪了烏尼馬克島。阿留申人殺死了大部分的船員，但這艘船後來在一七六六年帶著少量貨物回到鄂霍次克。Berkh, *Chronological History*, 34–35. 引文來源："Report of Ivan Solov'ev to T. I. Shmalev," in *Russkie otkrytiia v Tikhom okeane i*

Severnoi Amerike v XVIII veke [Russian Discoveries in the Pacific Ocean and North America in the 18th Century], ed. A. I. Andreev (Moscow: Gosudarstvennoe izdatel'stvo geograficheskoi literatury, 1948), 149.

12. Coxe, *Account of the Russian Discoveries*, 90–100; Berkh, *Chronological History*, 32–34.

13. 五十四名船難者當中，包含了撒迦利亞和以利沙伯號的七名倖存者。"Report of Ivan Solov'ev to T. I. Shmalev," 148; Coxe, *Account of the Russian Discoveries*, 101–14. 蒸汽浴的考古發現：William S. Laughlin, *Aleuts: Survivors of the Bering Land Bridge* (Fort Worth, TX: Harcourt Brace, 1980), 122–25.

14. "Report of Ivan Solov'ev to T. I. Shmalev," 163（引用索洛維夫的話）。同參：Coxe, *Account of the Russian Discoveries*, 157, 158, 162, 169. 同情索洛維夫的分析：Black, *Russians in Alaska*, 89. Berkh, *Chronological History*, 40–42 ("on the spot"); Ivan Veniaminov, *Notes on the Islands of the Unalashka District*, trans. Lydia T. Black and R. H. Geoghegan (Kingston, ON: Limestone, 1984), 251 ("terrible"). 俄羅斯人一七五九年首次登上烏納拉斯卡島時，記載當地人口僅三百人，但是十年後，阿留申人說當地人口已經達到一千，在索洛維夫進行屠殺以前有顯著成長。A. I. Andreyev, ed., *Russian Discoveries in the Pacific and in North America in the Eighteenth and Nineteenth Centuries* (Ann Arbor, MI: J. W. Edwards, 1952), 20; "Report of the Sea Voyage . . . under . . . Krenitsin and . . . Levashev," 58.

15. Veniaminov, *Notes on the Islands*, 248–49, 281.

16. "Complaints Made by Natives of the Unalaska District," in *Russian Penetration of the Northern Pacific Ocean*, 1700–1799, ed. Basil Dmytryshyn, E. A. P. Crownhart-Vaughn, and Thomas Vaughn (Portland: Oregon Historical Society, 1988), （「射殺所有的人」以及冷血實驗）：Veniaminov, *Notes on the Islands*, 248–49, 252（「那次屠殺⋯」）.

17. 俄羅斯手稿上顯示這兩個人名為*Chaguzyak*和*Kalu*，但是標準的拼法應該是*Chagusix̂*（意為「掘棍」）以及*Kaluu*（意為「他的射擊」）。Knut Bergsland, *Ancient Aleut Personal Names* (Anchorage:

Alaska Native Language Center, 1998), 192, 193. 托焉這個字來自堪察加半島的俄羅斯人，最初源於漢語。參見*tuyuuna-x̂*：Knut Bergsland, *Aleut Dictionary* (Fairbanks: University of Alaska, Alaska Native Language Center, 1994), 412. 根據索洛維夫日記的摘要，莉蒂亞・布萊克認為瓦斯卡就是朱特克（*Chuutix̂*），因為索洛維夫親暱地稱呼他為*Vas'ka*。然而，俄羅斯古代文獻檔案館（Russian State Archive of Ancient Acts，RGADA）收錄的完整日記在多處清楚顯示他們是不同人。Black, "Sanak," in *The History and Ethnohistory of the Aleutians East Borough*, ed. Black et al. (Kingston, ON: Limestone, 1999), 62; Solov'ev, "Report," 238r.

18. Black, "Sanak," 59–78; James Cook, "Journal of Captain Cook," in *Journals of Captain James Cook*, 3(pt. 1):386.

19. Solov'ev, "Report," 238r–239v. 索洛維夫寫到「這個群體共有五十一人」，但是他又註明「每個人都有一個小皮艇」，透露出他只有計算男性。一份一八八〇年呈交給大會的報告說，薩納克島及其四周是「阿拉斯加地區偉大的海獺狩獵地」。Ivan Petroff, *A Preliminary Report upon the Population, Industry, and Resources of Alaska*, H. Exec. Doc. No. 40, 46th Cong., 3d sess. (1880), p. 19. See also Black, "Sanak," 71.

20. Solov'ev, "Report," 239v–240r.

21. Ibid., 242v.

22. Ibid., 240v–241r.

23. Ibid., 241v. 阿留申奴隸：Liapunova, Essays, 138–41.

24. 彼得・帕拉斯在為索洛維夫日記所做的摘要裡，不小心把索洛維夫離開薩納克島的時間寫成一七七三年七月，但是Solov'ev, "Report"這份文獻明確寫出那年是一七七二年。Pallas, "Abstract of the Diary of a Voyage Made by Ivan Soloviev," in *Bering's Successors*, 81–82.

25. "Complaints Made by Natives."

26. Solov'ev, "Report," 243v.

27. Coxe, *Account of the Russian Discoveries*, 215（「他們渴望…」）；貿易商品的描述；"A Report on the Voyage of Potap K. Zaikov," in *Russian Penetration of the Northern Pacific Ocean*, 263, 266; Cook, "Journal of Captain Cook," 383, 386, 390–92; David Samwell, "Some Account of a Voyage to the South Sea's," in *Journals of Captain James Cook*, 3(pt. 2):1119, 1121; James King, "King's Journal," in ibid., 3(pt. 2):1442（「因為當地人十分冷靜鎮定…」）.

28. 烏納拉斯卡島的居民據說「比較友善」，但這只是相對性的。"Report of the Sea Voyage . . . under . . . Krenitsin and . . . Levashev," 59; King, "King's Journal," 1449（「俄羅斯人必須割斷…」）；Clerke, "Remarks &c at Samgoonoodha," 1336（「擁抱時…」）.

29. 俄羅斯人常常以西伯利亞民族很骯髒為由，當作征服他們的藉口。Slezkine, *Arctic Mirrors*, 42, 56–57; "Explanation of the Cossack S. T. Ponomarev and the Foreman S. G. Glotov concerning the Islands Discovered by Them, 1762," in Andreyev, *Russian Discoveries in the Pacific*, 23（「一點也不乾淨…」）；"A Report Dictated in St. Petersburg by Feder Afansevich Kulkov," in *Russian Penetration of the Northern Pacific Ocean*, 229（「不認同…」）；"Report of the Sea Voyage . . . under . . . Krenitsin and . . . Levashev," 57（「這些人…」）.

30. Johann Gottlieb Georgi, *Russia: or, A Compleat Historical Account of All the Nations Which Compose That Empire* (London: J. Nichols, 1780), 3:214–15 ("descending into hell"); "Description of the Andreanof Islands, Composed on the Basis of the Reports of the Cossacks M. Lazarev and P. Vasiutinsky, 1764," in Andreyev, *Russian Discoveries in the Pacific*, 28 ("do not care"); Black, *Russians in Alaska*, 223–29.

31. "Description of the Andreanof Islands," 29（「溫和友善…」）；"Account of the Totma Merchant, Stepan

Cherepanov," in *Russian Penetration of the Northern Pacific Ocean*, 210（「對彼此⋯」）："Report Dictated in St. Petersburg," 229（「平靜⋯」）。

32. 莉蒂亞・布萊克寫到：「俄羅斯人奴役阿留申人的主要目的是為了獵捕海獺，這種說法是個迷思。」並說他們「其實可以自己獵捕海獺」。Veniaminov, *Notes on the Islands*, 163n. 然而，當代文獻指出，俄羅斯人獵捕這些海上動物時困難重重。Coxe, *Account of the Russian Discoveries*, 59–60, 102–3; "Account of the Totma Merchant," 212; Riedman and Estes, *Sea Otter*, 24; James R. Gibson, "European Dependence upon American Natives: The Case of Russian America," *Ethnohistory* 25, no. 4 (1978): 359–85（「不但勞累，有時還很危險」這句引文來自第三六一頁）。攻擊："Report of the Sea Voyage . . . under . . . Krenitsin and . . . Levashev," 61. 船艇：Berkh, *Chronological History*, 11; and Black, *Russians in Alaska*, 68. 濃霧和潮浪：*United States Coast Pilot*, 38th ed. (Washington, DC: US Dept. of Commerce, 2008), 341–43.

33. Liapunova, *Essays*, 89–97, 102–3; Veniaminov, *Notes on the Islands*, 284; King, "King's Journal," 1444（引文）。

34. 武器：Miranda Wright, "The Sea Otter Industry in the Eastern Aleutians, 1867–1911," in *History and Ethnohistory of the Aleutians*, 256, 259, 260; and Joan B. Townsend, "Firearms against Native Arms: A Study in Comparative Efficiencies with an Alaskan Example," *Arctic Anthropology* 20:2 (1983): 1–34. 衣服：Svetlana G. Fedorova, *The Russian Population in Alaska and California: Late 18th Century—1867*, trans. and ed. Richard A. Pierce and Alton S. Donnelly (Kingston, ON: Limestone, 1973), 228–29; and Liapunova, Essays, 193–210. Veniaminov, *Notes on the Islands*, 266–67（「不可或缺的」、「備受風寒⋯」、「在天氣糟透了的⋯」）：Katherine B. Menz, *Russian Bishop's House, Sitka National Historical Park, Sitka Alaska*, Historic Furnishings Report ([Harpers Ferry, WV?]: Dept. of the Interior/National Park Service, 1986), 11–13

（「很有男子氣概，十分強健的人」）；Clerke, “Remarks &c at Samgoonoodha,” 1337; Fedorova, *Russian Population*, 229（「如果要比…」）.

35. Sauer, *Account*, 157.

36. Gavriil Sarycev（「極為辛勞麻煩」）, as quoted in George Dyson, *Baidarka: The Kayak* (Anchorage: Alaska Northwest Books, 1986), 29; Liapunova, *Essays*, 112–16, 134; George Dyson, “Form and Function of the Baidarka: The Framework of Design,” in *Contributions to Kayak Studies*, ed. E. Y. Arima (Hull, QC: Canadian Museum of Civilization, 1991), 261–317.

37. Veniaminov, *Notes on the Islands*, 160; Sauer, *Account*, 158（「看起來就像兩棲生物…」）；G. H. von Langsdorff（「人類目前…」）, as quoted in George Dyson, *Baidarka* (Edmonds, WA: Alaska Northwest, 1986).

38. Veniaminov, *Notes on the Islands*, 271.

39. Copy of order of Russian Senate, fol. 259 (fond Senata), file 539/4110, 315r, Rossiiskii Gosudarstvennyi Arkhiv Drevnikh Aktov [Russian State Archive of Ancient Acts], Moscow（「沒什麼值得…」）；Berkh, *Chronological History*, 28（「當地居民…」）。柏克在第23–26頁描述了這些皮草捕獵交易人的行為.

40. Solov’ev, “Report,” 244v.

41. Ibid., 246r; Slezkine, *Arctic Mirrors*, 18（異邦人）；Veniaminov, *Notes on the Islands*, 83（「不順從」）、251（「消滅了」）.

42. Veniaminov, *Notes on the Islands*, 103; Petroff, *Preliminary Report*, 21; Lydia T. Black, “Akutanax̂: The Krenitzin Islands and Akutan from Prehistory to 1867,” in *History and Ethnohistory of the Aleutians*, 33–44.

43. 莉蒂亞・布萊克錯誤地寫到，沒有紀錄提及納楚賓為索洛維夫工作，並認為微尼亞米諾夫所記載的阿留申人的回憶是有誤的。她跟其他學者一樣，仰賴的是彼得・帕拉斯和N・奧格洛布林

（N. N. Ogloblin）為索洛維夫第二趟旅程寫下的日記所做的摘要。然而，事實是，在RGADA收藏的原始版本抄本中，索洛維夫確實有將納楚賓列為聖保羅號的一員。阿留申人的記憶常常與歷史紀錄相符。Veniaminov, *Notes on the Islands*, 102n, 252（「忠實下屬」）：Black, "Sanak," 76n6; Black, "Akutanax̂," 37, 40; Samwell, "Some Account of a Voyage," 1139–40（「極為喜愛」）。關於虔誠和酒精的部分，也可參見：John Ledyard, *A Journal of Captain Cook's Last Voyage to the Pacific Ocean, and in Quest of a North-west Passage, between Asia & America* (Hartford, CT: Nathaniel Patten, 1783), 95. 阿留申人的地名：Bergsland, *Aleut Dictionary*, 601. Solov'ev, "Report," 245r（「異邦人的…」）.

44. Hoffman, "Agayadan Village," 147–61; Allen P. McCartney and Douglas W. Veltre, "Aleutian Island Prehistory: Living in Insular Extremes," *World Archaeology* 30, no. 3 (1999): 503–15; Solov'ev, "Report," 245r.

45. David Nordlander, "Innokentii Veniaminov and the Expansion of Orthodoxy in Russian America," *Pacific Historical Review* 64, no. 1 (1995): 28–31; Veniaminov, *Notes on the Islands*, 102, 252.

46. 來福槍：Edgar, "Journal," 1355; Veniaminov, *Notes on the Islands*, 103（引文）.

47. A·波隆斯基（A. S. Polonskii）在一八六〇年代彙整的數字顯示，十八世紀後半葉有將近三十四萬兩千張海獺和狐狸皮草進口到鄂霍次克。由於普里比洛夫群島（Pribilof Islands）在一七八六年被發現，故海狗的皮草數量有接近七十萬張。Polonskii, "Perechen' puteshestvii russkikh promyshlennykh v Vostochnom Okeane s 1743 po 1800 god," Arkhiv Russkogo geograficheskogo obshchestva ["List of Voyages of Russian Promyshlenniki on the East Ocean from 1743 to 1800," Archive of the Russian Geographical Society], St. Petersburg.

48. Makarova, *Russians on the Pacific*, 5（「俄羅斯的威力…」）：Lydia T. Black, "The Question of Maps: Exploration of the Bering Sea, Eighteenth Century," in *The Sea in Alaska's Past: First Conference*

Proceedings (Anchorage: Alaska Division of Parks, 1979), 6–50.

49. Solov'ev, "Report," 246r–47; Lincoln, *Conquest of a Continent*, 147–48. 兩名活下來的阿留申人：Fries, *Siberian Journey*, 118–19.

50. Vladimir Platonovich Sukachev, *Irkutsk. Ego mesto i znachenie v istorii i kul'turnom razvitii vostochnoi Sibiri. Ocherk [Irkutsk. Its Place and Meaning in History and the Cultural Development of Eastern Siberia. A Study]* (Moscow: Tipolit. I. N. Kushnerev, 1891), 14; 涅姆佐夫在一七七六年十一月二十七日致參政院：fol. 259, file 539/4110, p. 254, Rossiiskii Gosudarstvennyi Arkhiv Drevnikh Aktov [Russian State Archive of Ancient Acts], Moscow（引文）.

51. José Torrubia, *I Moscoviti nella California* (Rome: Generoso Salomoni, 1759), 2–3, 32–40. A translation was published as Torrubia, *The Muscovites in California* (Fairfield, WA: Galleon, 1996). Translations here are the author's own.

52. Torrubia, *I Moscoviti nella California*, 11–12, 32.

53. 收到指示要好好監視俄羅斯人的阿莫多瓦侯爵（Marqués de Almodóvar）認為俄羅斯不會威脅到西班牙在太平洋的利益，但他的後繼者卻不那麼想。"De la instrucción que llevó el Marqués de Almodóvar," March 9, 1761, in *Colección de documentos inéditos para la historia de España*, ed. Feliciano Ramírez de Arellano (Madrid: José Perales y Martínez, 1893), 108:13–14.

第二章　為了獨立而戰：聖地牙哥起義

1. Warren L. Cook, *Flood Tide of Empire: Spain and the Pacific Northwest, 1543–1819* (New Haven, CT: Yale

University Press, 1973), 1–20. 「上加州」一詞首次出現在一五四九年的文獻中。Dora Beale Polk, *The Island of California: A History of the Myth* (Spokane, WA: Arthur H. Clark, 1991), 157–59.

2. 阿莫多瓦侯爵在一七六一年十月七日致里卡多・沃爾（Ricardo Wall）；Estado, leg. 86B, no. 100, doc. 1, AGI.

3. G. Malcolm Lewis, "La Grande Rivière et Fleuve de l'Ouest: The Realities and Reasons behind a Major Mistake in the 18th-Century Geography of North America," *Cartographica* 28, no. 1 (1991): 80–81.

4. Lucie Lagarde, "Le Passage du Nord-Ouest et la Mer de l'Ouest dans la Cartographie française du 18e Siècle, Contribution à l'Etude de l'Ouevre des Deslisle et Buache," *Imago Mundi* 41, no. 1 (1989): 19–43; G. Malcolm Lewis, "Misinterpretation of Amerindian Information as a Source of Error on Euro-American Maps," *Annals of the Association of American Geographers* 77, no. 4 (1987): 542–63; Miguel León-Portilla, *Cartografía y crónicas de la antigua California* (Mexico City: Universidad Nacional Autónoma de México, 2001), plate 38; "Relación del P. Velarde, 1716," in *La obra cartográfica de la Provincia Mexicana de la Compañía de Jesús*, ed. Ernest J. Burrus (Madrid: José Porrúa Turanzas, 1967), 186. 有關這條連接了加利福尼亞灣和北太平洋的可航行河川的迷思，是源自十六世紀，但一直到十九世紀才被完全推翻。Polk, *Island of California*, 158–69.

5. Eusebio Francisco Kino, "Kino's Historical Memoir of Pimería Alta," in *Spain in the West: A Series of Original Documents from Foreign Archives*, ed. Herbert Eugene Bolton (Cleveland, OH: Arthur H. Clark, 1919), 3:343–44（「疼痛下痢」）；"Relación del P. Velarde," 187（暴風雨）；Fernandez Sánchez Salvador to the king, 2 March 1751, *Documentos para la historia de México*, ed. Francisco García Figueroa (Mexico City: Vicente García Torres, 1856), 3rd series, 1:661–66（「受過實用教育…」及科羅拉多河的支流）；Donald C. Cutter, "Plans for Occupation of Upper California: A New Look at the 'Dark Age' from

1602 to 1769," *Journal of San Diego History* 24, no. 1 (1978). 在一七七〇年代，有一些西班牙人仍相信科羅拉多河有一部分流入了太平洋。Paul W. Mapp, *The Elusive West and the Contest for Empire, 1713–1763* (Chapel Hill: University of North Carolina Press, 2011), 74–75.

6. 米格爾・韋內加斯（Miguel Venegas）是這部鉅著的作者，但是伯瑞葉爾負責編輯，進行了大量編修。伯瑞葉爾本人不太相信有一條可航行的河川連接了西南地區和加州沿岸，但很少西班牙官員跟他一樣存疑。Venegas, *Noticia de la California, y de su conquista temporal y espiritual hasta el tiempo presente* (Madrid: la Viuda de Manuel Fernández, 1757), 3:4–6, and 2:368（「加州人那些⋯」：vol. 3, p. 4）；伯瑞葉爾在一七五六年二月三日致伊格納西奧・桑多瓦爾（Ignacio de Hermosilla y de Sandoval）：*Obra cartográfica*, 211（「那些巴黎男孩」）。有關深信西岸和內陸之間有水路加以連接的其他例子，請參見：León-Portilla, *Cartografía y crónicas*, 144–49; and Cook, *Flood Tide of Empire*, 49.

7. 弗朗西斯科・阿霍夫林（Francisco de Ajofrin）在一七六四年五月八日致博納多・普拉多（Bernardo Prado）：*Noticias y documentos acerca de las Californias, 1764–1795*, ed. José Porrúa Turanzas (Madrid: José Porrúa Turanzas, 1959), 16; Henry R. Wagner and Pedro Calderón y Henríquez, "Memorial of Pedro Calderón y Henríquez: Recommending Monterey as a Port for the Philippine Galleons with a View to Preventing Russian Encroachment in California," *California Historical Society Quarterly* 23, no. 3 (1944): 219–25. 華格納似乎假定卡爾德隆的資訊來源是：Gerard Fridrikh Miller, *Voyages et découvertes faites par les Russes* (Amsterdam: Marc-Michel Rey, 1766)，因為這份文獻收錄了當時最完整的俄羅斯探險紀錄。然而，從卡爾德隆的謬誤可以清楚看出，他參考的其實是：Stepan Krasheninnikov, *Histoire de Kamtschatka, des Isles Kurilski, et des contrées voisines* (Lyon, France: Benoit Duplain, 1767). 請參見第九一～九三頁，便能找到使卡爾德隆誤解的片段。

8. 加爾維斯在一七六九年六月十日致克魯瓦侯爵（Marqués de Croix）：part 1, carton 13, item 189,

folder 2, HEB（「極為重要的」）：Charles Edward Chapman, *The Founding of Spanish California: The Northwest Expansion of New Spain, 1687–1783* (New York: Macmillan, 1916), 82–83; Cook, *Flood Tide of Empire*, 48–49. 加爾維斯在新西班牙往北擴張的活動中所扮演的角色，可參見：Luis Navarro García, *Don José de Gálvez y la comandancia general de la provincias internas del norte de Nueva España* (Seville, Spain: Consejo Superior de Investigaciones Científicas, 1964). 加爾維斯生病：“Breve noticia de las principales Expediciones y Providencias de visita de Real Hacienda que promovió Don Joseph de Gálvez,” August 1773, Estado, leg. 34, doc. 36, AGI; and Juan Manuel de Viniegra, “Apuntamiento instructivo,” in *Gaspar de Portolá: Crónicas del descubrimiento de la Alta California, 1769*, ed. Ángela Cano Sánchez, Neus Escandell Tur, and Elena Mampel González (Barcelona: Ediciones de la Universidad de Barcelona, 1984), 276.

9. Vicente Vila, “Diario de navegación,” in *Gaspar de Portolá*, 251–54; Miguel Costansó, “Diario Histórico,” in *Noticias y documentos acerca de las Californias*, 98; Hubert Howe Bancroft, *History of California, 1542–1800* (San Francisco: History Company, 1886), 18:131n10.

10. 事實上，西班牙人在一七六九年八月的攻擊中殺了五名庫米亞人。塞拉在一七七〇年二月十日致胡安・安德烈斯（Juan Andrés）：*WJS*, 1:151; Maynard Geiger, “Fray Rafael Verger, O.F.M., and the California Mission Enterprise,” *Southern California Quarterly* 49, no. 2 (1967): 221. 紓困船：Maynard J. Geiger, *The Life and Times of Fray Junípero Serra* (Washington, DC: Academy of American Franciscan History, 1959), 1:239–44.

11. 除了駐防要塞的人，還有十八名左右的傳教士。Pauline Maier, *American Scripture: Making the Declaration of Independence* (New York: Knopf, 1997), 41（引文）：Bill Mason, “The Garrisons of San Diego Presidio: 1770–1794,” *Journal of San Diego History* 24, no. 4 (1978); 塞拉在一七七五年一月時日

致弗朗西斯科・潘瓜（Francisco Pangua）‥*WJS*, 2:213–15; Sherburne F. Cook, *The Population of the California Indians, 1769–1970* (Berkeley: University of California Press, 1976), 1–43; Katharine Luomala, "Tipai and Ipai," in *Handbook of North American Indians: California*, ed. Robert F. Heizer (Washington, DC: Smithsonian Institution, 1978), 8:596.

12. 在一七七六年之前，西班牙人至少有替一千五百四十四位上加州的印地安人受洗。聖地牙哥的受洗、結婚和死亡證書在起義中被毀，後來由傳教士憑記憶重新記錄。因此，在閱讀這裡的數據時應該記住這點。Fernando de Rivera y Moncada, *Diario del Capitán Comandante Fernando de Rivera y Moncada*, ed. Ernest J. Burros (Madrid: Ediciones José Porrúa Turanzas, 1977), 232–33 (quotation); Huntington Library, Early California Population Project Database, 2006; Zephyrin Engelhardt, *San Diego Mission* (San Francisco: James H. Barry, 1920), 39. 孟卡達生平簡述‥Ernest J. Burrus, "Rivera y Moncada, Explorer and Military Commander of Both Californias, in the Light of His Diary and Other Contemporary Documents," *Hispanic American Historical Review* 50, no. 4 (1970): 682–92.

13. 塞拉在一七七三年五月三十一日致安東尼奧・布卡雷利‥*WJS*, 1:367‥塞拉在一七七一年六月十八日致克魯瓦‥*WJS*, 1:209（引文）.

14. Steven W. Hackel, *Children of Coyote, Missionaries of Saint Francis: Indian-Spanish Relations in Colonial California, 1769–1850* (Chapel Hill: University of North Carolina Press, 2005), 65–80. 聖地牙哥牲畜眾多。請參見塞拉在一七七五年二月五月致布卡雷利‥*WJS*, 2:227; and Francisco Palóu, *Historical Memoirs of New California*, ed. Herbert Eugene Bolton (New York: Russell and Russell, 1966), 3:216–17. 關於印地安人加入方濟各會的動機，還有其他可能，請參見‥Robert H. Jackson and Edward Castillo, *Indians, Franciscans, and Spanish Colonization: The Impact of the Mission System on the California Indians* (Albuquerque: University of New Mexico Press, 1995), 107–8. 加州印地安人的生存方式‥M.

Kat Anderson, *Tending the Wild: Native American Knowledge and the Management of California's Natural Resources* (Berkeley: University of California Press, 2005). 聖地牙哥糧食短缺：路斯·傑姆在一七七三年四月三日致塞拉：Engelhardt, *San Diego Mission*, 54–56; 塞拉在一七七五年二月五月致布卡雷利：*WJS*, 2:229; Engelhardt, *San Diego Mission*, 43; Pedro Font, *With Anza to California, 1775–1776: The Journal of Pedro Font, O.F.M.*, trans. and ed. Alan K. Brown (Norman, OK: Arthur H. Clark, 2011), 181, 189.

15. Engelhardt, *San Diego Mission*, 49n8; Palóu, *Historical Memoirs*, 1:309–10.

16. 下面的敘述是根據文森特·福斯特在一七七五年十一月二十八日致塞拉：*WJS*, 2:449–58：荷西·奧爾特加在一七七五年十一月三十日致胡安·安薩：pp. 2–8, C-A 15, Archives of California, Bancroft Library, UC Berkeley; and Joseph Francisco de Ortega, "Diligencias," 1 February 1776, in Rivera, *Diario del Capitán*, 436–39. 傳教站建築的描述：Engelhardt, *San Diego Mission*, 56–57.

17. 奧爾特加在一七七五年十一月三十日致胡安·安薩：pp. 2–8, C-A 15, Archives of California, Bancroft Library, UC Berkeley; Francis F. Guest, *Fermín Francisco de Lasuén (1736–1803): A Biography* (Washington, DC: Academy of American Franciscan History, 1973), 89; Bancroft, *History of California*, 1:252.

18. Serra to Bucareli, 15 December 1775, in *WJS*, 2:405.

19. George Washington, "General Orders," 5 November 1775, in *The Papers of George Washington: Digital Edition*, ed. Theodore J. Crackel (Charlottesville: University Press of Virginia, 2008).

20. Ortega, "Diligencias," 441.

21. Ibid., 446.

22. Ibid., 446–47.

23. Ibid., 450–52.

24. Ibid., 460, 462.

25. Ibid., 463–72（引文的部分在第四七一～四七二頁）：弗朗西斯科・拉孫（Francisco de Lasuén）在一七七六年一月一日致潘瓜：no. 307, part 1, carton 9, item 97, folder 2, HEB.

26. Ortega, "Diligencias," 475.

27. Ibid., 478–79.

28. 弗朗西斯科・拉孫在一七七六年一月一日致潘瓜：no. 307, part 1, carton 9, item 97, folder 2, HEB.

29. Rivera, *Diario del Capitán*, 216.「貝雲律法」不只一次在加州的傳教站使用：Eulalia Pérez, "An Old Woman and Her Recollections," in *Testimonios: Early California through the Eyes of Women, 1815–1848*, trans. Rose Marie Beebe and Robert M. Senkewicz (Berkeley, CA: Heyday, 2006), 109. 以下文獻有提及束縛刑具和貝雲律法之間的關聯：Martín Alonso, *Enciclopedia del idioma: Diccionario histórico y moderno de la Lengua Española (siglos XII al XX) etimológico, tecnológico, regional e hispanoamericano* (Madrid: Aguilar, 1982).

30. Florence Shipek, "California Indian Reactions to the Franciscans," *Americas* 41, no. 4 (1985): 480–92.

31. 弗朗西斯科・拉孫在一七七六年一月一日致潘瓜：no. 307, part 1, carton 9, item 97, folder 2, HEB.

32. 面對面的質詢是一種常見的做法，西班牙法庭現今仍會使用。Charles R. Cutter, *The Legal Culture of Northern New Spain, 1700–1810* (Albuquerque: University of New Mexico Press, 1995), 128; Ortega, "Complot de Indios," 13 January 1776, pp. 216–20, C-A 1, Archives of California, Bancroft Library, UC Berkeley（「天啊⋯」）；弗朗西斯科・拉孫在一七七六年一月一日致潘瓜：no. 307, part 1, carton 9, item 97, folder 2, HEB（「欺瞞手段令人難以想像」）.

33. Ortega, "Complot de Indios."

34. Ibid.; Font, *With Anza to California*, 194; Geiger, *Life and Times of Fray Junípero Serra*, 2:73.

35. 弗朗西斯科・拉孫在一七七六年一月一日致潘瓜：no. 307, part 1, carton 9, item 97, folder 2, HEB（「我就是…」）；Font, *With Anza to California*, 195（「鎮壓這些…」）.

36. Font, *With Anza to California*, 195（「歡迎」）, 199（「被贈予…」）；弗朗西斯科・拉孫在一七七六年一月一日致潘瓜：no. 307, part 1, carton 9, item 97, folder 2, HEB; Rivera, *Diario del Capitán*, 227–28; Juan Bautista de Anza, "Anza's Diary of the Second Anza Expedition, 1775–1776," in *Anza's California Expeditions*, ed. Herbert Eugene Bolton (New York: Russell and Russell, 1930), 3:90–91, 95.

37. Rivera, *Diario del Capitán*, 227–28 ("got a good dusting"), 230 ("Although heathens"), 298 ("got a scrubbing"). I am indebted to Oscar Chamosa and the late David J. Weber and Alan K. Brown for clarifying Rivera's obscure phrase "aunque salvajes, se curan."

38. Font, *With Anza to California*, 200.

39. 文森特・福斯特在一七七六年五月二十二日致潘瓜：no. 369, part 1, carton 9, item 97, folder 2, HEB；孟卡達遭教會逐出：Geiger, *Life and Times of Fray Junípero Serra*, 2:88–90.

40. Rivera, "Declaración de un indio," 5 June 1776, pp. 220–22, C-A 1, Archives of California, Bancroft Library, UC Berkeley.

41. 布卡雷利在一七七六年八月二十七日致加爾維斯：Anza's California Expeditions, 5:350–51孟卡達在一七七六年五月十八日致潘瓜：*Diario del Capitán*, 2:418–19：塞拉在一七七六年十月五日致里維拉：*WJS*, 3:35–39; Bancroft, *History of California*, 1:302n8.

42. 葬禮紀錄顯示迪亞哥是在一七七八年九月二十四日埋葬的，但是根據塞拉的紀錄，他雖在那天死亡，卻是在隔天下葬。San Diego death register, no. 42, the Huntington Library, Early California Population Project Database, 2006; Serra to Bucareli, 4 October 1778, in *WJS*, 3:263.

43. Miguel Costansó, "Diary," *Publications of the Academy of Pacific Coast History 2* (1911): 266.

第三章　首次接觸：殖民舊金山

1. Javier Portús, *The Spanish Portrait: From El Greco to Picasso* (Madrid: Museo Nacional del Prado, 2004), 246; *Trazos de las luces: Dibujos españoles del siglo XVIII* (Madrid: José Manuel de la Mano Galería de Arte, 2002), 51–52.
2. 雷西在一七七二年十月二十二日致傑羅尼莫・格里馬爾迪：Estado, leg. 86B, no. 100, doc. 6, AGI.
3. 雷西在一七七三年四月二十三日致傑羅尼莫・格里馬爾迪：Estado, leg. 86B, no. 100, doc. 7, AGI（「絕對不可洩露」）；雷西在一七七三年五月十一日致格里馬爾迪：Estado, leg. 86B, no. 100, doc. 15, AGI（「因為那個地方…」）；雷西在一七七三年四月二十三日致格里馬爾迪：Estado, leg. 86B, no. 100, doc. 12, AGI（「這個國家的計畫…」）.
4. 雷西在一七七三年四月二十三日致格里馬爾迪：Estado, leg. 86B, no. 100, doc. 11, AGI; George Verne Blue, "A Rumor of an Anglo-Russian Raid on Japan, 1776," *Pacific Historical Review* 8, no. 4 (1939): 453–63. 在一七八一年，一位處於有利位置的英國商人確實構思了一個「與俄羅斯結盟的計畫，希望藉此贏得美國戰爭」。簡單來說，他計畫把美洲瓜分給俄羅斯和英國，削弱西班牙和法國，同時終結大西洋沿岸的殖民地叛變。R. A. Humphreys, "Richard Oswald's Plan for an English and Russian Attack on Spanish America, 1781–1782," *Hispanic American Historical Review* 18, no. 1 (1938): 95–101.
5. 拉斐爾・韋格爾在一七七二年十二月二十五日致總督：*Who Discovered the Golden Gate: The Explorers' Own Accounts*, ed. Frank M. Stanger and Alan K. Brown (San Mateo, CA: San Mateo County Historical Association, 1969), 129（「我們擔心…」、「得到本由…」）；胡安・克雷斯皮（Juan Crespí）在一七七二年十二月二十三日致韋格爾：part 1, carton 9, item 97, folder 1, HEB; Alan K.

Brown, introduction to Pedro Font, *With Anza to California, 1775–1776: The Journal of Pedro Font, O.F.M.*, ed. and trans. Alan K. Brown (Norman, OK: Arthur H. Clark, 2011), 21 ("prudent and zealous"), 25–26.

6. Font, *With Anza to California*, 176（「一七七六年…」）：George Washington, "General Orders," 1 January 1776, in *The Papers of George Washington: Digital Edition*, ed. Theodore J. Crackel (Charlottesville: University Press of Virginia, 2008)（「從各方面來看…」）.
7. Font, *With Anza to California*, 243, 248（「整個地方…」、「很髒的…」、「蠻寬敞的…」）：塞拉在一七七三年五月二十一四致安東尼奧・布卡雷利：*WJS*, 1:353（「只要敲掉…」）：Juan Bautista de Anza, "Anza's Diary of the Second Anza Expedition, 1775–1776," in *Anza's California Expeditions*, ed. Herbert Eugene Bolton (New York: Russell and Russell, 1930), 3:119（「他們喜歡…」）.
8. Font, *With Anza to California*, 259, 262（引文）：Randall Milliken, *A Time of Little Choice: The Disintegration of Tribal Culture in the San Francisco Bay Area, 1769–1810* (Menlo Park, CA: Ballena, 1995), 3; Barbara Bocek, "Prehistoric Settlement Pattern and Social Organization on the San Francisco Peninsula, California," in *Between Bands and States*, ed. Susan A. Gregg (Carbondale: Southern Illinois University, 1991), 58–88; Catherine A. Callaghan, "The Riddle of Rumsen," *International Journal of American Linguistics* 58, no. 1 (1992): 36–48.
9. Font, *With Anza to California*, 262–63; Junípero Serra, "Memorandum," 22 June 1774, in *WJS*, 2:87（引文）。同參：Francisco Palóu, *Relación histórica de la vida y apostólicas tareas del Venerable Padre Fray Junípero Serra* (Mexico City: Don Felipe de Zúñiga y Onitveros, 1787), 105–7.
10. Font, *With Anza to California*, 264–67, 268（「長鬍子首領」）, 269（「相當醜陋」、「我們可以…」）.
11. Ibid., 274（引文）：Milliken, *Time of Little Choice*, 19–20; Greg Gaar and Ryder W. Miller, *San Francisco: A Natural History* (Charleston, SC: Arcadia, 2006), 11–20.

12. Font, *With Anza to California*, 274（「大自然…」）、285（「十分專注殷勤…」、「他們很容易就會皈依」）、286–87（「十分難過」、「安靜專注」、「看見我…」）；Anza, "Anza's Diary," 129（「為數眾多溫馴的…」、「十分高興能夠」）、131–32（「非常友好…」）.

13. Font, *With Anza to California*, 287–90（「極大的…」）；Anza, "Anza's Diary," 135–36（「像野獸般…」）.

14. Font, *With Anza to California*, 298–99（引文）, 302–3.

15. Ibid., 309–11.

16. Ibid., 313（「無邊無際」）, 320–24, 326（「像鹿一樣」）, 328.

17. George Ezra Dane and Francisco Palóu, "The Founding of the Presidio and Mission of Our Father Saint Francis," *California Historical Society Quarterly* 14, no. 2 (1935): 104; Francisco Palóu, "Palóu's Account of the Founding of San Francisco, 1776," in *Anza's California Expeditions*, ed. Herbert Eugene Bolton (New York: Russell and Russell, 1930), 3:387–89.

18. Miguel Costansó, "Diary," *Publications of the Academy of Pacific Coast History* 2 (1911): 257（「極為和藹可親…」）、259（「性情脾氣…」）；Juan Crespí, *A Description of Distant Roads: Original Journals of the First Expedition into California, 1769–1770*, ed. and trans. Alan K. Brown (San Diego, CA: San Diego State University Press, 2001), 521R（「非常友善…」、「他們跟我們…」）、581M（「極大的…」）、585M（「熱切…」）、593R（「許多…」）.

19. Vicente de Santa María, *The First Spanish Entry into San Francisco Bay*, ed. John Galvin (San Francisco: J. Howell, 1971), 41（「我們必須…」）、57（「非常高興…」）、59（「先給我點火…」、「大為驚奇」）。藍道爾・米利肯（Randall Milliken）認為聖卡洛斯號的船員接觸到的是說海岸米沃克語的惠門人，只是他們用科斯塔諾語跟他們交談。Milliken, *Time of Little Choice*, 46.

20. Crespí, *Description of Distant Roads*, 535M（「沒有那個心情」）；Costansó, "Diary," 245（「驚愕…」、「沒注意到…」）、273（「性格邪惡」、「極為差勁」）.

21. Crespí, *Description of Distant Roads*, 545M, 551M; Costansó, "Diary," 261–63; 克雷斯皮在一七七〇年二月六日致帕盧：part 1, carton 7, item 90, folder 18, HEB.

22. Eric Brandan Blind et al., "El Presidio de San Francisco: At the Edge of Empire," *Historical Archaeology* 38, no. 3 (2004): 140.

23. Palóu, "Palóu's Account," 393–95（「喜悅歡欣」）、401（「唯一沒有…」）.

24. Fernando de Rivera y Moncada, *Diario del Capitán Comandante Fernando de Rivera y Moncada*, ed. Ernest J. Burros (Madrid: Ediciones José Porrúa Turanzas, 1977), 102 (quotation), 114–15, 124–25, 219; Font, *With Anza to California*, 313–14, 321–22.

25. Francisco Tomás Hermenegildo Garcés, *On the Trail of a Spanish Pioneer*, ed. and trans. Elliot Coues (New York: F. P. Harper, 1900), 1:287.

26. Steven W. Hackel, *Children of Coyote, Missionaries of Saint Francis: Indian-Spanish Relations in Colonial California, 1769–1850* (Chapel Hill: University of North Carolina Press, 2005), 99–101, 113–18; Susan E. Klepp, "Seasoning and Society: Racial Differences in Mortality in Eighteenth-Century Philadelphia," *William and Mary Quarterly* 51, no. 3 (1994): 504.

27. Buenaventura Sitjar, *Vocabulario de la lengua de los naturales de la misión de San Antonio, Alta California* (New York: Cramoisy, 1861), 23, 34; Rivera, *Diario del Capitán*, 180–83（引文）.

28. 帕盧表示，葉拉姆人遷往海灣的另一頭是為了躲避住在半島南部的世仇，但是感覺西班牙人很有可能、甚至更有可能是他們逃竄的原因。在西班牙人到來之前，葉拉姆人據說已經成功抵禦敵人數十年了。Palóu, "Palóu's Account," 402–5; Rivera, *Diario del Capitán*, 332–33; Milliken, *Time of Little*

Choice, 68–69; Francisco Moraga, 24 June 1777, no. 7, San Francisco de Asis Mission, Libros de Bautismos. Original in the Chancery Archives, Archdiocese of San Francisco.

29. Font, *With Anza to California*, 180（引文）・Terry L. Jones and L. Mark Raab, "The Rediscovery of California Prehistory," in *Prehistoric California: Archaeology and the Myth of Paradise*, ed. L. Mark Raab and Terry L. Jones (Salt Lake City: University of Utah Press, 2004), 1–11; Jack M. Broughton, "Prehistoric Human Impacts on California Birds: Evidence from the Emeryville Shellmound Avifauna," *Ornithological Monographs* 56 (2004): iii–90; Jack M. Broughton, "Declines in Mammalian Foraging Efficiency during the Late Holocene, San Francisco Bay, California," *Journal of Anthropological Archaeology* 13, no. 4 (1994): 371–401; Jack M. Broughton, "Widening Diet Breadth, Declining Foraging Efficiency, and Prehistoric Harvest Pressure: Ichthyofaunal Evidence from the Emeryville Shellmound, California," *Antiquity* 71, no. 274 (1997): 845–62; Dwight D. Simons, "Prehistoric Mammal Exploitation in the San Francisco Bay Area," in *Essays on the Prehistory of Maritime California*, ed. Terry L. Jones (Davis, CA: Center for Archaeological Research, 1992), 73–102.

30. 資源密集持續了數千年，但是在十六世紀，人口壓力有減緩的趨勢，可能跟舊世界流行病的引入有關。然而，那幾個世紀的人口壓力改善最終還是比不上西班牙牲口摧毀當地糧食資源所帶來的影響。Mark E. Basgall, "Resource Intensification among Hunter-Gatherers: Acorn Economies in Prehistoric California," *Research in Economic Anthropology* 9 (1987): 21–52; E. Breck Parkman, "The Bedrock Milling Station," in *The Ohlone Past and Present: Native Americans of the San Francisco Bay Region*, ed. Lowell John Bean (Menlo Park, CA: Ballena, 1994), 43–63; Francis Ivanhoe and Philip W. Chu, "Cranioskeletal Size Variation in San Francisco Bay Prehistory: Relation to Calcium Deficit in the Reconstructed High-Seafoods Diet and Demographic Stress," *International Journal of Osteoarchaeology* 6, no. 4 (1996): 346–81;

Broughton, "Prehistoric Human Impacts"; Terry L. Jones and Jennifer A. Ferneau, "Deintensification along the Central Coast," in *Catalysts to Complexity: Late Holocene Societies of the California Coast*, ed. Jon M. Erlandson and Terry L. Jones (Los Angeles: Cotsen Institute of Archaeology, University of California, 2002), 205–32. 有關十六世紀加州流行病爆發的間接證據，可參見：William Preston, "Serpent in Eden: Dispersal of Foreign Diseases into Pre-mission California," *Journal of California and Great Basin Anthropology* 18, no. 1 (1996): 2–37; and Jon M. Erlandson and Kevin Bartoy, "Cabrillo, the Chumash, and Old World Diseases," *Journal of California and Great Basin Anthropology* 17, no. 2 (1995): 153–73. 有關加州的環境資源其實比資源密集相關文獻所暗示的還要豐盛的觀點，請見：Kent G. Lightfoot and Otis Parrish, *California Indians and Their Environment: An Introduction* (Berkeley: University of California Press, 2009)；還有，更重要的：M. Kat Anderson, *Tending the Wild: Native American Knowledge and the Management of California's Natural Resources* (Berkeley: University of California Press, 2005). 關於針對此觀點進行的批判，請見：Jones and Raab, "Rediscovery of California Prehistory."

31. Robert Jurmain, "Paleoepidemiology of a Central California Prehistoric Population from CA-Ala-329: Dental Disease," *American Journal of Physical Anthropology* 81, no. 3 (1990): 333–42; Robert Jurmain, "Paleoepidemiology of a Central California Prehistoric Population from CA-Ala-329: Degenerative Disease," *American Journal of Physical Anthropology* 83, no. 1 (1990): 83–94; Phillip L. Walker, Patricia Lambert, and Michael J. DeNiro, "The Effects of European Contact on the Health of Alta California Indians," in *Columbian Consequences: Archaeological and Historical Perspectives on the Spanish Borderlands West*, ed. David Hurst Thomas (Washington, DC: Smithsonian Institution Press, 1989), 1:349–64; Gary D. Richards, "Human Osteological Remains from CA-SCL-294, a Late Period and Protohistoric Site, San Jose, Santa Clara County, California," in *Human Skeletal Biology: Contributions to the Understanding*

of *California's Prehistoric Populations*, ed. Gary D. Richards (Salinas, CA: Coyote, 1988), 97–178; Irina Nechayev, "A Bioarchaeological Study of Health in the Prehistoric Population from CA-ALA-329" (master's thesis, San Jose State University, 2007); Phillip L. Walker et al., "The Causes of Porotic Hyperostosis and Cribra Orbitalia: A Reappraisal of the Iron-Deficiency-Anemia Hypothesis," *American Journal of Physical Anthropology* 139, no. 2 (2009): 109–25.

32. Anderson, *Tending the Wild*, 135; Dane and Palóu, "Founding of the Presidio," 109.

33. Anza, "Anza's Diary," 129（「踏出各自…」）‥Font, *With Anza to California*, 265, 268（「非常凶猛」）, 269, 306（「這裡聞起來有戰爭的味道」）.

34. Richards, "Human Osteological Remains"; Randall Milliken et al., "Punctuated Culture Change in the San Francisco Bay Area," in *California Prehistory: Colonization, Culture, and Complexity*, ed. Terry L. Jones and Kathryn A. Klar (Lanham, MD: AltaMira, 2007), 113–14; Robert Jurmain et al., "Paleoepidemiology Patterns of Interpersonal Aggression in a Prehistoric Central California Population from CA-ALA-329," *American Journal of Physical Anthropology* 139, no. 4 (2009): 462–73.

35. Francisco Moraga, 24 June 1777, no. 7, San Francisco de Asis Mission, Libros de Bautismos. Original in the Chancery Archives, Archdiocese of San Francisco.

36. Catherine A. Callaghan, *Plains Miwok Dictionary* (Berkeley: University of California Press, 1984), 20 (beeswax), 28 (dog), 43 (iron), 80 (ax), 82 (orange), 100 (mule), 32 (chicken), 51 (drunkard), 54 (devil), 61 (fever), 147 (work); Howard Berman, review of *Plains Miwok Dictionary*, by Catherine A. Callaghan, *International Journal of American Linguistics* 52, no. 3 (1986): 307 (rifle and soldiers). At least one Costanoan word entered Spanish and eventually English. *Abalone* is derived from the Costanoan language of Rumsen. *Spanish Word Histories and Mysteries: English Words That Come from Spanish* (New York:

Houghton Mifflin, 2007), 1–2. See also Paul V. Kroskrity and Gregory A. Reinhardt, "On Spanish Loans in Western Mono," *International Journal of American Linguistics* 51, no. 2 (1985): 231–37.

37. 舊金山灣的傳教站的死亡率比上加州和下加州其他地區的傳教站還要高。Robert H. Jackson, "The Dynamic of Indian Demographic Collapse in the San Francisco Bay Missions, Alta California, 1776–1840," *American Indian Quarterly* 16, no. 2 (1992): 141–56; Adele Ogden, "Russian Sea-Otter and Seal Hunting on the California Coast," *California Historical Society Quarterly* 12, no. 3 (1933): 221.

38. Statistics from Milliken, *Time of Little Choice*, 266.

39. Bernard E. Bobb, *The Viceregency of Antonio María Bucareli in New Spain, 1771–1779* (Austin: University of Texas Press, 1962), 9–10.

40. Maynard J. Geiger, *The Life and Times of Fray Junípero Serra* (Washington, DC: Academy of American Franciscan History, 1959), 1:356–57.

41. Michael E. Thurman, "The Establishment of the Department of San Blas and Its Initial Naval Fleet: 1767–1770," *Hispanic American Historical Review* 43, no. 1 (1963): 76; Herbert Eugene Bolton, *Outpost of Empire: The Story of the Founding of San Francisco* (New York: Knopf, 1931), 28. 關於這座港口的歷史：Michael E. Thurman, *The Naval Department of San Blas: New Spain's Bastion for Alta California and Nootka, 1767 to 1798* (Glendale, CA: Arthur H. Clark, 1967).

42. Crespí, *Description of Distant Roads*, 251; Maynard Geiger, "Fray Rafael Verger, O.F.M., and the California Mission Enterprise," *Southern California Quarterly* 49, no. 2 (1967): 223; Frank M. Stanger and Alan K. Brown, *Who Discovered the Golden Gate? The Explorers' Own Accounts, How They Discovered a Hidden Harbor and at Last Found Its Entrance* (San Mateo, CA: San Mateo County Historical Association, 1969), 30–31（「可憐的船」）：Thurman, "Establishment of the Department of San Blas," 73–76（「又新又

美…」）.

43. 到了一七八〇和一七九〇年代，傳教站變得比較自給自足：Steven H. Hackel, "Land, Labor, and Production: The Colonial Economy of Spanish and Mexican California," *California History* 76, nos. 2–3 (1997): 111–46; 塞拉在一七七三年四月二十二日致布卡雷利：*WJS*, 1:333–35; Serra, "Memorandum," 20 June 1771, in *WJS*, 1:227–35; Mario Hernández Sánchez-Barba, *La última expansion Española en América* (Madrid: Instituto de estudios politicos, 1957), 273（「被迫處於…」）：塞拉在一七七三年四月二十二日致布卡雷利：*WJS*, 1:321（「長蛆…」、「維持生活…」）.

44. 塞拉在一七七六年四月十三日致弗朗西斯科・潘瓜：*WJS*, 2:419（引文）：菲利普・內維（Felipe de Neve）在一七七七年六月六日致布卡雷利：Archivo General de la Nación, Provincias Internas, vol. 121, exp. 11, Bancroft Library, UC Berkeley：塞拉在一七七三年三月十三日致布卡雷利：*WJS*, 1:323.

45. 塞拉在一七七三年三月十三日致布卡雷利：*WJS*, 1:299.

第四章　跨越科羅拉多高原

1. Bernard E. Bobb, *The Viceregency of Antonio María Bucareli in New Spain* (Austin: University of Texas Press, 1962), 30（引文）：Charles E. Chapman, *The Founding of Spanish California: The Northwestward Expansion of New Spain, 1687–1783* (New York: Macmillan, 1916), 237; David J. Weber, *The Spanish Frontier in North America* (New Haven, CT: Yale University Press, 1992), 204–35. See also Pekka Hämäläinen, *The Comanche Empire* (New Haven, CT: Yale University Press, 2008).

2. 西班牙最首要的軍事策略之一先前成功在葡萄牙和薩丁尼亞運用了防線的概念。Mary Lu Moore, Delmar L. Beene, and Hugo O'Conor, "The Interior Provinces of New Spain: The Report of Hugo O'Conor, January 30, 1776," *Arizona and the West* 13, no. 3 (1971): 278（「從此海到彼海」）；Bob, *Viceregency*, 31（「並不是每一個…」）；Luis Arnal, "El sistema presidial en el septentrión novohispano, evolución y estrategias de poblamiento," *Scripta Nova: Revista Electrónica de Geografía y Ciencias Sociales* 10, no. 218 (1 August 2006).

3. 聖費爾南多學院一直監督下加州的傳教站到道明會於一七七二年接手為止。韋格爾在一七七〇到一七七四年擔任院長，後於一七七七年到一七八〇年又擔任一次。Maynard Geiger, "The Internal Organization and Activities of San Fernando College, Mexico (1734–1858)," *Americas* 6, no. 1 (1949): 3–31; Maynard Geiger, "Fray Rafael Verger, O.F.M., and the California Mission Enterprise," *Southern California Quarterly* 49, no. 2 (1967): 205–31; Chapman, *Founding of Spanish California*, 104, 127.

4. Marion A. Habig, "The Franciscan Provinces of Spanish North America [Continued]," *Americas* 1, no. 2 (1944): 215–30; Ramón A. Gutiérrez, *When Jesus Came, the Corn Mothers Went Away: Marriage, Sexuality, and Power in New Mexico, 1500–1846* (Stanford, CA: Stanford University, 1991), 39–142; Jim Norris, *After "The Year Eighty": The Demise of Franciscan Power in Spanish New Mexico* (Albuquerque: University of New Mexico Press, 2000), 145, 152.

5. 甚至有人覺得中國商品可能也能經由加州進口到新墨西哥。Chapman, *Founding of Spanish California*, 265–66, 271, 284, 366; Francisco Atanasio Domínguez, "Instructions," in *The Missions of New Mexico, 1776: A Description by Fray Francisco Atanasio Domínguez*, trans. Eleanor B. Adams and Angelico Chavez (Albuquerque: University of New Mexico Press, 1956), xxi（「兩位君主」）；Serra to Antonio María Bucareli, 13 March 1773, in *Writings of Junípero Serra*, ed. Antonine Tibesar (Washington, DC:

Academy of American Franciscan History, 1955–1966), 1:299（「為天堂…」）.

6. 弗朗西斯科・多明哥斯在一七七五年十一月四日致伊西德羅・牟利羅；*Missions of New Mexico*, 270.

7. 我沒有把厄爾巴索的人口算進去，雖然這裡在行政劃分上算是新墨西哥的一部分。Domínguez, "A Description of New Mexico," in *Missions of New Mexico*, 39–40（「半個街道」、「十分令人悲嘆」）；Bernardo de Miera, "Plano geographico de la tierra descubierta nuevamente," Additional Manuscripts, 17661-D, British Library（「摧毀許多國家」）；Alicia V. Tjarks, "Demographic, Ethnic and Occupational Structure of New Mexico, 1790," *Americas* 35, no. 1 (1978): 61. 科曼契人的擴張；Hämäläinen, *Comanche Empire*. 有關一六八〇年的普韋布洛起義，可參見這個精要的導論；Andrew L. Knaut, *The Pueblo Revolt of 1680: Conquest and Resistance in Seventeenth-Century New Mexico* (Norman: University of Oklahoma Press, 1995).

8. 多明哥斯在一七七六年七月二十九日致牟利羅；*Missions of New Mexico*, 282.

9. Francisco Silvestre Vélez de Escalante's proper last name is Vélez, but place names and books in the United States use Escalante, as I do here. Martín González de la Vara, "La visita eclesiástica de Francisco Atanasio Domínguez al Nuevo México y su relación," *Estudios de Historia Novohispana* 10 (1991): 267–88; Eleanor B. Adams, "Fray Francisco Atanasio Dominguez and Fray Silvestre Velez de Escalante," *Utah Historical Quarterly* 44, no. 1 (1976): 40–58.

10. Miera, "Mapa de esta Parta Interna de la Nueba Mexico," negative no. 135340, photo archives, Palace of the Governors, Santa Fe, New Mexico（引文）。神話傳說地點；Richard V. Francaviglia, *Mapping and Imagination in the Great Basin: A Cartographic History* (Reno: University of Nevada Press, 2005), 32–33；基維拉；Joseph P. Sánchez, *Explorers, Traders, and Slavers: Forging the Old Spanish Trail, 1678–1850*

(Salt Lake City: University of Utah Press, 1997), 7–12; José M. Espinosa, "The Legend of Sierra Azul," *New Mexico Historical Review* 9, no. 2 (1934): 113–58; and George P. Hammond, "The Search for the Fabulous in the Settlement of the Southwest," in *New Spain's Far Northern Frontier*, ed. David J. Weber (Albuquerque: University of New Mexico Press, 1979), 17–34.

11. 埃斯卡蘭特在一七七五年八月十八日致費南多・戈梅茲（Fernando Antonio Gómez）：*Missions of New Mexico*, 302–5（「同鄉」、「夠聰明」）；埃斯卡蘭特在一七七六年七月二十九日致牟利羅：*Missions of New Mexico*, 307–8; Donna Pierce, "The Life of an Artist: The Case of Captain Bernardo Miera y Pacheco," in *Transforming Images: New Mexican Santos in In-between Worlds*, ed. Claire Farago and Donna Pierce (University Park: Pennsylvania State University Press, 2006), 134–37; Mary Montano, *Tradiciones Nuevomexicanos: Hispano Arts and Culture of New Mexico* (Albuquerque: University of New Mexico Press, 2001), 33. 帕切科和埃斯卡蘭特的出生地：*Missions of New Mexico*, 345; and Adams, "Fray Francisco Atanasio Dominguez and Fray Silvestre Velez de Escalante," 40–46. 帕切科的生平：John L. Kessell, *Miera y Pacheco: A Renaissance Spaniard in Eighteenth-Century New Mexico* (Norman: University of Oklahoma Press, 2013).

12. Domínguez, "Description of New Mexico," 160（「愛八卦的粗人」、「根本一點也…」）、198（「跟這片…」）.

13. Peter Barber and Tom Harper, *Magnificent Maps: Power, Propaganda, and Art* (London: British Library, 2010), 14（引文）。帕切科的地圖存在多種複本，主要有三個變化版本，請參見卡爾・維特的著作：Carl I. Wheat, *Mapping the Transmississipi West* (San Francisco: Institute of Historical Cartography, 1957–1963), 1:94–116. 維特在一九五七年出版了這本著作後，又有人在耶魯大學的拜內克圖書館中發現另一個版本。維特認為A版本是最早的，可能是帕切科親手繪製，但是麥克・韋伯（Michael

Frederick Weber）用令人信服的證據顯示只有大英圖書館的C版本才是帕切科親手繪製的。此外，那份地圖很有可能也是現存最早的版本：Weber, "Tierra Incognita: The Spanish Cartography of the American Southwest, 1540–1803" (PhD dissertation, University of New Mexico, 1986), 184. 如果沒有另外註明，本章提及的帕切科地圖指的都是大英圖書館那份：Additional Manuscripts, 17661-D.

14. Domínguez, "Description of New Mexico," 126（「懶惰演變成…」）、252–53, 259（「軟弱，全是賭徒、騙子…」）.

15. A. M. C. Şengör suggests that Miera represented mesas first on his maps of the Domínguez-Escalante expedition. In fact, he did so earlier, in a 1758 map of New Mexico. The original map is now lost, but a tracing, made from an inferior photograph, appears in John L. Kessell, *Kiva, Cross, and Crown: The Pecos Indians and New Mexico, 1540–1840* (Albuquerque: University of New Mexico Press, 1987), 510–11; Şengör, *The Large-Wavelength Deformations of the Lithosphere: Materials for a History of the Evolution of Thought from the Earliest Times to Plate Tectonics* (Boulder, CO: Geological Society of America, 2003), 141–46.

16. 紀錄中並沒有明白寫到盧克雷修．穆尼茲以前曾走過這個地方，但是埃斯卡蘭特使用的「嚮導」一詞顯示他有。*DEJ*, 11（「專家」、「就迷路了」…）、19（「使用頻繁」）、22（「相信上帝」）.

17. Ibid., 22–24.

18. 鈾釩鎮在冷戰期間曾出產鈾和釩這兩種礦物，但現在成了一座鬼城，是受到有害物質汙染、屬於美國政府超級基金計畫場址的地點之一。

19. *DEJ*, 26–27.

20. Ibid., 28.

21. Ibid., 38, 72.

22. Ibid., 39（引文）、41–42.

23. Ibid., 45.

24. Miera, "Plano geographico"（引文）；Hämäläinen, *Comanche Empire*, 44–88; *DEJ*, 46–47.

25. *DEJ*, 50–51.

26. 更準確地說，阿塔納西奧說的是科羅拉多河（含）以降的河流都是流入多洛雷斯河。今天，我們認為是多洛雷斯河流入科羅拉多河，而非反過來。Ibid., 77.

27. Francaviglia, *Mapping and Imagination*, 6–7.

28. *DEJ*, 70–73.

29. Ibid., 67.

30. Ibid., 66 ("salvation of souls" and "single true God"), 67 ("wonderful docility"), 68 ("unutterable joy"). Native peoples sometimes associated European technology with a diffuse power possessed by colonists. See Evan Haefeli, "On First Contact and Apotheosis: Manitou and Men in North America," *Ethnohistory* 54, no. 3 (2007): 407–43; and Bruce M. White, "Encounters with Spirits: Ojibwa and Dakota Theories about the French and Their Merchandise," *Ethnohistory* 41, no. 3 (1994): 369–405.

31. 跟帕切科所說的相左，奧尼亞特其實並不是第一個發現蒂宗河的歐洲人。早在一五四〇年代，西班牙人就已經這樣稱呼科羅拉多河。*DEJ*, 71（「狹窄的水路」）；帕切科在一七七七年十月二十六日致國王：*Pageant in the Wilderness: The Story of the Escalante Expedition to the Interior Basin, 1776*, ed. Herbert Eugene Bolton (Salt Lake City: Utah State Historical Society, 1972), 245（「非常大且可航行」、「如果真如他們所說」）；Miera, "Plano geographico"（「寬度和深度都很雄偉」）.

32. 在地圖上洛磯山脈的位置，帕切科如此寫道：「源自於此的眾多川流都會流入南海或墨西哥灣這兩座海洋。」他可能跟當時的某些人一樣，認為北美大陸就像一座金字塔，河水最終從它的四個面流走。Miera, "Plano geographico"（「南海」）：帕切科在一七七七年十月二十六日致國王：*Pageant in the Wilderness*, 245（「在很短的時間內…」）：Francaviglia, *Mapping and Imagination*, 56–58.

33. *DEJ*, 75（「酷熱」）：Miera, "Plano geographico"（「米耶拉湖」）：Stephen Trimble, *The Sagebrush Ocean: A Natural History of the Great Basin* (Reno: University of Nevada Press, 1989), 50–51, 83.

34. *DEJ*, 78; C. Gregory Crampton and Gloria G. Griffen, "The San Buenaventura, Mythical River of the West," *Pacific Historical Review* 25, no. 2 (1956): 163–71.

35. 所謂的「祖尼藍」可能有出現在下列文獻的河川中：Miera, "Mapa de esta Parta Interna." William Wroth, *Christian Images in Hispanic New Mexico: The Taylor Museum Collection of Santos* (Colorado Springs, CO: Taylor Museum, 1982), 51–52（引文）：Pierce, "Life of an Artist," 134–37; and Charles M. Carrillo, "A Saint Maker's Palette," *Tradición Revista* 3, no. 1 (1998): 23–27. 關於帕切科聖人肖像製作師的身分，請見：Donna Pierce, "From New Spain to New Mexico: Art and Culture on the Northern Frontier," in *Converging Cultures: Art and Identity in Spanish America*, ed. Diana Fane (New York: Harry N. Abrams, 1996), 59–68.

36. *DEJ*, 108.

37. 十八世紀的地圖上偶爾可看見露出乳房的女子，做為美洲的代表象徵，但是像帕切科這樣用仔細描繪的裸女來代表當地民族，就比較少見了。Ibid., 91（「直視會有…」）：100–101, 109（「為了自己野獸般的慾望…」）.

38. Ibid., 80（引文）、120.

39. Ibid., 83–85.

40. 在一封信件裡，埃斯卡蘭特估計從聖塔菲到蒙特雷「至少」要一千六百公里。埃斯卡蘭特在一七七五年八月十八日致戈梅茲：18 August 1775, in *Missions of New Mexico*, 302–5.

41. 多明哥斯在一七七六年七月二十九日致牟利羅：*Missions of New Mexico*, 281–86; Adams, "Fray Francisco Atanasio Dominguez and Fray Silvestre Velez de Escalante," 53（「只靠這麼少人…」）；*DEJ*, 87–89（「偉大的榮耀…」、「非常乖戾」）.

42. *DEJ*, 89–90.

43. 根據內德・布萊克豪克（Ned Blackhawk）的著作，因為猶他人有騎馬的優勢，南派尤特人被他們欺壓得很慘。Blackhawk, *Violence over the Land: Indians and Empires in the Early American West* (Cambridge, MA: Harvard University Press, 2006); *DEJ*, 91–93（「古老的南派尤特人」出現在第九十三頁）.

44. Miera, "Plano geographico"（「大平頂上」）；*DEJ*, 101（「聖天使」）.

45. *DEJ*, 102（「哀求」）、103（「模糊方向」）.

46. 帕切科有在地圖上畫出晚上紮營的地方，但是沒有畫出路線本身。Miera, "Plano geographico"（引文）；*DEJ*, 112–21.

47. 從一開始，埃斯卡蘭特就懷疑遠征隊是否到得了蒙特雷。*DEJ*, 127（引文）、128；多明哥斯在一七七六年七月二十九日致牟利羅：*Missions of New Mexico*, 281–86; Adams, "Fray Francisco Atanasio Dominguez and Fray Silvestre Velez de Escalante," 53.

48. *DEJ*, 136–37.

49. Thomas Paine, *The American Crisis. Number I* (Norwich, CT: John Trumbull, 1776), 1.

50. 洪保德在參考來源中並未列出帕切科的地圖，但是他在自己的地圖上繪製的某些細節——科羅拉多河上的「el rastrillo」以及「R. de las Piramides Sulfureas」等——顯示他肯定有看過該地圖。不過，他確實有參考米格爾・康斯坦索（Miguel Costansó）和曼努埃爾・馬斯卡洛（Manuel

Mascaró）的那份有融入帕切科地圖細節的地圖。Alexander von Humboldt, *Political Essay on the Kingdom of New Spain* (New York: I. Riley, 1811), 1:xvii–xviv; Pike, *Map of the Internal Provinces of New Spain* (n.p., 1807)（引文）。帕切科的影響：Crampton and Griffen, "San Buenaventura"; and Francaviglia, *Mapping and Imagination*.

51. John Melish, *Map of the United States of America* (Philadelphia: J. Melish, 1816)（「在聖布埃納文圖拉河⋯」）；Melish, *Map of the United States* (Philadelphia: James Finlayson, 1823)（「更新至一八二三年」、「無人探索過的國度」）.

52. John Bidwell, "The First Emigrant Train to California," *Century Illustrated Magazine* 41, no. 1 (1890): 106–30.

53. Donald K. Grayson, *The Desert's Past: A Natural Prehistory of the Great Basin* (Washington, DC: Smithsonian Institution Press, 1993), 6–8（引文）；Francaviglia, *Mapping and Imagination*, 82.

54. 畫出印地安各部族的領土界線，可以解讀成製圖者承認原住民族的主權，但是芭芭拉・貝利亞（Barbara Belyea）卻認為這是「帝國和科學在宣示自己的權威」：Belyea, "Inland Journeys, Native Maps," in *Cartographic Encounters: Perspectives on Native American Mapmaking and Map Use*, ed. G. Malcolm Lewis (Chicago: University of Chicago Press, 1998), 137–38; *DEJ*, 122（引文）.

55. Wheat, *Mapping the Transmississippi West*, 1:121–24（西班牙地圖）；Alexander von Humboldt, *A Map of New Spain* ([London]: Longman, Hurst, Rees, 1804); Melish, Map of the United States (1816).

56. K. T. Khlebnikov, *Colonial Russian America: Kyrill T. Khlebnikov's Reports, 1817–1832*, ed. and trans. Basil Dmytryshyn and E. A. P. Crownhart-Vaughan (Portland: Oregon Historical Society, 1976), 77, 116–17; K. T. Khlebnikov, *The Khlebnikov Archive: Unpublished Journals (1800–1837) and Travel Notes (1820, 1822, and 1824)*, ed. Leonid Shur, trans. John Bisk (Anchorage: University of Alaska Press), 132, 151.

57. Khlebnikov, *Khlebnikov Archive*, 27–30; Khlebnikov, *Colonial Russian America*, 53.

PART 2
分割北美洲

1. 愛德華・吉朋（Edward Gibbon）寫到，《巴黎和約》「操控了歐洲的命運」，但它其實也扭轉了北美洲的命運。吉朋在一七六三年二月十二日致繼母：*Private Letters of Edward Gibbon, 1753–1794*, ed. Rowland E. Prothero (London: John Murray, 1896), 1:28–30.
2. 關於七年戰爭的北美戰場，請參見：Fred Anderson, *The Crucible of War: The Seven Years' War and the Fate of Empire in British North America, 1754–1766* (New York: Knopf, 2000).
3. 舒瓦瑟爾在一七六〇年一月十四日致伏爾泰以及舒瓦瑟爾在一七六〇年四月二十二日致伏爾泰：*Choiseul et Voltaire*, ed. Pierre Calmettes (Paris: Plon-Nourrit, 1902), 55（「我跟二十歲的…」）、71（「可口」）：C. Port, *Le train de Maison du duc de Choiseul, 1763–1766* (Paris: Édouard Champion, [1920]), 18, 24, 61.
4. Didier Ozanam, "Política y Amistad: Choiseul y Grimaldi. Correspondencia Particular Entre Ambos Ministros (1763–1770)," in *Actas del Congreso Internacional Sobre Carlos III y La Ilustración*, ed. Pablo Fernández Albaladejo (Madrid: Ministerio de Cultura, 1988), 1:213–37; William Coxe, *Memoirs of the Kings of Spain of the House of Bourbon*, 2nd ed. (London: Longman, Hurst, Rees, Orme, and Brown, 1815), 4:299（「全身散發…」）Henry Swinburne, *Travels through Spain in the Years 1775 and 1776*, 2nd ed. (London: J. Davis, 1787), 2:136（「無數的陪客…」）：吉朋在一七六三年二月十二日致繼母：*Private Letters of Edward*

Gibbon, 1:28–30（「了不起的程度」、「禮節與優雅」）.

5. 吉朋在一七六三年二月十二日致繼母：*Private Letters of Edward Gibbon*, 1:28–30（引文）；Joan Evans, “The Embassy of the 4th Duke of Bedford to Paris, 1762–1763,” *Archaeological Journal* 113 (1956): 137–56.

6. 舒瓦瑟爾在一七六二年五月二十五日致卡斯帕爾・布雷爾（Caspar Joseph Solar de Breille）以及伊格雷蒙特伯爵（Earl of Egremont）在一七六二年六月二十六日所寫的回憶：*Anglo-French Boundary Disputes in the West, 1749–1763*, ed. Theodore Calvin Pease (Springfield: Illinois State Historical Library, 1936), 432（「不可或缺」）、435（「一點價值也沒用」）。有關在一七六三年簽訂和約之前所歷經的複雜談判過程，可參見：Matt Schumann and Karl Schweizer, *The Seven Years War: A Transatlantic History* (London: Routledge, 2008), 187–226. 要注意的是，在貝德福德前往巴黎進行最後的協商之前，初步的條款就已經擬定好。以下文獻舉了一個特別優秀的欺騙實例：Theodore C. Pease, “The Mississippi Boundary of 1763: A Reappraisal of Responsibility,” *American Historical Review* 40, no. 2 (1935): 278–286.

7. 在一七六一年八月十日所寫的回憶提到關於路易斯安那州的界線問題：*Anglo-French Boundary Disputes*, 354–56（引文）；J. H. Parry, *The Age of Reconnaissance: Discovery, Exploration, and Settlement, 1450 to 1650* (Berkeley: University of California Press, 1963), 159–62.

8. 伊格雷蒙特在一七六二年六月二十六日所寫的回憶：*Anglo-French Boundary Disputes*, 436–37（「好好待在…」、「遏止一切紛爭」）；Pease, “Mississippi Boundary of 1763,” 280（「因為存在…」）；Arthur S. Alton, “The Diplomacy of the Louisiana Cession,” *American Historical Review* 36, no. 4 (1931): 718–19（「不，不…」）。關於路易斯安那州的割讓：Paul W. Mapp, *The Elusive West and the Contest for Empire, 1713–1763* (Chapel Hill: University of North Carolina Press, 2011), 359–412.

9. 理查・內維爾（Richard Neville）在一七六三年二月十六日致貝德福德公爵：*Correspondence of John, Fourth Duke of Bedford*, ed. Lord John Russell (London: Longman, Brown, Green, and Longmans, 1864), 3:199–203; Evans, "Embassy of the 4th Duke," 143–44.

10. Pease, *Anglo-French Boundary Disputes*, clvi.

11. *The Expediency of Securing Our American Colonies* (Edinburgh: n.p., 1763), 55.

12. 西勒・迪恩（Silas Deane）在一七七五年十一月二四致詹姆斯・霍格（James Hogg）：*CRNC*, 10:300–304.

第五章　被改造的森林：哈德遜灣公司與坎伯蘭豪斯

1. Bryant Lillywhite, *London Coffee Houses* (London: Allen and Unwin, 1963), 9, 46（引文）, 223, 369, 531, 619, 1473–75（以上數字指的是咖啡館各條目，而非頁碼）：John Feltham, *Picture of London for 1803* (London: R. Phillips, 1802), 349–56.

2. Marjorie Gordon Jackson, "The Beginning of British Trade at Michilimackinac," *Minnesota History* 11, no. 3 (1930): 237–39, 249.

3. 華生跟隨了亞歷山大・亨利（Alexander Henry (the elder)）的腳步：亞歷山大・亨利也曾替奧斯威戈和蒙特婁的英國軍隊提供補給，後來直接進入印地安貿易圈。"Watson, Sir Brook," *Appleton's Cyclopaedia of American Biography*, ed. James Grant Wilson and John Fiske (New York: Appleton, 1889), 6:390（引文）：*Oxford Dictionary of National Biography*, "Watson, Sir Brook" http://www.oxforddnb.com/templates/article.jsp?articleid=28829&back=, accessed September 2013; E. E. Rich, *History of the*

Hudson's Bay Company (London: Hudson's Bay Record Society, 1959), 2:8.

4. R. M. Breckenridge, "Paper Currencies of New France," *Journal of Political Economy* 1, no. 3 (1893): 423–31; Phillip Lawson, *The Imperial Challenge: Quebec and Britain in the Age of the American Revolution* (Montreal: McGill-Queen's University Press, 1989), 93; Jackson, "Beginning of British Trade," 237–70.

5. 關於「英國人奔向魯珀特地」的這段歷史，請參見：Rich, *History of the Hudson's Bay Company*, 2:1–43.

6. 安德魯・格雷厄姆在一七七二年八月二十六日致哈德遜灣公司總裁與委員會的信件節錄：*Documents Relating to the North West Company*, ed. W. S. Stewart (Toronto: Champlain Society, 1934), 42（引文）。里奇在著作中詳述了這些「小販」所進行的活動和造成的影響：*History of the Hudson's Bay Company*, vol. 2. 同參：Wayne Edson Stevens, *The Northwest Fur Trade, 1763–1800*, University of Illinois Studies in the Social Sciences, vol. 14, no. 3 (Urbana: University of Illinois, 1926).

7. Anthony Henday, *A Year Inland: The Journal of a Hudson's Bay Company Winterer*, ed. Barbara Belyea (Waterloo, ON: Wilfrid Laurier University Press, 2000), E.2/11, 30 May 1755, 189（「精通…」）；Keith R. Widder, "The French Connection: The Interior French and Their Role in French-British Relations in the Western Great Lakes Region, 1760–1775," in *The Sixty Years' War for the Great Lakes, 1754–1814*, ed. David Curtis Skaggs and Larry L. Nelson (East Lansing: Michigan State University Press, 2001), 134（「接納印地安人…」）.

8. 哈德遜灣公司雖然在一七四三年於內陸的奧巴尼河（Albany River）建立了亨利豪斯，但是它卻不是個很重要的存在，而且建立的理由跟催生坎伯蘭豪斯的原因不同。Rich, *History of the Hudson's Bay Company*, 1:589（引文）、2:17–41; Introduction to E. E. Rich, ed., *Cumberland House Journals and Inland Journal, 1775–82* (London: Hudson's Bay Record Society, 1951–1952), 1:xxiv–xxv. 河狸購進量

衰退的原因，有一部分可能是因為河狸本身數量減少的關係。Ann M. Carlos and Frank D. Lewis, "Indians, the Beaver, and the Bay: The Economics of Depletion in the Lands of the Hudson's Bay Company," *Journal of Economic History* 53, no. 3 (1993): 481.

9. Samuel Hearne, "Journal of a Journey Inland," in *Journals of Samuel Hearne and Philip Turnor*, ed. J. B. Tyrrell (Toronto: Champlain Society, 1934), 113–15.

10. Georges-Louis LeClerc, Comte de Buffon, *Natural History, General and Particular* (Edinburgh: William Creech, 1780–1785), 5:129–30（「在吝嗇的天空下…」、「怯懦膽小」、「毫無活力」、「繁衍的器官」、「又小又虛」）；Buffon, *Barr's Buffon* (London: J. S. Barr, 1792), 6:291（「分散，是淒絕…」）、6:292–93（「自然的狀態」、「監獄」、「陰鬱哀傷」）、6:294（「比所有動物…」）.

11. Andrew Graham, *Andrew Graham's Observations on Hudson's Bay, 1767–91*, ed. Glyndwr Williams (London: Hudson's Bay Record Society, 1969), 9–10; James Isham, *James Isham's Observations on Hudsons Bay, 1743*, ed. E. E. Rich (Toronto: Champlain Society, 1949), 148（「優秀的工人…」）；*The Wonders of Nature and Art* (Reading, England: C. Corbett, 1750), 4:173（「睿智與美」、「迷你城市」）.

12. Graham, *Andrew Graham's Observations*, 9–10; Robert Beverley, *The History and Present State of Virginia* (London: R. Parker, 1705), 74–75.

13. Samuel Hearne, *A Journey from Prince of Wales's Fort, in Hudson's Bay, to the Northern Ocean* (London: A. Strahan and T. Cadell, 1795), 231.

14. Horace T. Martin, *Castorologia, or the History and Traditions of the Canadian Beaver* (Montreal: Drysdale, 1892), 2.

15. A. Radclyffe Dugmore, *The Romance of the Beaver, Being the History of the Beaver in the Western Hemisphere* (Philadelphia: J. B. Lippincott, 1914), 1（「為該領域貢獻…」）、8（「喝杯下午茶」）、13

（「熱切的」）、66（「最低階」）.

16. Dugmore, *Romance of the Beaver*, 138.

17. Robert J. Naiman, Carol A. Johnston, and James C. Kelley, "Alteration of North American Streams by Beaver," *BioScience* 38, no. 11 (1988): 753.

18. 在一七七三年七月十日致羅伯特・卡瑞公司的收據：Founders Online, National Archives (http://founders.archives.gov/documents/Washington/02-09-02-0204-0002, ver. 2013-08-02)（引文）；Murray G. Lawson, *Fur: A Study in English Mercantilism* (Toronto: University of Toronto Press, 1943), appendices A, B, and G; Rich, *History of the Hudson's Bay Company*, 1:531; Madeleine Ginsburg, *The Hat: Trends and Traditions* (London: Barron's, 1990), 70–71.

19. Ginsburg, *The Hat*, 44.

20. "Jockie is Growne a Gentleman," in *The Mirror of Literature, Amusement, and Instruction* (London: J. Limbird, 1824), 3:326-27.

21. Murray G. Lawson, *Fur*, 5; Samuel Pepys, 29 November 1763, in *The Diary of Samuel Pepys*, ed. Robert Latham and William Matthews (Berkeley: University of California Press, 1971), 4:400（引文）.

22. Ginsburg, *The Hat*, 66; Barbara E. Lacey, *From Sacred to Secular: Visual Images in Early American Publications* (Newark: University of Delaware Press, 2007), 137.

23. Hearne, "Journal of a Journey Inland," 105.

24. Dale R. Russell, *Eighteenth-Century Western Cree and Their Neighbours*, Archaeological Survey of Canada, Mercury Series Paper 143 (Hull, QC: Canadian Museum of Civilization, 1991), 12–13; Arthur J. Ray, *Indians in the Fur Trade: Their Role as Trappers, Hunters, and Middlemen in the Lands Southwest of Hudson Bay, 1660–1870* (Toronto: University of Toronto Press, 1974), 87. 在一七七五年的前一百年，哈德遜灣公司

每年平均只有運送四百八十把槍到各據點。M. L. Brown, *Firearms in Colonial America: The Impact on History and Technology, 1492–1792* (Washington, DC: Smithsonian Institution Press, 1980), 156–57; Ray, *Indians in the Fur Trade*, 72–79; Henday, *Year Inland*, B.239/a/40, 16 October 1754, p. 108（引文）。貝利亞不認為安東尼・亨戴的日記能給我們任何確鑿的結論，這樣想是對的，因為四份現存的副本中互有矛盾之處。

25. 11 July 1776, "A Journal of the Most Remarkable Transactions and Occurrences at York Fort from 27th August 1775 to 31st August 1776," B239/a/73, HBCA, reel 1M159.

26. Christopher Middleton, "The Effects of Cold," *Philosophical Transactions* 42 (1742–1743): 159–60.

27. 漢弗萊・馬騰在一七七六年三月十九日致湯瑪斯・哈欽斯（Thomas Hutchins）的信件副本，B239/b/36, HBCA, reel 1M255（「冷得嚇人」）；塞繆爾・赫恩在一七七七年三月二十日致漢弗萊・馬騰的信件副本，B239/b/37, HBCA, reel 1M255（「空氣純淨」、「有些人認為⋯」）；赫恩在一七七八年一月十八日致馬騰的信件副本，B239/b/38, HBCA, reel 1M255（「可怕的潰瘍」、「非常嚇人」、「我們可能錯了」）；赫恩在一七七八年三月六日致馬騰的信件副本，B239/b/38, HBCA, reel 1M255（「吐得」）。

28. Graham, *Andrew Graham's Observations*, 300（「臉部、鼻尖、下巴⋯」）；Stuart Houston, Tim Ball, and Mary Houston, eds., *Eighteenth-Century Naturalists of Hudson Bay* (Montreal: McGill-Queen's University Press, 2003), 61; Hearne, "Journal of a Journey Inland," 139（「凍到骨子裡」）、144（「打開」）；William Walker et al., "Journal of the Most Remarkable Transactions and Occurrences," in *Cumberland House Journals*, 223.

29. Walker et al., "Journal," 202–3; Alexander Henry, *Travels and Adventures in Canada and the Indian Territories* (New York: I. Riley, 1809), 266–71.

30. 馬騰在一七七六年三月十九日致哈欽斯的信件副本：B239/b/36, HBCA, reel 1M255; Graham, *Andrew Graham's Observations*, 315；哈欽斯在一七七六年六月十三日致馬騰的信件副本：B239/b/36, HBCA, reel 1M255; Isham, *James Isham's Observations*, 66（引文）.

31. 哈欽斯在一七七七年六月二十三日致馬騰的信件副本：B239/b/37, HBCA, reel 1M255.

32. Hearne, "Journal of a Journey Inland," 136–37（「饑荒…」）、159; Samuel Hearne, "Journal of the Most Remarkable Transactions and Occurrences on a Journey from and to York Fort and at Cumberland House from 8th July 1775 to 26th October 1775," in *Journals of Samuel Hearne and Philip Turnor*, 190（麋鹿皮）；Walker et al., "Journal," 110（「自己有時候幾乎…」）.

33. Walker et al., "Journal," 88（引文）；馬騰在一七七七年一月四日致赫恩的信件副本：B239/b/37, HBCA, reel 1M255（糧食市場）；Ray, *Indians in the Fur Trade*, 133（放火）.

34. 8 and 11 July 1776, "A Journal of the Most Remarkable Transactions and Occurrences at York Fort from 27th August 1775 to 31st August 1776," B239/a/73, HBCA, reel 1M159（「我覺得這實在…」）；Hearne, "Journal of the Most Remarkable Transactions," 193（「極依賴」）；馬騰針對喬瑟夫・韓森前往坎伯蘭豪斯所下的指示副本：n.d., B239/b/37, HBCA, reel 1M255（「男子氣概的果決…」）.

35. Cocking, 一七七四年七月六日（「不間斷地要求」）、一七七四年七十二日（「不得不掩飾…」）、一七七四年八月二日（「是他們選擇…」）、一七七四年七月二十九日（「一想到我們…」）、一七七四年八月二日（「我們真的…」）："A Journal of a Journey Inland with the Natives, Commencing 4th July, and Ending the 27th June 1775," B239/a/72, HBCA, reel 1M159.

36. Cocking, 一七七四年八月十日（「我不得不…」、「因為若沒有…」、「要是印地安人…」）以及一七七五年六月八日（「我發現…」、「商人永遠…」）："A Journal of a Journey Inland with the Natives, Commencing 4th July, and Ending the 27th June 1775," B239/a/72, HBCA, reel 1M159.

37. Hearne, "Journal of the Most Remarkable Transactions," 171（「私下的酗酒習慣」）；柯京在一七七五年九月三日致馬騰的信件副本：B239/b/36, HBCA, reel 1M255；韓森在一七七七年八月六日致馬騰的信件副本：B239/b/38, HBCA, reel 1M255（「偷偷」）；一七七五年九月十四日以及一七七五年九月二十九日："A Journal of the Most Remarkable Transactions and Occurrences at York Fort from 27th August 1775 to 31st August 1776," B239/a/73, HBCA, reel 1M159（「自生自滅」）.

38. 一七七五年九月二十九日（「我們因為不夠強大…」、「和善地利用印地安人」、「印地安人在他的國家…」）以及一七七六年六月十四日（「一包上好的皮革」、「這完全顯示了…」）："Journal of the Most Remarkable Transactions and Occurrences at York Fort from 27th August 1775 to 31st August 1776," B239/a/73, HBCA, reel 1M159.

39. John Entick, *A New and Accurate History and Survey of London, Westminster, Southwark, and Places Adjacent* (London: Edward and Charles Dilly, 1766), 4:297–98（「一棟非常華美的磚造建築…」）；Shepard Krech, *The Ecological Indian: Myth and History* (New York: Norton, 1999), 174（「這些英國人真奇怪…」）.

40. Ray, *Indians in the Fur Trade*, chap. 3; Rich, *History of the Hudson's Bay Company*, 1670–1870, 2:47; Henday, *Year Inland*, E.2/11, 26 March 1755, p. 165, E.2/4, 16 May 1755, p. 182, and E.2/6, 8 April 1755, p. 168（引文）；ibid., E.2/4, 24 April 1755, pp. 172–73.

41. Isham, *James Isham's Observations*, 131（「酒桶」）；Henday, *Year Inland*, E.2/6, 27 April 1755, p. 173（「比寒冷的天氣更可怕」）、B.239/1/40, 1 May 1755, p. 175; C. Douglas Ellis, ed., *Cree Legends and Narratives from the West Coast of James Bay* (Winnipeg: University of Manitoba Press, 1995), 151–53.

42. Henday, *Year Inland*, E.2/6, 12 May 1755, p. 179, E.2/4, 15 May 1755, p. 181, and E.2/4, 1 June 1775, p. 191; Graham, *Andrew Graham's Observations*, 256–57; Ray, *Indians in the Fur Trade*, 69.

43. Cocking, 一七七三年三月二十七日（「棘手」）、一七七三年五月二十六到二十七日（「因為恐懼…」、「由於他們已經…」）、一七七四年八月二十七日、一七七四年八月二十九日（「迫使」）、一七七四年九月二十八日以及一七七五年四月一日：“A Journal of a Journey Inland with the Natives, Commencing 4th July, and Ending the 27th June 1775,” B239/a/72, HBCA, reel 1M159; Henry, *Travels and Adventures*, 259（「克制自己的不滿」）.

44. Henday, *Year Inland*, B.239/a/40, 19 and 20 June 1755, p. 197.

45. Graham, *Andrew Graham's Observations*, 315–24.

46. Extract from a letter of Andrew Graham to the governor and committee of the Hudson's Bay Company, 26 August 1772, in *Documents Relating to the North West Company*, 42; Isham, *James Isham's Observations*, 48（「這菸草有個不好的味道…」、「我再開另一個」）、54（「你的菸草不好…」）；Rich, *History of the Hudson's Bay Company*, 1:512（「交易時很高明…」）.

47. Hearne, “Journal of a Journey Inland,” 122, 160; Hearne, “Journal of the Most Remarkable Transactions,” 188.

48. 根據安・卡洛斯（Ann M. Carlos）與法蘭克・路易斯（Frank D. Lewis）的研究，約克堡周遭的河狸數量在十八世紀前半葉出現大幅衰退。然而，我們並不清楚這個衰減情形有多深入約克堡內陸。更西邊的河狸數量依然不少，印地安人可能十分放心。Carlos and Lewis, “Indians, the Beaver, and the Bay,” 465–94; Hearne, “Journal of a Journey Inland,” 156–57（引文）；Rich, *History of the Hudson's Bay Company*, 1:547–49.

49. 根據約克堡的帳簿，內陸在一七七四到一七七五年間記了一六四七枚河狸代幣，坎伯蘭豪斯在一七七五到一七七六年間記了二九〇一枚河狸代幣。Introduction to *Cumberland House Journals*, xciii, n1.

50. 美國革命軍從未抵達哈德遜灣，但是他們的法國盟友有。一七八二年八月，三艘法國船艦在拉彼魯茲伯爵的指揮下進入哈德遜灣，摧毀了位於邱吉爾的威爾斯親王堡和約克堡。馬騰針對柯京前往坎伯蘭豪斯所下的指示副本：n.d., B239/b/37, HBCA, reel 1M255（「跟大不列顛…」、「嚴密監視」、「牢牢站穩…」）；Walker et al., "Journal," 94（「那些小販…」）；Rich, *History of the Hudson's Bay Company*, 2:83–89.

51. Walker et al., "Journal," 129, 152; Robert Longmoor, "Journal of a Journey Inland," in *Cumberland House Journals*；柯京在一七七七年六月十三日致馬騰的信件副本：B239/b/37, HBCA, reel 1M255; Harold Adams Innis, *The Fur Trade in Canada: An Introduction to Canadian Economic History* (1930; reprint, Toronto: University of Toronto Press, 1999), 267–68.

52. Ronald L. Ives, "The Beaver-Meadow Complex," *Journal of Geomorphology* 5, no. 3 (1942): 194 (quotation); Frank Rosell et al., "Ecological Impact of Beavers *Castor fiber and Castor canadensis* and Their Ability to Modify Ecosystems," *Mammal Revue* 35, nos. 3–4 (2005): 252.

53. Ming-Ko Woo and James M. Waddington, "Effects of Beaver Dams on Subarctic Wetland Hydrology," *Arctic* 43, no. 3 (1990): 225–26; Robert J. Naiman, Jerry M. Melillo, and John E. Hobbie, "Ecosystem Alteration of Boreal Forest Streams by Beaver (*Castor canadensis*)," *Ecology* 67, no. 5 (1986): 1254; Rosell et al., "Ecological Impact of Beavers," 256.

54. Angela M. Gurnell, "The Hydrogeomorphological Effects of Beaver Dam-Building Activity," *Progress in Physical Geography* 22, no. 2 (1998): 181; Naiman, Johnston, and Kelley, "Alteration of North American Streams," 754.

55. Robert J. Naiman et al., "Beaver Influences on the Long-Term Biogeochemical Characteristics of Boreal Forest Drainage Networks," *Ecology* 75, no. 4 (1994): 905–21; C. A. Johnson et al., "Effects of Beaver and

Moose on Boreal Forest Landscapes," in *Landscape Ecology and Geographic Information Systems*, ed. R. Haines-Young and David R. Green (London: Taylor and Francis, 1993), 255; Rosell et al., "Ecological Impact of Beavers," 252; Glynnis A. Hood and Suzanne E. Bayley, "Beaver (Castor canadensis) Mitigate the Effects of Climate on the Area of Open Water in Boreal Wetlands in Western Canada," *Biological Conservation* 141, no. 2 (2008): 556–67.

56. Justin P. Wright, Clive G. Jones, and Alexander S. Flecker, "An Ecosystem Engineer, the Beaver, Increases Species Richness at the Landscape Level," *Oecologia* 132, no. 1 (2002): 96–101; Glenn W. Bradt, "A Study of Beaver Colonies in Michigan," *Journal of Mammalogy* 19, no. 2 (1938): 153–56; Naiman, Johnston, and Kelley, "Alteration of North American Streams," 756; Rosell et al., "Ecological Impact of Beavers," 258.

57. Naiman, Johnston, and Kelley, "Alteration of North American Streams," 755; William M. Samuel, Margo J. Pybus, and A. Alan Kocan, eds., *Parasitic Diseases of Wild Mammals*, 2nd ed. (Ames: Iowa State University Press, 2001), 25–27; John L. Capinera, ed., *Encyclopedia of Entomology*, 2nd ed. (New York: Springer, 2008), 525–29; Isham, *James Isham's Observations*, 131（引文）：Henry, *Travels and Adventures*, 29. 伊沙姆使用的是「沙蠅」一詞，但這個詞通常也會把黑蠅算在內。

58. Isaac J. Schlosser and Larry W. Kallemyn, "Spatial Variation in Fish Assemblages across a Beaver-Influenced Successional Landscape," *Ecology* 81, no. 5 (2000): 1371–82; Rosell et al., "Ecological Impact of Beavers," 261, 264, 265–66, 267.

59. 關於過度獵捕的終極成因，請參見：Ann M. Carlos and Frank D. Lewis, "Property Rights, Competition, and Depletion in the Eighteenth-Century Canadian Fur Trade: The Role of the European Market," *Canadian Journal of Economics/Revue canadienne d'Economique* 32, no. 3 (May 1999): 705–28. 六百萬張河狸皮草這個概略的數字是源自：Innis, *Fur Trade in Canada*, 268. David Thompson, *Writings of David Thompson*,

ed. William E. Moreau (Montreal: McGill-Queen's University Press, 2009), 196–97（引文）：Krech, *Ecological Indian*, 175.

60. Daniel Abramson, "C. R. Cockerell's 'Architectural Progress of the Bank of England,'" *Architectural History* 37 (1994): 117; Thomas Mortimer, *Every Man His Own Broker* (London: S. Hooper, 1761), x; Alice Clare Carter, *The English Public Debt in the Eighteenth Century* (London: Historical Association, 1968), 10–11; Reed Browning, "The Duke of Newcastle and the Financing of the Seven Years' War," *Journal of Economic History* 31, no. 2 (1971): 346–48; Larry Neal, "Interpreting Power and Profit in Economic History: A Case Study of the Seven Years War," *Journal of Economic History* 37, no. 1 (1977): 31.

61. Browning, "Duke of Newcastle," 346, 369–71, 374–75n128（「這場災難⋯」）：Richard Middleton, *The Bells of Victory: The Pitt-Newcastle Ministry and the Conduct of the Seven Years' War, 1757–1762* (Cambridge: Cambridge University Press, 1985), 171（「富人」）.

62. John L. Bullion, "Security and Economy: The Bute Administration's Plan for the American Army and Revenue, 1762–1763," *William and Mary Quarterly* 45, no. 3 (1988): 499–509; John Shy, *Toward Lexington: The Role of the British Army in the Coming of the American Revolution* (Princeton, NJ: Princeton University Press, 1965), 110–11; Horace Walpole, as quoted in William R. Nester, *"Haughty Conquerors": Amherst and the Great Indian Uprising of 1763* (Westport, CT: Praeger, 2000), 8（引文）.

63. Jeffery Amherst, *The Journal of Jeffery Amherst*, ed. J. Clarence Webster (Toronto: Ryerson, 1931), 185（「為了替政府⋯」、「是前所未見地懶惰⋯」）：Gregory Evans Dowd, *War under Heaven: Pontiac, the Indian Nations and the British Empire* (Baltimore: Johns Hopkins University Press, 2002), 72–75（「沒完沒了」第73頁）：Fred Anderson, *Crucible of War: The Seven Years' War and the Fate of Empire in British North America, 1754–1766* (New York: Knopf, 2000), 472–75; William Johnson, "Review of

the Trade," in *Trade and Politics, 1767–1769*, ed. Clarence Walworth Alvord and Clarence Edwin Carter, Collections of the Illinois State Historical Library, vol. 16 (Springfield: Illinois State Historical Library, 1921), 36（「這對曾是我們盟友…」）.

64. 亨利・波桂（Henry Bouquet）在一七六四年十一月三十日致湯瑪斯・蓋奇：*The Critical Period, 1763–1765*, ed. Clarence Walworth Alvord and Clarence Edwin Carter, Collections of the Illinois State Historical Library, vol. 10 (Springfield: Illinois State Historical Library, 1915), 366（「反覆無常、三心二意」）；Dowd, *War under Heaven*, 64（「我們現在可以…」）、65（「野狗」）；J. C. Long, *Lord Jeffery Amherst, a Soldier of the King* (New York: MacMillan, 1933), 187（「雜種」）；阿默斯特在一七六三年七月十六日致波桂：*The Papers of Col. Henry Bouquet*, ed. Sylvester K. Stevens and Donald H. Kent (Harrisburg, PA: Pennsylvania Historical Commission, 1940–1943), series 21634, 219（「非人類的惡棍」）.

65. 西緬・埃庫耶（Simeon Ecuyer）在一七六三年五月三十日致波桂：*Papers of Col. Henry Bouquet*, series 21649, part 1, pp. 115–17（「我認為這是…」）；Amherst, *Journal of Jeffery Amherst*, 310, 314（「愚昧信心」）.

66. Dowd, *War under Heaven*, 64（「把我們當狗看」）；底特律的印地安人致伊利諾伊人（the Illinois）的特使信件副本：*The Gladwin Manuscripts*, ed. Charles Moore (Lansing, MI: Robert Smith, 1897), 644（「成為眾人之王…」）；Long, *Lord Jeffery Amherst*, 185（「還要廣泛」）.

67. Long, *Lord Jeffery Amherst*, 186（「比較貼近野獸…」、「有任何俘虜」）；波桂在一七六三年七月十三日致阿默斯特：*Papers of Col. Henry Bouquet*, series 21634, p. 215（「害蟲」）；傑佛瑞・阿默斯特男爵在一七六三年五月四日所寫的備忘錄：*Papers of Col. Henry Bouquet*, series 21634, p. 161（「使用所有辦法…」）。關於這次以及其他十八世紀所發生的生化武器戰爭，請參見：Elizabeth

A. Fenn, “Biological Warfare in Eighteenth-Century North America: Beyond Jeffery Amherst,” *Journal of American History* 86, no. 4 (2000): 1552–80.

68. Dowd, *War under Heaven*, 213–33.

第六章　大發現：黑山和拉科塔民族

1. Edward Patrick Hogan, *The Geography of South Dakota* (Sioux Falls, SD: Center for Western Studies, Augustana College, 1995), 9–29; Sven G. Froiland, *Natural History of the Black Hills and Badlands* (Sioux Falls, SD: Center for Western Studies, Augustana College, 1990); E. Steve Cassells, David B. Miller, and Paul V. Miller, *Paha Sapa: A Cultural Resource Overview of the Black Hills National Forest, South Dakota and Wyoming* (Custer, SD: US Department of Agriculture, Forest Service, 1984), 8–10; Alice M. Tratebas, “Black Hills Settlement Patterns Based on a Functional Approach” (PhD dissertation, Indiana University, 1986), 17–20.

2. Alexandra Witkin-New Holy, “Black Elk and the Spiritual Significance of Paha Sapa (the Black Hills),” in *The Black Elk Reader*, ed. Clyde Holler (Syracuse, NY: Syracuse University Press, 2000), 188–208; Linea Sundstrom, “Mirror of Heaven: Cross-Cultural Transference of the Sacred Geography of the Black Hills,” *World Archaeology* 28, no. 2 (1996): 177–89; “Treaty of Fort Laramie,” in *Indian Affairs: Laws and Treaties*, ed. Charles J. Kappler (Washington, DC: Government Printing Office, 1904), 2:998（「以便對印地安人…」）；*Reports to the Proposed Division of the Great Sioux Reservation*, 51st Cong., 1st sess. (1890), S. Exec. Doc. 51, serial 2682, p. 99（「唯一一個…」）.

3. Thomas Powers, *The Killing of Crazy Horse* (New York: Knopf, 2010), 414–20, 434–35.

4. Christina E. Burke, "*Waniyetu Wówapi*: An Introduction to the Lakota Winter Count Tradition," in *The Years the Stars Fell: Lakota Winter Counts at the Smithsonian*, ed. Candace S. Greene and Russell Thornton (Washington, DC: Smithsonian Institution, 2007), 1–2（「被標記的事物」）；William H. Corbusier, "The Corbusier Winter Counts," in Garrick Mallery, *Pictographs of the North American Indians* (Washington, DC: Smithsonian Institution, 1886), 128（「數回去」）.

5. 美國駿馬的冬令載事被收錄在：*The Years the Stars Fell.* 傑佛瑞・奧斯特勒（Jeffrey Ostler）懷疑美國駿馬冬令載事的真實性，認為針對一七七五到一七七六年間的那張圖所做的詮釋是來自十九世紀的民族學家加里克・馬勒里（Garrick Mallery），而非美國駿馬本人。Ostler, *The Lakotas and the Black Hills: The Struggle for Sacred Ground* (New York: Penguin, 2010), 9.

6. Peter Pond, "Narrative of Peter Pond," in *Five Fur Traders of the Northwest*, ed. Charles M. Gates (St. Paul: Minnesota Historical Society, 1965), 46（「這裡匯聚了…」）、58; Pierre Antoine Tabeau, *Tabeau's Narrative of Loisel's Expedition to the Upper Missouri*, ed. Annie Heloise Abel (Norman: University of Oklahoma Press, 1939), 122（「每個人都會帶來…」）；班傑明和約瑟夫・弗羅比舍（Benjamin and Joseph Frobisher）在一七八四年十月四日致哈爾迪曼將軍（General Haldimand）：*Report on Canadian Archives*, 1890, ed. Douglas Brymner (Ottawa: Maclean, Roger, 1891), 50（「缺乏商品」）；Tabeau, *Tabeau's Narrative*, 121–23; Meriwether Lewis, "Affluents of the Missouri River," [Codex O], in *The Journals of the Lewis and Clark Expedition*, ed. Gary Moulton (Lincoln, NE: University of Nebraska Press / University of Nebraska-Lincoln Libraries-Electronic Text Center, 2005), http://lewisandclarkjournals.unl.edu/read/?_xmlsrc=1804-1805.winter.part1&_xslsrc=LCstyles.xsl; John C. Ewers, *Indian Life on the Upper Missouri* (Norman: University of Oklahoma Press, 1968), 28.

7. 貝恩頓、華頓與摩根在一七六六年九月二十一日致約翰・艾爾文（John Irwin）：*The New Régime, 1765–1767*, ed. Clarence Walworth Alvord and Clarence Edwin Carter, Collections of the Illinois State Historical Library, vol. 11 (Springfield: Illinois State Historical Library, 1916), 387（「相關的龐大花費…」）；Jonathan Carver, *A Plan of Captain Carvers Travels in the Interior Parts of North America in 1766 and 1767*, 3rd ed. (London: C. Dilly, 1781)（「商人來到這些瀑布後…）；Gordon's journal, 1766, in *New Régime*, 303–4（「我認為…」、「自由航行…」）；Douglas Stewart Brown, "The Iberville Canal Project: Its Relation to Anglo-French Commercial Rivalry in the Mississippi Valley, 1763–1775," *Mississippi Valley Historical Review* 32, no. 4 (1946): 501–3.

8. Alexander Henry, *Travels and Adventures in Canada and the Indian Territories* (New York: I. Riley, 1809), 86–87（「提前…」）；班傑明和約瑟夫・弗羅比舍在一七八四年十月四日致哈爾迪曼：*Report on Canadian Archives*, 50（「難以管教，總是強取豪奪」）；Marjorie Gordon Jackson, "The Beginning of British Trade at Michilimackinac," *Minnesota History* 11, no. 3 (1930): 240–41.

9. Jonathan Carver, *The Journals of Jonathan Carver and Related Documents*, 1766–1770, ed. John Parker (St. Paul: Minnesota Historical Society Press, 1976), 115（「充滿朝氣與抱負的天才」）、117（「跟英國人…」）；Paul L. Stevens, "Wabasha Visits Governor Carleton, 1776: New Light on a Legendary Episode of Dakota-British Diplomacy on the Great Lakes Frontier," *Michigan Historical Review* 16, no. 1 (1990): 28–29, 32–36.

10. Stevens, "Wabasha Visits Governor Carleton," 37–46.

11. William R. Swagerty, "Indian Trade in the Trans-Mississippi West to 1870," in *Handbook of North American Indians: History of Indian-White Relations*, ed. William C. Sturtevant and Wilcomb E. Washburn (Washington, DC: Smithsonian Institution: 1988), 4:352.

12. Francisco Atanasio Domínguez, "A Description of New Mexico," in *The Missions of New Mexico, 1776: A Description by Fray Francisco Atanasio Domínguez*, trans. Eleanor B. Adams and Angelico Chavez (Albuquerque: University of New Mexico Press, 1956), 112, 251–52.

13. Meriwether Lewis et al., 24 October 1805, in *Journals of the Lewis and Clark Expedition*（引文）：W. Raymond Wood, "Plains Trade in Prehistoric and Protohistoric Intertribal Relations," in *Anthropology on the Great Plains*, ed. W. Raymond Wood and Margot Liberty (Lincoln: University of Nebraska Press, 1980), 98–109; Ewers, *Indian Life on the Upper Missouri*, 14–33. 密蘇里河的遠距貿易歷史悠久，請參見：Charles E. Orser, Jr., "Trade Good Flow in Arikara Villages: Expanding Ray's Middleman Hypothesis," *Plains Anthropologist* 29, no. 103 (1984): 1–58; and John Ludwickson, James N. Gundersen, and Craig Johnson, "Select Exotic Artifacts from Cattle Oiler (39ST224): A Middle Missouri Tradition Site in Central South Dakota," *Plains Anthropologist* 38, no. 145 (1993): 151–68.

14. Donald J. Lehmer and David T. Jones, *Arikara Archeology: The Bad River Phase*, Publications in Salvage Archeology, no. 7 (Lincoln, NE: Smithsonian Institution, 1968), 88–89; Wood, "Plains Trade," 104–5; Dale R. Henning, "Continuity and Change in the Eastern Plains, A.D. 800–1700: An Examination of Exchange Patterns," in *Plains Village Archaeology: Bison-Hunting Farmers in the Central and Northern Plains*, ed. Stanley A. Ahler and Marvin Kay (Salt Lake City: University of Utah Press, 2007), 77–88; Alan M. Cvancara and Barrt C. Kent, "A Marine Shell-Pottery Find in North Dakota," *Plains Anthropologist* 8, no. 21 (1963): 170–73; W. Raymond Wood, "Northern Plains Village Cultures: Internal Stability and External Relationships," *Journal of Anthropological Research* 30, no. 1 (1974): 1–16; Ewers, *Indian Life on the Upper Missouri*, 14–33.

15. Meriwether Lewis et al., 19 September 1804, in *Journals of the Lewis and Clark Expedition*.

16. Jean Baptiste Truteau, "Journal of Truteau on the Missouri River, 1794–1795," in *Before Lewis and Clark: Documents Illustrating the History of the Missouri, 1785–1804*, ed. A. P. Nasatir (1952; reprint, Lincoln: University of Nebraska Press, 1990), 1:267–96. 引文出自第二六九頁（「殘暴」）、第二九六頁（「害怕畏懼」、「光是聽到…」）.

17. Tabeau, *Tabeau's Narrative*, 130（「為他們…」）、131（「軟弱和愚笨」）、144–45（「一個商人即便…」、「一開始引起竊竊私語」）.

18. Pierre Gaultier de Varennes de la Vérendrye, "Journal of the Chevalier de la Vérendrye," in *Journals and Letters of Pierre Gaultier de Varennes de la Vérendrye and His Sons*, ed. Lawrence J. Burpee (Toronto: Champlain Society, 1927), 339–40（引文）。這些防禦工事的建造其實嚴格來說是一種重建，在一段相對承平的時期結束後出現。W. W. Caldwell, "Fortified Villages in the Northern Plains," *Plains Anthropologist* 9, no. 23 (1964): 1–7. 關於十八世紀防禦工事的定年：Lehmer and Jones, *Arikara Archeology*; J. J. Hoffman, review of Lehmer and Jones, *Arikara Archeology, American Antiquity* 35, no. 1 (1970): 113–15; J. J. Hoffman, "Seriation of Certain Arikara Villages," *Transactions of the Nebraska Academy of Sciences and Affiliated Societies* 1 (1972): 20–34; and Craig M. Johnson, *A Chronology of Middle Missouri Plains Village Sites*, Smithsonian Contributions to Anthropology, no. 47 (Washington, DC: Smithsonian Institution Scholarly Press, 2007), 148–54.

19. Douglas W. Owsley, Hugh E. Berryman, and William M. Bass, "Demographic and Osteological Evidence for Warfare at the Larson Site, South Dakota," *Plains Anthropologist* 22, no. 28, no. 2 (1977): 119–31.

20. Ibid.

21. Ibid.

22. 冬令載事記錄的村莊是否真為拉森遺址，還有待商榷。Linea Sundstrom, "The Destruction of Larson

Village: A Possible Contemporary Lakota Account," *Newsletter of the South Dakota Archaeological Society* 26, no. 3 (1996): 1–3. 我要謝謝伊莉莎白・芬恩（Elizabeth Fenn）讓我注意到這篇文獻。

23. "Trudeau's [Truteau's] Description of the Upper Missouri," in *Before Lewis and Clark*, 2:382; Tabeau, *Tabeau's Narrative*, 71（引文）；Andrew C. Isenberg, *The Destruction of the Bison: An Environmental History, 1750–1920* (New York: Cambridge University Press, 2001), 22.

24. 科學家還在探討基因遺傳如何影響身高，但是在人口眾多的群體之中，營養或許是最重要的因子。Joseph M. Prince and Richard H. Steckel, "Nutritional Success on the Great Plains: Nineteenth-Century Equestrian Nomads," *Journal of Interdisciplinary History* 33, no. 3 (2003): 353–84; Douglas W. Owsley, "Postcontact Period Nutritional Status and Cortical Bone Thickness of South Dakota Indians," in *Status, Structure, and Stratification: Current Archaeological Reconstructions: Proceedings of the Sixteenth Annual Conference*, ed. Marc Thompson, Maria Teresa Garcia, and Francois J. Kense (Calgary, AB: University of Calgary, Archaeological Association, 1985), 199–207; R. L. Jantz and Douglas W. Owsley, "Long Bone Growth Variation among Arikara Skeletal Populations," *American Journal of Physical Anthropology* 63, no. 1 (1984): 13–20; Douglas W. Owsley and Richard L. Jantz, "Long Bone Lengths and Gestational Age Distributions of Post-contact Arikara Indian Perinatal Infant Skeletons," *American Journal of Physical Anthropology* 68, no. 3 (1985): 321–28; Douglas W. Owsley, "Demography of Prehistoric and Early Historic Northern Plains Populations," in *Disease and Demography in the Americas*, ed. John W. Verano and Douglas H. Ubelaker (Washington, DC: Smithsonian Institution Press, 1992), 75–86.

25. Charles A. Reher and George C. Frison, "The Vore Site, 48CK302, a Stratified Buffalo Jump in the Wyoming Black Hills," *Plains Anthropologist* 25, no. 88, pt. 2 (1980): 42–43.

26. Douglas B. Bamforth, *Ecology and Human Organization on the Great Plains* (New York: Plenum, 1988), 33,

53–61, 74.

27. Paul Friggens, *Gold and Grass: The Black Hills Story* (Boulder, CO: Pruett, 1983), 64.

28. Alan J. Osborn, "Ecological Aspects of Equestrian Adaptations in Aboriginal North America," *Plains Anthropologist*, 85, no. 3 (1983): 567（「會讓婦女精疲力盡…」）‥Royal B. Hassrick, *The Sioux: Life and Customs of a Warrior Society* (Norman: University of Oklahoma Press, 1964), 189（「一塊肥肉」）.

29. Charles W. Stockton and David M. Meko, "Drought Recurrence in the Great Plains as Reconstructed from Long-Term Tree-Ring Records," *Journal of Applied Meteorology* 22, no. 1 (1983): 17–29; D. N. Duvick and T. J. Blasing, "A Dendroclimatic Reconstruction of Annual Precipitation Amounts in Iowa since 1860," *Water Resources Research* 17, no. 4 (1981): 1183–89; Scott St. George and Erik Nielsen, "Hydroclimatic Change in Southern Manitoba since A.D. 1409 Inferred from Tree Rings," *Quaternary Research* 58, no. 2 (2002): 103–11.

30. Reher and Frison, "Vore Site."

31. Shepard Krech, *The Ecological Indian: Myth And History* (New York: Norton, 1999), 148–49; Linea Sundstrom, *Storied Stone: Indian Rock Art in the Black Hills Country* (Norman: University of Oklahoma Press, 2004), 80–90, 132; James D. Keyser and Michael Klassen, *Plains Indian Rock Art* (Seattle: University of Washington Press, 2001), 176–89.

32. Reher and Frison, "Vore Site," 43; Bamforth, *Ecology and Human Organization*, 7–8; Marcel Kornfeld, *Affluent Foragers of the North American Plains: Landscape Archaeology of the Black Hills*, British Archaeological Reports International Series 1106 (Oxford: Hadrian, 2003), 38.

33. Philip F. Wells, in *Voices of the American West: The Indian Interviews of Eli S. Ricker, 1903–1919*, ed. Richard E. Jensen (Lincoln: University of Nebraska Press, 2005), 1:133（「奸巧」、「睿智」、「難以預

測」）‥Charles A. Eastman, *Indian Heroes and Great Chieftains* (1918; reprint, Lincoln: University of Nebraska Press, 1991), 174–75（「他有時候…」「如果進入…」）.

34. 美國騎馬一八七九年在謝里敦營親眼看見美國國慶煙火施放，並在同一年分享冬令載事給柯爾布西爾。他可能非常清楚一七七六年對美國白人的意義。Fanny Dunbar Corbusier, *Recollections of Her Army Life, 1869–1908*, ed. Patricia Y. Stallard (Norman: University of Oklahoma Press, 2003), 92–93; William H. Corbusier, "Corbusier Winter Counts," 130（引文）.

35. Stuart Banner, *How the Indians Lost Their Land: Law and Power on the Frontier* (Cambridge: Harvard University Press, 2005), 150–90; Linea Sundstrom, *Culture History of the Black Hills with Reference to Adjacent Areas of the Northern Great Plains* (Lincoln, NE: J and L Reprint, 1989); Tratebas, "Black Hills Settlement Patterns"; Cassells, Miller, and Miller, *Paha Sapa*; Robert Alex, "Village Sites off the Missouri River," in *The Future of South Dakota's Past*, ed. Larry J. Zimmerman and Lucille C. Stewart (Vermillion: University of South Dakota Archaeology Laboratory, 1981), 39–46; Linea Sundstrom, "The Sacred Black Hills: An Ethnohistorical Review," *Great Plains Quarterly* 17, nos. 3–4 (1997): 201–2（引文）‥Ronald Goodman, *Lakota Star Knowledge: Studies in Lakota Stellar Theology*, 2nd ed. (Rosebud, SD: Sinte Gleska University, 1992), 3–14; Sundstrom, "Mirror of Heaven," 177–89.

36. Sundstrom, *Storied Stone*, 78–98; Keyser and Klassen, *Plains Indian Rock Art*, 190–221.

37. Sundstrom, *Storied Stone*, 68–77, 165–73.

38. Ibid., 109.

39. James D. Keyser, *Rock Art of Western South Dakota: The North Cave Hills*, Special Publication of the South Dakota Archaeological Society, no. 9, sect. 1 (Sioux Falls: South Dakota Archaeological Society, 1984), 6, 10, 17–19; Sundstrom, *Storied Stone*, 106–9.

40. John C. Ewers, *The Horse in Blackfoot Indian Culture, with Comparative Materials from Other Western Tribes* (Washington: Smithsonian Institution Press, 1955), 16（「衝向」、「敲擊…」）：Pekka Hämäläinen, "The Rise and Fall of Plains Indian Horse Cultures," *Journal of American History* 90, no. 3 (2003), 859–62.

41. Linea Sundstrom, *Rock Art of Western South Dakota: The Southern Black Hills*, Special Publication of the South Dakota Archaeological Society, no. 9, sect. 2 (Sioux Falls: South Dakota Archaeological Society, 1984), 111–12.

42. Gutzon Borglum to the Harney Peak Memorial Association, 20 September 1926, Gilder Lehrman Collection, GLC06031, Gilder Lehrman Institute of American History, New York, http://www.gilderlehrman.org/collections/202bad1b-a1f1-439c-bc39-433806392100; Robert J. Dean, *Living Granite* (New York: Viking, 1949), 17（引文）, 52–53, 63–64.

43. Dean, *Living Granite*, 17（「紀念碑的大小…」）：博格勒姆在一九二六年九月二十日致黑麋鹿峰紀念協會：Gilder Lehrman Collection, GLC06031, Gilder Lehrman Institute of American History, New York, http://www.gilderlehrman.org/collections/202bad1b-a1f1-439c-bc39-433806392100（「這個偉大的合眾國的中心…」）：*Mount Rushmore National Memorial: A Monument Commemorating the Conception, Preservation, and Growth of the Great American Republic* (n.p.: Mount Rushmore National Memorial Commission, 1941), foreword（「自私貪婪的文明」）、6（「你也知道那些破壞…」）：Matthew Glass, "Producing Patriotic Inspiration at Mount Rushmore," *Journal of the American Academy of Religion* 62, no. 2 (1994): 269（「要是它沒有成功…」）。有關反猶主義、三K黨以及博格勒姆看待原住民族的專制態度，請參見：Albert Boime, "Patriarchy Fixed in Stone: Gutzon Borglum's 'Mount Rushmore,'" *American Art* 5, nos. 1–2 (1991): 142–67; and John Taliaferro, *Great White Fathers: The Story of the Obsessive Quest to Create Mount Rushmore* (New York: PublicAffairs, 2002), 185–95.

44. Cassells, Miller, and Miller, *Paha Sapa*, 108–11; Frank Pommersheim, "The Black Hills Case: On the Cusp of History," *Wicazo Sa Review* 4, no. 1 (1988): 20（「是我們『母親的心跳與脈搏』…」）；Goodman, *Lakota Star Knowledge*, 50（「我們家園的心…」）；Don Doll, *Vision Quest: Men, Women and Sacred Sites of the Sioux Nation* (New York: Crown, 1994), 60（「地球的心臟…」）；Francine Uenuma and Mike Fritz, "Why the Sioux Are Refusing $1.3 Billion," PBS NewsHour, 24 August 2011, http://www.pbs.org/newshour/updates/north_america/july-dec11/blackhills_08-23.html. 拉科塔人對黑山產生感情的起源仍有爭議。David B. Miller, "Historian's View of S. 705—The Sioux Nation Black Hills Bill," *Wicazo Sa Review* 4, no. 1 (1988): 55–59; Donald Worster, *Under Western Skies: Nature and History in the American West* (New York: Oxford University Press, 1992), 106–53; Sundstrom, "Sacred Black Hills," 185–212.

45. Abram Wakeman, *History and Reminiscences of Lower Wall Street and Vicinity* (New York: Spice Mill, 1914), 21–22（引文）；Carl Abbott, "The Neighborhoods of New York, 1760–1775," *New York History* 55, no. 1 (1974), 41–46.

46. Spencer Trask, *Bowling Green* (New York: Putnam, 1989), 47（「寬敞的房子」、「附庸風雅…」）；*New-York Mercury*, 21 November 1763, p. 2; Mary Louise Booth, *History of the City of New York* (New York: W. R. C. Clark, 1860), 96; John Shy, "Thomas Gage: Weak Link of Empire," in *George Washington's Opponents: British Generals and Admirals in the American Revolution*, ed. George Athan Billias (New York: Morrow, 1969), 26（「老女人」）；John Richard Alden, *General Gage in America: Being Principally a History of His Role in the American Revolution* (Baton Rouge: Louisiana State University Press, 1948), 66–67.

47. Walter Barrett, *The Old Merchants of New York City* (New York: Knox, 1885), 4:274–77.

48. Clarence Walworth Alvord, *The Mississippi Valley in British Politics: A Study of the Trade, Land Speculation, and Experiments in Imperialism Culminating in the American Revolution* (Cleveland, OH: Arthur H. Clark,

1917), 2:48–49（「各國在異邦…」）；湯瑪斯・蓋奇在一七六八年六月十六日致希爾斯堡公爵：*Trade and Politics, 1767–1769*, ed. Clarence Walworth Alvord and Clarence Edwin Carter, Collections of the Illinois State Historical Library, vol. 16 (Springfield: Illinois State Historical Library, 1921), 318（「各自努力…」）.

49. 蓋奇在一七六四年七月十三日致哈利法克斯伯爵：*The Critical Period, 1763–1765*, ed. Clarence Walworth Alvord and Clarence Edwin Carter, Collections of the Illinois State Historical Library, vol. 10 (Springfield: Illinois State Historical Library, 1915), 284（「蠻人」、「極為透澈」、「打開門戶…」）；威廉・強森（William Johnson）在一七六四年八月三時日致貿易眾卿：*Critical Period*, 307; Alvord, *Mississippi Valley in British Politics*, 2:48–49（「就讓蠻人…」）.

50. 在一七六九年，有超過兩千名士兵從哈瓦那來到紐奧良鎮壓一次起義，但是他們在整個殖民地的存在僅限於局部，而且不長。阿塔納瑟・梅濟耶爾在一七七三年二月十日致翁扎加：*Athanase de Mézières and the Louisiana-Texas Frontier, 1768–1780*, ed. Herbert Eugene Bolton (Cleveland, OH: Arthur H. Clark, 1914), 2:24–25（引文）；佩德羅・皮爾納斯在一七七二年七月四日致路易斯・阿梅薩加：*Spain in the Mississippi Valley, 1765–1794*, ed. Lawrence Kinnaird, Annual Report of the American Historical Association, vol. 2 (Washington, DC: US Government Printing Office, 1945), pt. 1:204–5; M. Carmen González López-Briones, “Spain in the Mississippi Valley: Spanish Arkansas, 1762–1804” (PhD dissertation, Purdue University, 1983), 216; Gilbert C. Din, “Protecting the ‘Barrera’: Spain’s Defenses in Louisiana, 1763–1779,” *Louisiana History* 19, no. 2 (1978): 183–211; Gilbert C. Din, “Between a Rock and a Hard Place: The Indian Trade in Spanish Arkansas,” in *Cultural Encounters in the Early South: Indians and Europeans in Arkansas*, ed. Jeannie Whayne (Fayetteville: University of Arkansas Press, 1995), 120.

51. 約瑟夫・歐利耶塔在一七七六年四月十四日致翁扎加：leg. 189-B, fol. 46, PapC, AGI.

52. Jeffrey K. Yelton, "The Depopulation of the Osage and Missouri Tribes," in Carl H. Chapman et al., *Osage and Missouri Indian Life, Cultural Change: 1675–1825* (Final Performance Report on National Endowment for the Humanities Research Grant RS-20296, 31 December 1985), 1:129–58; 皮爾納斯在一七七二年七月四日致翁扎加：*Spain in the Mississippi Valley*, 1765–1794, pt. 1:204（引文）；梅濟耶爾在一七七三年二月十日致翁扎加·阿梅薩加：*Athanase de Mézières*, 2:24.

第七章　惡人入侵：奧沙吉人的家園

1. Gilbert C. Din and A. P. Nasatir, *The Imperial Osages: Spanish-Indian Diplomacy in the Mississippi Valley* (Norman: University of Oklahoma Press, 1983), 77; Philip Pittman, *The Present State of the European Settlements on the Mississippi* (London: J. Nourse, 1770), 40; 巴薩扎·維利耶爾在一七七六年九月二十三日致路易斯·翁扎加：leg. 189-B, fol. 58, PapC, AGI; 歐利耶塔在一七七六年一月三日致翁扎加：fol. 36, leg. 189-B, PapC, AGI; 歐利耶塔在一七七六年四月十四日致翁扎加：fol. 46, leg. 189-B, PapC, AGI; 盧卡斯·加西亞（Lucas García）在一七七六年六月十八日致翁扎加：leg. 189-B, fol. 53, PapC, AGI; Morris S. Arnold, "The Relocation of Arkansas Post to Ecores Rouges in 1779," *Arkansas Historical Quarterly* 42, no. 4 (1983): 317（引文）.
2. 佩德羅·皮爾納斯在一七七三年四月一日致翁扎加：Louis Houck, *The Spanish Régime in Missouri* (Chicago: R. R. Donnelley, 1909), 1:53–54; Patricia Cleary, *The World, the Flesh, and the Devil: A History of Colonial St. Louis* (Columbia: University of Missouri Press, 2011), 52.
3. Pittman, *Present State*, 45–46; Harry Gordon, "Gordon's Journal," in *The New Régime, 1765–1767*, ed.

Clarence Walworth Alvord and Clarence Edwin Carter, Collections of the Illinois State Historical Library, vol. 11 (Springfield: Illinois State Historical Library, 1916), 298; Floyd Mansberger, *Archaeological Test Excavations at the Fort de Chartres Powder Magazine, Rural Randolph County, Illinois* (Springfield, IL: Fever River Research, 2004), 10.

4. 約翰・威爾金斯（John Wilkins）在一七六九年十二月五日致威廉・巴靈頓（William Wildman Barrington）：*Trade and Politics, 1767–1769*, ed. Clarence Walworth Alvord and Clarence Edwin Carter, Collections of the Illinois State Historical Library, vol. 16 (Springfield: Illinois State Historical Library, 1921), 631–32（引文）：George Morgan, "Voyage down the Mississippi," 21 November 1766, in *New Régime*, 439.

5. 摩根在一七六八年十月三十日致貝恩頓、華頓與摩根：*Trade and Politics*, 439–40（「堡壘內只聽得見…」）：巴崔克在一七六八年十月三十日致湯瑪斯・巴恩斯利（Thomas Barnsley）：*Trade and Politics*, 448–50（「一陣熱」、「極度嚴重」）；巴崔克在一七六九年二月十二日致巴恩斯利：*Trade and Politics*, 499（「在鬼門關前…」）；巴崔克在一七六九年六月二十七日致巴恩斯利：*Trade and Politics*, 566.

6. Kathleen DuVal, *The Native Ground: Indians and Colonists in the Heart of the Continent* (Philadelphia: University of Pennsylvania Press, 2006), 116.

7. 馬圖林・勒佩蒂特（Mathurin le Petit）在一七三〇年七月十二日致阿沃古爾神父（Père d'Avaugour）：*Jesuit Relations and Allied Documents*, ed. Reuben Gold Thwaites (Cleveland, OH: Burrows Brothers, 1900), 68:215（「在法國，你要是缺手…」）：Richard N. Ellis and Charlie R. Steen, "An Indian Delegation in France, 1725," *Journal of the Illinois State Historical Society* 67, no. 4 (1974): 387（「密蘇里公主」）、390（「這意思是」）、400–402（「穿著野蠻怪異」）.

8. 我有把密蘇里人的人口算進去。奧沙吉人很早就開始引入歐洲科技，乃至於他們自己的傳統物質文化在十八世紀的前幾十年就已大抵消失。Dale R. Henning and Thomas D. Thiessen, “Regional Prehistory,” *Plains Anthropologist* 49, no. 192 (2004): 395; Dale R. Henning, “The Adaptive Patterning of the Dhegiha Sioux,” *Plains Anthropologist* 38, no. 146 (1993): 257–62; M. Bossu, *Nouveaux Voyages aux Indes Occidentales*, 2nd ed. (Paris: Le Jay, 1768), 1:163.

9. J. H. Elliott, *Empires of the Atlantic World: Britain and Spain in America, 1492–1830* (New Haven, CT: Yale University Press, 2006), 260; Jacob M. Price, “The Imperial Economy, 1700–1776,” in *The Oxford History of the British Empire: The Eighteenth Century*, ed. P. J. Marshall (Oxford: Oxford University Press, 1988), 100, table 4.1; Paul W. Mapp, *The Elusive West and the Contest for Empire, 1713–1763* (Chapel Hill: University of North Carolina, 2011); Gilbert C. Din, “Empires Too Far: The Demographic Limitations of Three Imperial Powers in the Eighteenth-Century Mississippi Valley,” Louisiana History 50, no. 3 (2009): 261–92.

10. Mark Twain, *Life on the Mississippi* (Boston: James R. Osgood, 1883), 129.

11. Amos Stoddard, *Sketches, Historical and Descriptive, of Louisiana* (Philadelphia: Mathew Carey, 1812), 374–75; 羅伯特・法瑪（Robert Farmer）在一七六五年十二月十六到十九日致湯瑪斯・蓋奇：*New Régime*, 133（引文）.

12. 法瑪在一七六五年十二月十六到十九日致蓋奇：*New Régime*, 131–32（「由於這條大河上…」）；巴崔克在一七六八年九月十五日致巴恩斯利：*Trade and Politics*, 410–11（「快要抓狂」、「我所經歷過…」）；J. Frederick Fausz, *Founding St. Louis: First City of the New West* (Charleston, SC: History Press, 2011), 71–73; 尚－雅克・達巴迪（Jean-Jacques Blaise d’Abbadie）在一七六四年一月十日致大臣：*The Critical Period, 1763–1765*, ed. Clarence Walworth Alvord and Clarence Edwin Carter, Collections of the Illinois State Historical Library, vol. 10 (Springfield: Illinois State Historical Library, 1915), 210.

13. Fausz, *Founding St. Louis*, 73; Butricke to Barnsley, 15 September 1768, in *Trade and Politics*, 410（「不可能飲用」）；Twain, *Life on the Mississippi*, 295（「美洲西部的大水溝」）.

14. 法瑪在一七六四年十一月二十四日致戰爭部長，*Critical Period*, 364; Fausz, Founding St. Louis, 73; "Loftus Attempts to Ascend the River," in *Critical Period*, 228.

15. 伊利諾伊人在一七六八年（七月？）致蓋奇，*Trade and Politics*, 340（引文）；Morris S. Arnold, *Colonial Arkansas, 1686–1804: A Social and Cultural History* (Fayetteville: University of Arkansas Press, 1993), 181; "Census of Piernas for 1773," in Spanish Régime in Missouri, 1:61.

16. 歐利耶塔在一七七六年三月二十二日致翁扎加，leg. 189-B, fol. 43, PapC, AGI（「國王陛下的領土」）；皮爾納斯在一七七二年七月四日致路易斯・阿梅薩加，*Spain in the Mississippi Valley, 1765–1794*, ed. Lawrence Kinnaird, Annual Report of the American Historical Association for the Year 1945, vol. 2 (Washington, DC: US Government Printing Office, 1945), 205（「傲慢」）；阿塔納瑟・梅濟耶爾在一七七三年二月十日致翁扎加，*Athanase de Mézières and the Louisiana-Texas Frontier, 1768–1780*, ed. Herbert Eugene Bolton (Cleveland, OH: Arthur H. Clark, 1914), 2:24–25（「壞透了」、「邪惡」、「狂暴兇殘」）.

17. 梅濟耶爾在一七七〇年五月二十日致翁扎加，*Athanase de Mézières*, 1:167–68（引文）；M. Carmen González López-Briones, "Spain in the Mississippi Valley: Spanish Arkansas, 1762–1804" (PhD dissertation, Purdue University, 1983), 176. 梅濟耶爾的生平在以下文獻的導言中有稍微帶過：*Athanase de Mézières*, 1:79–85.

18. 梅濟耶爾在一七七〇年五月二十日致翁扎加，*Athanase de Mézières*, 1:166–68; 皮爾納斯在一七七二年七月四日致翁扎加，*Spain in the Mississippi Valley, 1765–1794*, 204–5（「我好好訓斥了⋯⋯」）；Din and Nasatir, *Imperial Osages*, 74–76（「斥責」）.

19. Din and Nasatir, *Imperial Osages*, 81–84.

20. 梅濟耶爾在一七七三年二月十日致翁扎加：*Athanase de Mézières*, 2:24–26（「可行」、「恰當」）；Zebulon Pike, *Exploratory Travels through the Western Territories of North America* (London: Longman, 1811), 175（「他們的城鎮…」、「非常舒適…」）；梅濟耶爾在一七七三年二月十日致翁扎加：*Athanase de Mézières*, 2:26（「極度…」）；Din and Nasatir, *Imperial Osages*, 81–84.

21. González López-Briones, "Spain in the Mississippi Valley," 131n46（「缺乏武器…」）；皮爾納斯在一七七三年四月十二日致翁扎加：*Spain in the Mississippi Valley, 1765–1794*, 214–18（「他們似乎很有信心…」）。

22. 皮爾納斯在一七七二年七月四日致翁扎加：*Spain in the Mississippi Valley, 1765–1794*, 204–5.

23. Morris S. Arnold, *The Rumble of a Distant Drum: The Quapaws and Old World Newcomers, 1673–1804* (Fayetteville: University of Arkansas Press, 2000), 111（「印地安人只要…」）；喬治・克羅根（George Croghan）在一七六七年一月十六日致蓋奇：*New Régime*, 493（「強大的連結」、「屬於國王陛下那一側」）。

24. 貝恩頓、華頓與摩根的帳簿在一七六八年九月十三日所記錄的條目：*Trade and Politics*, 407（「日後」）；皮爾納斯在一七七二年七月四日致翁扎加：*Spain in the Mississippi Valley, 1765– 1794*, 204–5（「商業目的」、「非常大方地」）；Din and Nasatir, *Imperial Osages*, 75.

25. Gilbert C. Din, "Between a Rock and a Hard Place: The Indian Trade in Spanish Arkansas," in *Cultural Encounters in the Early South: Indians and Europeans in Arkansas*, ed. Jeannie Whayne (Fayetteville: University of Arkansas Press, 1995), 113; 梅濟耶爾在一七七〇年五月二十日致翁扎加：*Athanase de Mézières*, 1:166–68（從「逃兵」到「…沒有支薪」等引文）；Elizabeth Shown Mills, "Quintanilla's Crusade, 1775–1783: 'Moral Reform' and Its Consequences on the Natchitoches Frontier," *Louisiana History*

42, no. 3 (2001): 289（「丟臉放蕩」）：Elizabeth Shown Mills, "(De) Mézières-Trichel-Grappe: A Study of a Tri-Caste Lineage in the Old South," *Genealogist* 6, no. 1 (1985): 17（「無法戒掉無恥…」）、23–25.

26. 蓋奇在一七六七年二月二十二日致威廉・謝爾本（William Shelburne）：*New Régime*, 506（「貿易會跟著…」）：Douglas Stewart Brown, "The Iberville Canal Project: Its Relation to Anglo-French Commercial Rivalry in the Mississippi Valley, 1763–1775," *Mississippi Valley Historical Review* 32, no. 4 (1946): 502–3; 蓋奇在一七六九年二月三日致希爾斯堡公爵：*Trade and Politics*, 489（「通往大海…」）：Lawrence Kinnaird, ed., *Spain in the Mississippi Valley, 1765–1794*, xxiv.

27. 蓋奇在一七六八年八月十四日致威廉・強森：*The Papers of Sir William Johnson*, ed. Alexander C. Flick (Albany: University of the State of New York, 1928), 6:394（「私自越界」）：Ralph Lee Woodward, Jr., "Spanish Commercial Policy in Louisiana, 1763–1803," *Louisiana History* 44, no. 2 (2003): 144–47; 安東尼奧・烏略亞（Antonio de Ulloa）在一七六八年八月四日致傑羅尼莫・格里馬爾迪：*Spain in the Mississippi Valley, 1765–1794*, 57–58（「靠得太近」）.

28. "Review of the Trade and Affairs in the Northern District of America," 22 September 1767, in *Trade and Politics*, 53.

29. 約翰・威爾金斯在一七六八年九月十三日致蓋奇：*Trade and Politics*, 389（「非常龐大」）：Gordon, "Gordon's Journal," 301（「禁錮」、「愚蠢」、「支配…」）：威爾金斯在一七六九年十二月五日致巴靈頓：*Trade and Politics*, 632（「隨心所欲」）：摩根在一七六七年十二月十日致貝恩頓與華頓：*Trade and Politics*, 130; 蓋奇在一七六八年四月二十四日致謝爾本：*Trade and Politics*, 267（「搜遍」）：蓋奇在一七六九年二月三日致希爾斯堡公爵：*Trade and Politics*, 489（「密西西比河的貿易活動…」）.

30. 維利耶爾在一七七七年二月三日致翁扎加：fol. 78, leg. 190, PapC, AGI; 維利耶爾在一七七七年一月二十五日致翁扎加：fol. 77, leg. 190, PapC, AGI（「你絕不會相信⋯」）；歐利耶塔在一七七六年三月二十二日致翁扎加：leg. 189-B, fol. 43, PapC, AGI; 梅濟耶爾在一七七〇年五月二十日致翁扎加：*Athanase de Mézières*, 1:166–68（「肆虐」）：González López-Briones, "Spain in the Mississippi Valley," 176.

31. 歐利耶塔在一七七六年三月二十二日致翁扎加：leg. 189-B, fol. 43, PapC, AGI; 維利耶爾在一七七六年十月二十六日致翁扎加：fol. 70, leg. 190, PapC, AGI; 維利耶爾在一七七七年三月四日致翁扎加：leg. 190, fol. 84, PapC, AGI（引文）.

32. 丹尼爾・烏斯納（Daniel H. Usner）在他極具開創性的研究中將路易斯安那州歸為「邊疆交易經濟體」，是由位於帝國邊緣的印地安人、拓居者和奴隸共同創造的。Usner, *Indians, Settlers and Slaves in a Frontier Exchange Economy: The Lower Mississippi Valley before 1783* (Chapel Hill: University of North Carolina Press, 1992).

33. Fausz, *Founding St. Louis*, 43–95.

34. 弗朗西斯科・克魯扎特（Francisco Cruzat）在一七七五年五月二十六日致翁扎加：leg. 81, fol. 636, PapC, AGI; Tanis C. Thorne, *The Many Hands of My Relations: French and Indians on the Lower Mississippi* (Columbia: University of Missouri Press, 1996), 86–91; Din and Nasatir, *Imperial Osages*, 94–98; Willard H. Rollings, *The Osage: An Ethnohistorical Study of Hegemony on the Prairie-Plains* (Columbia: University of Missouri Press, 1992), 137–38; 克魯扎特在一七七七年十二月六日致博納多・加爾維斯（Bernardo de Gálvez）：*Spanish Régime in Missouri*, 1:149–51; 梅濟耶爾在一七七七年九月十四日致加爾維斯：*Athanase de Mézières*, 2:144（引文）.

35. 莫里斯・阿諾德（Morris S. Arnold）認為帝國和個人的利益通常是一致的。Morris, "The Significance of the Arkansas Colonial Experience," *Arkansas Historical Quarterly* 51, no. 1 (1992), 69–73;

Stanley Faye, "The Arkansas Post of Louisiana: Spanish Domination," *Louisiana Historical Quarterly* 27, no. 3 (1944): 637–38; Din and Nasatir, *Imperial Osages*, 77; Ray H. Mattison, "Arkansas Post: Its Human Aspects," *Arkansas Historical Quarterly* 16, no. 2 (1957): 133（引文）.

36. Din, "Between a Rock and a Hard Place," 116–17; Din and Nasatir, *Imperial Osages*, 118–19; 加爾維斯在一七七九年一月十三日致費南多・萊巴：*Spanish Régime in Missouri*, 1:164–65（引文）.

37. Din, "Between a Rock and a Hard Place," 116–17; Arnold, *Rumble of a Distant Drum*, 45–46, 49–51; Faye, "Arkansas Post of Louisiana," 649–52; 維利耶爾在一七七七年四月七日致加爾維斯：leg. 190, fol. 92, PapC, AGI（引文）；維利耶爾在一七七七年一月十五日致翁扎加：fol. 76, leg. 190, PapC, AGI; 維利耶爾在一七七七年三月四日致翁扎加：leg. 190, fol. 84, PapC, AGI; González López-Briones, "Spain in the Mississippi Valley," 184–85.

38. 維利耶爾在一七七六年十月二十六日致翁扎加：fol. 70, leg. 190, PapC, AGI; 維利耶爾在一七七六年十二月十二日致翁扎加：fol. 74, leg. 190, PapC, AGI; 維利耶爾在一七七七年二月七日致翁扎加：fol. 80, leg. 190, PapC, AGI; 維利耶爾在一七七七年三月一日致翁扎加：leg. 190, fol. 83, PapC, AGI（「我什麼也不怕⋯」）；加爾維斯在一七七七年三月六日致維利耶爾（草稿）：leg. 190, fol. 90, PapC, AGI（「不遜和自大」）.

39. F. Todd Smith, "Wichita Locations and Population, 1719–1901," *Plains Anthropologist* 53, no. 208 (2008): 409–10; Timothy K. Perttula, *The Caddo Nation: Archaeological and Ethnohistoric Perspectives* (Austin: University of Texas Press, 1992), 203; F. Todd Smith, "A Native Response to the Transfer of Louisiana: The Red River Caddos and Spain, 1762–1803," *Louisiana History* 37, no. 2 (1996): 178–83; Elizabeth A. H. John, *Storms Brewed in Other Men's Worlds: The Confrontation of Indians, Spanish, and French in the Southwest, 1540–1795* (1975; reprint, Norman: University of Oklahoma Press, 1996), 304–6, 338; 梅濟耶爾

在一七七八年二月二十日致總督，*Athanase de Mézières*, 2:176（引文）。

40. Charles Sprague Sargent, "Winthrop Sargent's Diary While with General Arthur St. Clair's Expedition against the Indians," *Ohio Archaeological and Historical Quarterly* 33, no. 3 (1924): 256–69. 我要感謝寇特・溫迪施（Kurt Windisch）提供這筆文獻。

41. 傑佛遜在一八〇四年七月十二日致艾伯特・加勒廷（Albert Gallatin），*Thomas Jefferson Papers*, series 1, General Correspondence, http://hdl.loc.gov/loc.mss/mtj.mtjbib013621（「無疑是我們…」）；"Communication," *American Citizen* (New York) 5, no. 1343 (24 July 1804): 2（「肥胖英國佬…」）；*National Intelligencer* (New York) 20, no. 5563 (24 July 1804): 3（「一大群…」）。

42. 傑佛遜在一八〇四年七月十三日致羅伯特・史密斯（Robert Smith），*Thomas Jefferson Papers*, series 1, General Correspondence, http://hdl.loc.gov/loc.mss/mtj.mtjbib013624（「我們人口稠密的城市」）；*Washington Federalist*, no. 689 (20 October 1804): 3; *Connecticut Centinel* (Norwich), 31, no. 1586 (14 August 1804): 2（「會一直停在那裡…」）；*Morning Chronicle* (New York), no. 573 (8 August 1804): 2; A. K. Sandoval-Strausz, *Hotel: An American History* (New Haven, CT: Yale University Press, 2007), 24.

43. *Daily Advertiser* (New York), vol. 20, no. 5576 (10 August 1804): 2, 3（引文）；"Regimental Orders," *Evening Post* (New York), no. 848 (10 August 1804): 3; Thomas Myers Garrett, "A History of Pleasure Gardens in New York City, 1700–1865" (PhD dissertation, New York University, 1978), 177, 217–45.

44. *American Citizen* (New York) 5, no. 1362 (16 August 1804): 3.

45. 傑佛遜在一八〇四年七月十三日致史密斯，*Thomas Jefferson Papers*, series 1, General Correspondence, http://hdl.loc.gov/loc.mss/mtj.mtjbib013624.

46. Terry P. Wilson, *The Underground Reservation: Osage Oil* (Lincoln: University of Nebraska Press, 1985), 7（引文）；*Historical Statistics of the United States*, Millennial Edition Online, table Aa4404; Din and

Nasatir, *Imperial Osages*, 375.

47. 地下保留區的誕生究竟該歸功於精通事理的奧沙吉談判家或者貪得無厭的油田陳情者，很難確定。Wilson, *Underground Reservation*, 101–23; Jean Dennison, *Colonial Entanglement: Constituting a Twenty-First-Century Osage Nation* (Chapel Hill: University of North Carolina, 2012), 103–4.

48. Wilson, *Underground Reservation*, 121–25; Sherman Rogers, "Red Men in Gas Buggies: The Tale of an Auction with Million-Dollar Bids," *Outlook* 134 (22 August 1923): 629–32; Prentiss T. Moore, "Lo, the Poor Indian, Gets a Few More of the White Man's Millions," *Oil Trade Journal* 9, no. 12 (1918): 45.

49. Bob Jackman, "Model for Improving the Osage Nation Mineral Estate"（呈交給內政部印地安事務局底下之奧沙吉協議立法委員會的研究）, 27 September 2012, http://www.bia.gov/cs/groups/mywcsp/documents/text/idc-022613.pdf.

50. "Millionaire Indians," *Wall Street Journal*, 7 March 1918, p. 2.

51. Arnold, *Colonial Arkansas*, 82–85, 168; 翁扎加在一七七五年四月二十二日致歐利耶塔：leg. 107, PapC, AGI.

52. Arnold, *Rumble of a Distant Drum*, 35; 摩根在一七六八年四月五日致貝恩頓與華頓：*Trade and Politics*, 223（引文）：Joseph Patrick Key, "Indians and Ecological Conflict in Territorial Arkansas," *Arkansas Historical Quarterly* 59, no. 2 (2000): 134.

53. Arnold, *Rumble of a Distant Drum*, 36; Allan J. Kuethe and José Manuel Serrano, "El astillero de La Habana y Trafalgar," *Revista de Indias* 67, no. 241 (2007): 763–76; G. Douglas Inglis, "The Spanish Naval Shipyard at Havana in the Eighteenth Century," in *New Aspects of Naval History: Selected Papers from the Fifth Naval History Symposium*, ed. Craig L. Symonds (Baltimore: Nautical and Aviation Publishing Company of America, 1985), 47–58; Servicio Geográfico del Ejército, J-5-4-98, "Plano, y perfiles, de la casa, y Maquina

construida dentro del R.l Arsenal de la Havana, situado extramuros de la ciudad," Havana, 5 October 1757, AGI. 我要感謝G・英格利斯分享這幅插圖的副本給我。

54. Antonio J. Valdes, *Historia de la isla de Cuba, y en especial de La Habana* (Havana: Oficina de La Cena, 1813), 1:322n; Inglis, "Spanish Naval Shipyard at Havana," 47.

第八章　圍困：深南部內陸

1. 【拉斐爾・德拉盧茲（Rafael de la Luz）的聲明】，一七七五年五月二日，leg. 1220, PapC, AGI. 關於哈瓦那在英國占領後的軍事化：Allan J. Kuethe, *Cuba, 1753–1815: Crown, Military, and Society* (Knoxville: University of Tennessee Press, 1986); Sherry Johnson, *The Social Transformation of Eighteenth-Century Cuba* (Gainesville: University Press of Florida, 2001); and Celia María Parcero Torre, *La Pérdida de la Habana y las reformas Borbónicas en Cuba (1763–1773)* (Valladolid, Spain: Junta de Castilla y León, 1998). 亞歷山大・洪保德描寫了進入港灣的景觀：Humboldt, *The Island of Cuba: A Political Essay*, trans. Shelley L. Frisch (Princeton, NJ: Markus Wiener, 2001), 78–82. 關於漁船相關法令：Parcero Torre, *Pérdida de la Habana*, 254.
2. Johnson, *Social Transformation*, 19–24; Kuethe, *Cuba, 1753–1815*, 39–40; Humboldt, *Island of Cuba*, 79–80（「我居住在…」、「醃肉的臭味」）："Diary of Major Joseph Gorman," in *Cinco Diarios del Sitio de la Habana*, ed. Amalia A. Rodríguez (Havana: Biblioteca Nacional José Martí, 1963), 198（「普通人」、「卑劣狡猾…」）.
3. 將十八世紀的克里克土地描寫得最好的文獻為：Robbie Ethridge, *Creek Country: The Creek Indians*

and Their World (Chapel Hill: University of North Carolina Press, 2003)，但是也可參見：H. Thomas Foster II, *Archaeology of the Lower Muskogee Creek Indians, 1715–1836* (Tuscaloosa: University of Alabama Press, 2007). 不同文獻的人口數據不盡相同。彼得・伍德（Peter H. Wood）保守估計克里克族在一七七五年有一萬四千人，但也有些資料認為多達一萬八千人。Peter H. Wood, "The Changing Population of the Colonial Southeast: An Overview by Race and Region, 1685–1790," in *Powhatan's Mantle: Indians in the Colonial Southeast*, ed. Gregory A. Waselkov, Peter H. Wood, and M. Thomas Hatley, rev. and exp. ed. (Lincoln: University of Nebraska Press, 2006), 57–132; "A List of Towns and Number of Gunmen in the Creek Nation," 附在法蘭西斯・奧格爾維（Francis Ogilvie）在一七六四年七月八日致湯瑪斯・蓋奇：Thomas Gage Papers, American series, reel 140F, PKY, 原始版本來自密西根大學的威廉・克萊門茨圖書館。

4. 拉托雷侯爵在一七七五年五月四日致胡利安・阿里亞加：no. 880, 4 May 1775, leg. 1524, PapSD, AGI.
5. Relación de los gastos, 附在拉托雷侯爵在一七七五年五月四日致阿里亞加：no. 880, 4 May 1775, leg. 1524, PapSD, AGI.
6. 拉托雷侯爵在一七七五年五月四日致阿里亞加：no. 880, 4 May 1775, leg. 1524, PapSD, AGI.
7. "A Talk from the Mortar and the Gun Merchant," 8 May 1763, in *Colonial Records of the State of Georgia* (Atlanta: Franklin, 1904–), 9:73–74（「我們很訝異…」），約翰・史都華（John Stuart）在一七六三年六月三日致傑佛瑞・阿默斯特的信件副本：Thomas Gage Papers, American series, reel 140F, PKY; *South Carolina Gazette*, 28 May–4 June 1763; 胡安・普昂特（Juan Joseph Elixio de la Puente）在一七六六年九月十二日致安東尼奧・布卡雷利：Stetson Collection, bnd. 6542, 87-1-5/2, PapSD 2595, PKY（「我們從該世紀初…」、「不能這樣把地…」），蓋奇在一七六四年三月十日致哈利法克斯

伯爵：*The Correspondence of General Thomas Gage*, ed. Clarence Edwin Carter (New Haven, CT: Yale University Press, 1931), 1:19（「印地安人…」）；希爾斯堡公爵在一七六八年六月十一日致蓋奇：*Correspondence of General Thomas Gage*, 2:70–71（「基於《巴黎和約》…」）.

8. 史蒂芬・漢（Steven C. Hann）認為《巴黎和約》是克里克人政治的轉捩點。東南部僅剩一個歐洲帝國勢力存在，導致權力平衡不再倒向克里克人。Hann, *The Invention of the Creek Nation, 1670–1763* (Lincoln: University of Nebraska Press, 2004), 1–4, 264–72; Robin F. A. Fabel, *The Economy of British West Florida, 1763–1783* (Tuscaloosa: University of Alabama Press, 1988), 18, 20–21; Charles Loch Mowat, *East Florida as a British Province, 1763–1784* (1943; reprint, Gainesville: University of Florida Press, 1964), 17; Wood, "Changing Population," 57–132; Colin G. Calloway, *The Scratch of a Pen: 1763 and the Transformation of North America* (Oxford: Oxford University Press, 2006), 104; "At a Meeting of the Head Men of the Upper Creek Nation," 5 April 1763, in *Colonial Records of the State of Georgia*, 9:71–72（引文）.

9. 彼得・曼考爾（Peter C. Mancall）、約書亞・羅森布魯姆（Joshua L. Rosenbloom）和湯瑪斯・魏斯（Thomas Weiss）估計在東南部的印地安人之間，鹿皮貿易大約占人均生產總量的百分之五。這個數字似乎很低，畢竟獵捕所花費的時間很多。Mancall, Rosenbloom, and Weiss, "Indians and the Economy of Eighteenth-Century Carolina," in *The Atlantic Economy during the Seventeenth and Eighteenth Centuries: Organization, Operation, Practice, and Personnel*, ed. Peter A. Coclanis (Columbia: University of South Carolina Press, 2005), 297–322; "At a Congress Held at the Town of Pensacola," 26 May 1765, Lockey Collection, Public Records Office, London, Colonial Office, 5/582, PKY（引文）；Kathyrn E. Holland Braund, *Deerskins and Duffels: The Creek Indian Trade with Anglo-America, 1685–1815* (Lincoln: University of Nebraska, 1993), 69–71; Gregory A. Waselkov, "The Eighteenth-Century Anglo-Indian Trade

in Southeastern North America," in *New Faces of the Fur Trade: Selected Papers of the Seventh North American Fur Trade Conference, Halifax, Nova Scotia, 1995*, ed. Jo-Anne Fiske, Susan Sleeper-Smith, and William Wicken (East Lansing: Michigan State University Press, 1998), 193–222; Gregory A. Waselkov, "Seventeenth-Century Trade in the Colonial Southeast," *Southeastern Archaeology* 8, no. 2 (1989): 117–33; Gregory A. Waselkov, "French Colonial Trade in the Upper Creek Country," in *Calumet and Fleur-De-Lys: Archaeology of Indian and French Contact in the Midcontinent*, ed. John A. Walthall and Thomas E. Emerson (Washington, DC: Smithsonian Institution Press, 1992), 35–53.

10. 迪亞哥・帕里亞（Diego Ortiz Parilla）在一七六三年七月十八日致克魯伊亞斯侯爵（Marqués de Cruillas）：Indiferente de Guerra, v. 260.B, 1760–1763, fol. 290, Archivo General de la Nación de México, Mexico City（「他們無法忍受⋯」）；喬治・約翰斯通（George Johnstone）和約翰・史都華在一七六五年六月十二日致大臣：*Mississippi Provincial Archives: 1763–1766, English Dominion*, ed. Dunbar Rowland (Nashville, TN: Brandon, 1911), 1:187（「在他們認知到⋯」）. 有關美洲原住民族贈禮的文獻有很多。其中，以東南部地區為主題的文獻可以參見：Joseph M. Hall, *Zamumo's Gifts: Indian-European Exchange in the Colonial Southeast* (Philadelphia: University of Pennsylvania Press, 2009).

11. 湯瑪斯・布恩（Thomas Boone）在一七六四年三月七日致詹姆斯・萊特（James Wright），附在詹姆斯・萊特在一七六四年三月二十七日致貿易眾卿：*Colonial Records of the State of Georgia*, 28(pt. 2):45–46; 萊特在一七六四年七月五日致貿易眾卿：*Colonial Records of the State of Georgia*, 28(pt. 2):81–84; 詹姆斯・格蘭特（James Grant）在一七六六年八月三十日致貿易局：Public Records Office, London, Colonial Office, 5/541, p. 125, PKY; 上克里克人在一七六六年五月十六日致約翰斯通：*Mississippi Provincial Archives*, 1:529; 蓋奇在一七六六年八月二十六日致里奇蒙：*Correspondence of General Thomas Gage*, 1:104（引文）.

12. “Declaraciones del Patron Manuel Caello, y el Capitan Estimaslayche,” 15 February 1773, 附在拉托雷侯爵致阿里亞加：no. 370, 26 February 1773, leg. 1524, PapSD, AGI; Braund, *Deerskins and Duffels*, 148–54, 158–62.

13. 在一七六〇年代，哈瓦那人的共同回憶是，印地安人逃到佛羅里達州是為了逃離征服帶來的後果。José Martín Félix de Arrate y Acosta, “Llave del Nuevo Mundo,” in *Memorias de la Sección de Historia de la Real Sociedad Patriótica de la Habana* (Havana: Las viudas de Arazoza y Soler, 1830), 1:305; Ryan M. Seidemann, “The Bahamian Problem in Florida Archaeology: Oceanographic Perspectives on the Issue of Pre-Columbian Contact,” *Florida Anthropologist* 54, no. 1 (2001): 9–23; Richard T. Callaghan, “Comments on the Mainland Origins of the Preceramic Cultures of the Greater Antilles,” *Latin American Antiquity* 14, no. 3 (2003): 323–38; Barbara A. Purdy, “American Indians after A.D. 1492: A Case Study of Forced Culture Change,” *American Anthropologist* 90, no. 3 (1988): 640–55; John E. Worth, *A History of Southeastern Indians in Cuba*, 1513–1823 (Gainesville, FL: 2004), 2–4.

14. John Francis Gemelli Careri, “A Voyage round the World,” in *A Collection of Voyages and Travels*, ed. John Churchill (London: Awnsham and John Churchill, 1704), 4:537, 539. 關於十七世紀古巴的貨品訂價清單，請參見：Levi Marrero, *Cuba: Economía y Sociedad* (Madrid: Editorial Playor, 1975), 4:256–62 and 8:82–91.

15. John H. Hann, *Apalachee: The Land between the Rivers* (Gainesville: University Press of Florida, 1988), 15, 20, 137–38, 240; Hall, *Zamumo's Gifts*, 55–74; John W. Griffin, *Fifty Years of Southeastern Archaeology: Selected Works of John W. Griffin*, ed. Patricia W. Griffin (Gainesville: University Press of Florida, 1996), 199–201; John H. Hann, *Missions to the Calusa* (Gainesville: University of Florida Press, 1991), 326–432; John H. Hann, *Indians of Central and South Florida, 1513–1763* (Gainesville: University Press of Florida,

2003), 56–57, 179–86; Worth, *History of Southeastern Indians*, 5–6; 曼努埃爾・蒙蒂亞諾在一七四七年七月二十日致國王：PapSD, leg. 866, 534, reel 46, PKY.

16. 第一位系統化研究克里克人與古巴之間的關係的歷史學家為安赫爾・塔皮亞（Angel Sanz Tapia）。追溯檔案紀錄時，他的作品極有幫助。Sanz Tapia, "Las relaciones entre Cuba y los Indios de la Florida Oriental durante el dominio Ingles (1763–1783)," in *La influencia de España en el Caribe, la Florida, y la Luisiana, 1500–1800*, ed. Antonio Acosta Rodríguez and Juan Marchena Fernández (Madrid: Instituto de Cooperación Iberoamericana, 1983), 281–308; declaration of Manuel López de Gamarra and Juan Lendian, 21 October 1774, leg. 1219, PapC, AGI; 埃立克希歐・普昂特在一七七三年三月六日致拉托雷侯爵：leg. 1524, PapSD, AGI; Bernard Romans, *A Concise Natural History of East and West-Florida* (New York: n.p., 1776), 185–88; William Bartram, *Travels through North and South Carolina, Georgia, East and West Florida, the Cherokee Country* . . . (Philadelphia: James and Johnson, 1791), 227–28. 關於聖羅倫斯灣的貿易活動：Laurier Turgeon, "French Fishers, Fur Traders, and Amerindians during the Sixteenth Century: History and Archaeology," *William and Mary Quarterly* 55, no. 4 (1998): 585–610.

17. "Declaraciones del Patron Manuel Caello, y el Capitan Estimaslayche," 15 February 1773, 附在拉托雷侯爵致阿里亞加：no. 370, 26 February 1773, leg. 1524, PapSD, AGI; 埃立克希歐・普昂特在一七六七年三月六日致布卡雷利，附在布卡雷利致阿里亞加：no. 279, 12 March 1767, leg. 1515, PapSD, AGI（「可能是重要人物」）："Declaraz. nes del Patron Fran.co Pelaez y el Yndio Chamilla de Nacion Uchiz," 5 May 1777, leg. 1222, PapC, AGI（「他完全聽不懂⋯」）.

18. 班圖拉・迪亞斯（Bentura Díaz）在一七六四年一月十九日致里克拉伯爵（Conde de Ricla）："From a Remote Frontier: Letters and Documents Pertaining to San Marcos de Apalache, 1763–1769, during the British Occupation of Florida," *Florida Historical Quarterly* 19, no. 3 (1941): 200（「殷勤好

意…」）：皮爾斯・辛諾特（Pierce Acton Sinnot）在一七六八年三月二日致約翰・史都華：“From a Remote Frontier: Letter and Report Passing between the Commanders at Apalache (St. Marks), Governor Grant at St. Augustine, General Haldimand at Pensacola, John Stuart, Superintendent of Indian Affairs, and General Gage, Commander-In-Chief, at New York, 1768–1769,” *Florida Historical Quarterly* 21, no. 2 (1942): 137（「穿著西班牙服飾…」、「昂貴吵雜」）.

19. David Taitt, “Journal of David Taitt’s Travels from Pensacola, West Florida to and through the Country of the Upper and Lower Creeks, 1772,” in *Travels in the American Colonies*, ed. Newton D. Mereness (New York: Macmillan, 1916), 548–49（「大海就像高山…」、「他們之間有些女性…」）：拉斐爾・德拉盧茲的證明，附在拉托雷侯爵在一七七六年四月十一日致加爾維斯：PapC, leg. 1221, AGI; 迪亞斯在一七六四年一月十九日致里克拉伯爵 “From a Remote Frontier,” *Florida Historical Quarterly* 19, no. 3 (1941): 200（「酒杯永遠…」）.

20. “Declaraciones del Patron Manuel Caello, y el Capitan Estimaslayche,” 15 February 1773, 附在拉托雷侯爵致阿里亞加：no. 370, 26 February 1773, leg. 1524, PapSD, AGI; 拉托雷侯爵致阿里亞加：no. 370, 26 February 1773, leg. 1524, PapSD, AGI; and 埃立克希歐・普昂特在一七七三年三月六日致拉托雷侯爵，附在拉托雷侯爵致阿里亞加：no. 387, 28 March 1773, leg. 1524, PapSD, AGI（引文）.

21. 埃立克希歐・普昂特在一七七三年三月六日致拉托雷侯爵，附在拉托雷侯爵致阿里亞加：no. 387, 28 March 1773, leg. 1524, PapSD, AGI.

22. 拉托雷侯爵致阿里亞加：no. 625, 1 April 1774, leg. 1524, PapSD, AGI (directive to fishermen);【曼努埃爾・加馬拉（Manuel López de Gamarra）和胡安・廉恩迪安的聲明】，一七七四年十月二十一日：leg. 1219, PapC, AGI（堅持與嚇阻）：拉托雷侯爵致阿里亞加：no. 777, 10 November 1774, leg. 1219, PapC, AGI（吝嗇）.

23. Braund, *Deerskins and Duffels*, 164–67; Martha Condray Searcy, *The Georgia-Florida Contest in the American Revolution, 1776–1778* (Tuscaloosa: University of Alabama Press, 1985), 12–13, 15, 20–21, 28–30.

24. 梅爾科爾・費利烏（Melchor Feliú）在一七六三年三月四日【的聲明】，附在布卡雷利致阿里亞加：no. 279, reservada, 12 March 1767, leg. 1515, PapSD, AGI（「印地安士兵統帥」）；富爾亨西奧・索利斯（Fulgencio García de Solís）在一七五四年十一月八日致國王：leg. 846, PapSD, reel 17, p. 313, PKY; 阿隆索・埃雷迪亞（Alonso Fernández de Heredia）在一七五六年十月三十日致阿里亞加：leg. 2542B, PapSD, reel 19, p. 214, PKY; "Testimonio de los autos fechos a con.ta de el coronel Don Miguel Román de Castilla y Lugo," 10 November 1761, leg. 17, exp. 10, fol. 157, Marina, AGN, reel 144G, PKY; *South Carolina Gazette*, 12–19 May 1759（「很可疑」）：*South Carolina Gazette*, 14–21 July 1759.

25. "Congress at Pensacola," 附在約翰斯通和史都華在一七六五年六月十二日致大臣：*Mississippi Provincial Archives*, 1:190; "At a Congress held at the Fort of Picolata in the Province of East Florida . . . ," 9 December 1765, Colonial Office 5/548, p. 113, Public Records Office, London, 2:574, PKY（引文）：史都華在一七七〇年五月二十四日致蓋奇：Thomas Gage Papers, American series, reel 140H, PKY.

26. 萊特在一七七一年十二月十二日致希爾斯堡公爵：*Colonial Records of the State of Georgia*, 28(pt. 2):354（「品質最豐…」）；"A Talk from the Lower Creeks to John Stuart," 19 September 1772, 附在史都華在一七七二年十一月二十四日致蓋奇：Thomas Gage Papers, American series, reel 140H, PKY（「我們希望…」）：Woody Holton, *Forced Founders: Indians, Debtors, Slaves, and the Making of the American Revolution in Virginia* (Chapel Hill: University of North Carolina Press, 1999), 51（「他有機會…」）.

27. 塞繆爾・湯瑪斯（Samuel Thomas）在一七七四年十二月十日致史都華，附在史都華在一七七五年一月十八日致蓋奇：Thomas Gage Papers, American series, reel 140H, PKY;【拉斐爾・德拉盧茲的聲明】，一七七五年五月二日：leg. 1220, PapC, AGI（引文）.

28. 拉托雷侯爵致阿里亞加：no. 880, 4 May 1775, leg. 1524, PapSD, AGI; 拉托雷侯爵致阿里亞加：no. 954, 28 September 1775, leg. 1220, PapC, AGI（引文）.

29. Allan J. Kuethe and G. Douglas Inglis, "Absolutism and Enlightened Reform: Charles III, the Establishment of the Alcabala, and Commercial Reorganization in Cuba," *Past and Present* 109 (1985): 118–43.

30. 拉托雷侯爵致阿里亞加：no. 954, 28 September 1775, leg. 1220, PapC, AGI; 【佩德羅・尤亞斯克（Pedro Yoyasque）的聲明】，一七八三年一月八日，附在翁扎加致加爾維斯：no. 9, 22 January 1783, leg. 1524, PapSD, AGI.

31. 【托馬斯・諾亞（Tomas de Noa）和提布雷契（Tibulayche）的聲明】，一七七七年七月十六日，附在迪亞哥・納瓦羅（Diego José Navarro）在一七七七年七月二十日致加爾維斯：leg. 1290, PapC, AGI; Marrero, Cuba, 12:27–28; "Noticias puestas en el Padrón General, conducentes á dar una puntual idea del estado en que se halla la isla de Cuba en el año de 1775," in *Colección de papeles científicos, históricos, políticos y de otros ramos sobre la isla de Cuba*, ed. José Antonio Saco (Paris: d'Aubusson y Kugelmann, 1858), 1:395; Mowat, *East Florida as a British Province*, 76; John Gerar William de Brahm, *De Brahm's Report of the General Survey in the Southern District of North America*, ed. Louis De Vorsey, Jr. (Columbia: University of South Carolina Press, 1971), 90.

32. Kuethe, *Cuba, 1753–1815*, 44, 49, 82–83; Parcero Torre, *Pérdida de la Habana*, 217–24, 230.

33. "Relacion de los Gastos," 4 March 1773, 附在拉托雷侯爵致阿里亞加：no. 387, 28 March 1773, leg. 1524, PapSD, AGI.

34. Johnson, *Social Transformation*, 52; Franklin W. Knight, "Origins of Wealth and the Sugar Revolution in Cuba, 1750–1850," *Hispanic American Historical Review* 57, no. 2 (1977): 233, 243; Marrero, *Cuba*,

10:136–38（製糖和奴隸進口）. 關於古巴變身製糖島嶼的歷史，請參見：Manuel Moreno Fraginals, *El Ingenio* (1974; reprint, Barcelona: Editorial Crítica, 2001), 5–86.

35. Julio Le Riverend, *Historia económica de Cuba* (Havana: Editorial Pueblo y Educación, 1974), 66, 111; Marrero, *Cuba*, 12:165.

36. Sherry Johnson, "El Niño, Environmental Crisis, and the Emergence of Alternative Markets in the Hispanic Caribbean, 1760s–70s," *William and Mary Quarterly* 62, no. 3 (2005): 368, 379–96.

37. "To the Royal Danish American Gazette," 6 September 1772, in *The Papers of Alexander Hamilton Digital Edition*, ed. Harold C. Syrett (Charlottesville: University of Virginia Press, 2011)（引文）：Johnson, "El Niño," 387–91.

38. Navarro to Gálvez, no. 802, 16 July 1780, and enclosure, leg. 1524, PapSD, AGI; "Relación de Quinze Yndios Uchises," 30 June 1780, 附在納瓦羅致加爾維斯：no. 803, 16 July 1780, leg. 1524, PapSD, AGI.

39. Marrero, *Cuba*, 7:26–28.

40. Le Riverend, *Historia económica de Cuba*, 59–60; Marrero, *Cuba*, 10:257; Kuethe, *Cuba, 1753–1815*, 69–73.

41. 關於西班牙王室拒絕准許蔗糖酒出口到猶加敦半島的歷史，請參見：Marrero, *Cuba*, 10:257.

42. 尼可拉斯・拉普恩（Nicolás Joseph Rapún）致拉托雷侯爵：no. 803, 15 September 1775, leg. 1152, PapC, AGI; 拉托雷侯爵致阿里亞加：no. 954, 28 September 1775, leg. 1220, PapC, AGI. 關於阿里亞加：*La política y los politicos en el reinado de Carlos III* (Madrid: Ediciones Rialp, 1962), 88–89.

43. 加爾維斯在一七七六年七月二十五日致拉托雷侯爵：leg. 1524, PapSD, AGI.

44. 拉托雷侯爵致加爾維斯：no. 1228, 9 October 1776, leg. 1524, PapSD, AGI.

45. "Declaraz.nes del Patron Fran.co Pelaez y el Yndio Chamilla de Nacion Uchiz," 5 May 1777, leg. 1222, PapC, AGI;【托馬斯・諾亞和提布雷契的聲明】，一七七七年七月十六日，leg. 1290, PapC, AGI;

"Declaraciones del Patron Joseph Bermudez y el Cacique Tunapé," 22 December 1777, 附在納瓦羅致加爾維斯：no. 167, 15 January 1778, leg. 1524, PapSD, AGI.

46. Light Townsend Cummins, *Spanish Observers and the American Revolution, 1775–1783* (Baton Rouge: Louisiana State University Press, 1991), chap. 6.

47. David McCullough, 1776 (New York: Simon and Schuster, 2005), 115–246; 華盛頓在一七七六年七月十二日致約翰・漢考克（John Hancock）：Founders Online, National Archives (http://founders.archives.gov/documents/Washington/03-05-02-0205, ver. 2013-06-26)（引文）：Barnet Schecter, *The Battle for New York: The City at the Heart of the American Revolution* (New York: Walker, 2002), 104–5.

48. 班傑明・富蘭克林在一七七九年三月十日致所有戰艦的艦長和司令官：*The Journals of Captain James Cook on His Voyages of Discovery*, ed. J. C. Beaglehole, vol. 3, pt. 2, *The Voyage of the* Resolution *and* Discovery, *1776–1780* (Cambridge: Cambridge University Press, 1967), 1535.

後記

1. Davida Malo, *Hawaiian Antiquities (Moolelo Hawaii)*, trans. N. B. Emerson (Honolulu: Hawaiian Gazette Co., 1903), 28, 175; James Cook, "Journal of Captain Cook," in *The Journals of Captain James Cook on His Voyages of Discovery*, ed. J. C. Beaglehole, vol. 3, pt. 1, *The Voyage of the* Resolution *and* Discovery, *1776–1780* (Cambridge: Cambridge University Press, 1967), 265（引文）.

2. Eleanor C. Nordyke, *The Peopling of Hawai'i*, 2nd ed. (Honolulu: University of Hawaii Press, 1989), 17–18; David E. Stannard, "Disease and Infertility: A New Look at the Demographic Collapse of Native Populations

in the Wake of Western Contact," *Journal of American Studies* 24, no. 3 (1990): 328–30（引文）.

3. Thomas Edgar, "Journal," in *Journals of Captain James Cook*, 3(pt. 2):1358.

國家圖書館出版品預行編目（CIP）資料

1776革命未竟之地：煙硝、貿易與生態瓦解，不為人知的美洲史／克勞迪奧・桑特（Claudio Saunt）著；羅亞琪譯.
-- 初版. -- 新北市：臺灣商務印書館股份有限公司, 2021.12
400面；14.8×21公分（歷史・世界史）
譯自：West of the Revolution : an uncommon history of 1776

ISBN 978-957-05-3373-6（平裝）

1. 美洲史　2. 印地安族

750.1　　110017275

歷史・世界史

1776革命未竟之地

煙硝、貿易與生態瓦解，不為人知的美洲史

WEST OF THE REVOLUTION: An Uncommon History of 1776

作　　者—克勞迪奧・桑特（Claudio Saunt）
譯　　者—羅亞琪
發 行 人—王春申
選書顧問—林桶法、陳建守
總 編 輯—張曉蕊
責任編輯—陳怡潔
封面設計—盧卡斯
內頁設計—黃淑華

營業組長—何思頓
行銷組長—張家舜
出版發行—臺灣商務印書館股份有限公司
23141 新北市新店區民權路 108-3 號 5 樓（同門市地址）
電話：（02）8667-3712　傳真：（02）8667-3709
讀者服務專線：0800-056193
郵撥：0000165-1
E-mail：ecptw@cptw.com.tw
網路書店網址：www.cptw.com.tw
Facebook：facebook.com.tw/ecptw

局版北市業字第 993 號
初版一刷：2021 年 12 月
印刷廠：沈氏藝術印刷股份有限公司
定價：新台幣 490 元

法律顧問—何一芃律師事務所